図解 はじめる小学校キャリア教育

上越教育大学助教授
三村隆男=編

実業之日本社

　　　　　　　　　　　　は じ め に

キャリア教育は何を目指すのか？——それは「教育の目的」そのもの

　「小学校からのキャリア教育」が初めて公に求められたのは，1999年の中央教育審議会答申「初等中等教育と高等教育との接続の改善について」においてでした。キャリア教育は「望ましい職業観・勤労観及び職業に対する知識や技能を身に付けさせるとともに，自己の個性を理解し，主体的に進路を選択する能力・態度を育てる教育」と定義され，小学校段階から発達段階に応じて実施する必要があるとされたのです。

　このような教育の機能は，これまで主に中学校や高等学校の進路指導が担ってきたわけですが，ご存じの通り，中・高の進路指導は卒業時の進路先の選択決定に重きが置かれてきました。そこでは，より偏差値の高い学校，より有名な企業といった一面的な価値観が大きな力を持ち，生徒が自らの価値観で主体的に選択決定を行う力は十分に育成されませんでした。多くの若者が自らの生き方の選択決定に躊躇している姿が，いま，フリーターやニートの増加というかたちで示されていますが，こうした状況は決して学校教育が目指したものではないはずです。

　教育基本法第一条（教育の目的）は，「教育は，人格の完成をめざし，平和的な国家及び社会の形成者として，真理と正義を愛し，個人の価値をたつとび，勤労と責任を重んじ，自主的精神に充ちた心身ともに健康な国民の育成を期して行われなければならない」としています。キャリア教育が目指すものと教育の目的とは，その方向性において一致していることは明らかです。キャリア教育は言葉としては新しいものですが，目指すところは教育の目的そのものなのです。

一人一人の発達を支援するために，12年間を貫いた教育の実現を

　小学校ではこれまでも，教育活動全体を通じ，児童の生きる力を育む教育や将来の夢について考えさせる教育が行われてきました。その点では，「なにをいまさらキャリア教育なのか？」ということになりますが，キャリア教育の最大のポイントは，小学校から高等学校までの「12年間を貫いた教育活動」が求められているというところにあります。

　教科活動が学習指導要領に即し，12年をかけて一定の力がつくよう意図されているように，学校教育が一人一人のキャリア発達を促す機能を果たすためには，「具体的にどんな力を育てるのか」を明確にし，その力を身につけさせる教育を12年間を貫いて行う必要があります。2002年に国立教育政策研究所生徒指導研究センターから示された「職業観・勤労観を育む学習プログラムの枠組み（例）——職業的（進路）発達にかかわる諸能力の育成の視点から」は，その「力」のとらえ方の一例ですが，これを見れば，キャリア教育が，12年間を見通して段階的・計画的に児童生徒一人一人のキャリア発達を支援していくものであることがわかります。

　つまり，キャリア教育の推進はこれまで小学校で行なわれていたすべての教育活動を，12年間を貫いて児童生徒一人一人の価値観を形成し，主体的に選択決定できる力を育てるという視点から見直すことを求めるものなのです。その結果，学校教育は本来の教育の目的を実現する場に近づくことになるのです。

2004年10月

　　　　　　　　　　　　　　　　　　　　　　　　　　　　　　　　　　編者　三村　隆男

contents

[はじめに] 3

[第1部] 小学校キャリア教育実践のためのQ&A 20

三村隆男 ……… 6

[ねらい]
- Q1 キャリア教育とは何か？ どんな力を育てるのか？ …… 8
- Q2 中・高で行われている「進路指導」とは違う？ ………… 10
- Q3 小学校から始めるのは，早すぎるのでは？ ……………… 12
- Q4 小学校で行われている「生き方教育」とは違う？ ……… 14
- Q5 キャリア教育の発達段階は，どう考えればよい？ ……… 16
- Q6 中学校・高等学校との系統性は，どう図ればよい？ …… 18

[内容と方法]
- Q7 時間の枠がないなかで，どう実践すればよい？ ………… 20
- Q8 道徳の時間では，どんな視点を持てばよい？ …………… 22
- Q9 特別活動では，どんな視点を持てばよい？ ……………… 24
- Q10 生活科と総合では，どんな視点を持てばよい？ ………… 26
- Q11 各教科では，どんな視点を持てばよい？ ………………… 28

[計画と実践]
- Q12 キャリア教育を始める第一歩は，どうすればよい？ …… 30
- Q13 小学校キャリア教育の先行事例は，どこにある？ ……… 32
- Q14 全校で取り組む場合の校内の組織・体制は？ …………… 34
- Q15 教師のキャリア教育「実践力」は，どう育成する？ …… 36
- Q16 小学校キャリア教育の計画は，どう立案する？ ………… 38
- Q17 小学校キャリア教育の評価は，どう考える？ …………… 40
- Q18 小学校にもキャリア・カウンセリングは必要？ ………… 42
- Q19 保護者の理解，協力を得るには，どうすればよい？ …… 44
- Q20 幼稚園・保育所や中学校との連携は，どう進める？ …… 46

[図解]
はじめる小学校
キャリア教育

[第2部] 先進7事例に学ぶ小学校キャリア教育

......................48

[事例❶]　静岡県沼津市立原東小学校　　　［第1～6学年・生活科＋総合的な学習の時間］
　　　　　キャリア教育の4能力領域から，従来の実践を検証
　　　　　　　　　　　　　　　　　　　　　　　　　　　　　工藤榮一..........50

[事例❷]　東京都江戸川区立篠崎第三小学校　　　［第1～6学年・生活科＋総合的な学習の時間］
　　　　　成長の実感と他者との関係から生き方を学ぶ
　　　　　　　　　　　　　　　　　小松良子・細川文恵・我妻壱偉・加藤勇祐..........70

[事例❸]　富山県氷見市立一刎小学校　　　［第1～6学年・特別活動＋学校創意活動の時間］
　　　　　花壇づくりなど，縦割り集団による勤労生産的活動
　　　　　　　　　　　　　　　　　　　　　　　　　　　谷内口まゆみ..........84

[事例❹]　神奈川県茅ヶ崎市立緑が浜小学校　　　［第6学年・総合的な学習の時間］
　　　　　人とのかかわりを通して，いまの自分を見つめる
　　　　　　　　　　　　　　　　　　　　　　　　　　　　　石田博英..........94

[事例❺]　東京都港区立白金小学校　　　［第6学年・道徳を核にした教科・領域横断的な学習］
　　　　　人としての生き方，在り方を見つめ，未来を描く
　　　　　　　　　　　　　　　　　　　　　　　　　　　　　平林和枝..........104

[事例❻]　埼玉県春日部市立武里小学校　　　［第6学年・国語＋特別活動＋自由研究］
　　　　　「夢の設計図」と卒業研究を通じた生き方の学習
　　　　　　　　　　　　　　　　　　　　　　　　　　　　　鈴木教夫..........112

[事例❼]　宮城県涌谷町立小里小学校　　　［第3学年・総合単元的な道徳学習］
　　　　　思いやりの芽をみつけ，生き方の価値観につなげる
　　　　　　　　　　　　　　　　　　　　　　　　　　　　　千葉　髙..........122

[第1部]
小学校キャリア教育実践のためのQ&A20

本書は第1部のQ&Aと第2部の事例紹介とで構成されています。まずこのQ&Aでは，小学校においてキャリア教育を実践するにあたっての基本的な知識や考え方を理解できるよう，実際に小学校の先生方からよく聞かれる疑問や質問を中心に選び，わかりやすく解説しました。

テーマは，キャリア教育とは何か，進路指導とは違うのか，小学校からでは早すぎないか，生き方教育とは違うのか，発達段階はどうなっているのか，中学校・高等学校との系統性はどうか，時間の枠をどう確保すればよいか，道徳の時間ではどう実践するか，特別活動，生活科や総合，各教科での実践はどうすればよいか，何から始めればよいのか，先行事例はどこにあるか，校内の組織や体制はどうすればよいか，教師の実践力はどう研修・育成すればよいか，計画立案はどう進めればよいか，評価はどうするか，キャリア・カウンセリングは必要か，保護者の理解・協力を得るにはどうするか，幼稚園・保育所や中学校との連携はどうするか。

なお，第2部の先進事例に具体的なヒントがある場合は回答のなかでそれを紹介するなど，「本書全体として実践に役立つ」ことを意識しました。最初にQ&Aで整理されるのもよいし，実践事例を読んでから，疑問点の解決の手がかりをこのQ&Aに求められるのも有益です。

第1部執筆担当　三村隆男

下記の報告書は「キャリア教育」理解の必須資料で，このQ&Aをはじめ本書に頻出します。簡単に手に入りますので，本書とあわせてご覧になることをおすすめします。なお，同報告書にも資料として掲載され，本書で「学習プログラムの枠組み例」と呼んでいる一覧表は右に掲載しました。「小学校キャリア教育」の実践にあたってとくに示唆に富むものですので，折に触れご参照ください。

■「キャリア教育推進に関する総合的調査研究協力者会議報告書」（2004年1月28日）
[入手方法]
①文部科学省HPからのダウンロード（無料）
http://www.mext.go.jp/b_menu/shingi/chousa/shotou/023/toushin/04012801/002.htm
または，「文部科学省」のトップページに「若者自立・挑戦プラン」が表示されている場合は，そこからアクセスすれば，本報告書を含む関係の資料を多数閲覧可能。

②冊子の購入（税込定価1,000円）
『学校から社会へ』財団法人日本進路指導協会・A4判／120ページ（2004年7月刊）
上記報告書と「専門高等学校における『日本版デュアルシステム』に関する調査研究協力者会議報告書」（2004年2月）の全文を掲載。書店注文可。直送希望の場合は郵送料200円を含めて下記に送金。
財団法人日本進路指導協会　郵便振替　東京　00150-5-77629
問い合わせ：電話03-5360-7013　http://www7.ocn.ne.jp/~shinro/

○職業観・勤労観を育む学習プログラムの枠組み（例）―職業的（進路）発達にかかわる諸能力の育成の視点から　※太字は、「職業観・勤労観の育成」との関連が特に強いものを示す

		小学校			中学校	高等学校
		低学年	中学年	高学年		
職業的（進路）発達段階		進路の探索・選択にかかる基盤形成の時期			現実的探索と暫定的選択の時期	現実的探索・試行と社会的移行準備の時期
職業的（進路）発達課題（小～高等学校段階）各発達段階において達成しておくべき課題を、進路・職業の選択能力及び将来の職業人として必要な資質の形成という側面から捉えたもの		・自己及び他者への積極的関心の形成・発展・身のまわりの仕事や環境への関心・意識の向上・夢や希望、憧れる自己イメージの獲得・勤労を重んじ目標に向かって努力する態度の形成			・肯定的自己理解と自己有用感の獲得・興味・関心等に基づく職業観・勤労観の形成・進路計画の立案と暫定的選択・生き方や進路に関する現実的探索	・自己理解の深化と自己受容・選択基準としての職業観・勤労観の確立・将来設計の立案と社会的移行の準備・進路の現実吟味と試行的参加

領域にかかわる諸能力　職業的（進路）発達を促すために育成することが期待される具体的な能力・態度

領域	領域説明	能力説明	低学年	中学年	高学年	中学校	高等学校
人間関係形成能力	他者の個性を尊重し、自己の個性を発揮しながら、様々な人々とコミュニケーションを図り、協力・共同してものごとに取り組む。	【自他の理解能力】自己理解を深め、他者の多様な個性を理解し、互いに認め合うことを大切にして行動していく能力	・自分の好きなことや嫌いなことをはっきり言う。・他者の好きなことや嫌いなことを認め、励ます。	・自分のよいところを見つける。・友達のよいところを認め、励まし合う。	・自分の長所や短所に気付き、自分らしさを発揮する。・話し合いなどに積極的に参加し、自分と異なる意見も理解しようとする。	・自己の良さや個性が分かり、他者の良さや感情を理解し、尊重する。・自分の言動が相手や周囲に及ぼす影響が分かる。	・自己の職業的能力・適性を理解し、それを伸ばそうとする。・他者の個性や立場を理解し、互いに支え合える友人を得る。
		【コミュニケーション能力】多様な集団・組織の中で、コミュニケーションや豊かな人間関係を築きながら、自己の成長を果たしていく能力	・あいさつや返事をする。・「ありがとう」や「ごめんなさい」を言う。・自分の考えをみんなの前で話す。	・思いやりの気持ちを持ち、相手の立場に立って考え行動しようとする。・友達と協力して、学習や活動に取り組む。	・思いや気持ちを分かりやすく表現する。・異年齢集団の活動に積極的に参加し、役割と責任を果たそうとする。	・他者に配慮しながら、積極的に人間関係を築こうとする。・人間関係の大切さを理解し、コミュニケーションスキルの基礎を習得する。・リーダーとフォロワーの立場を理解して、チームを組んで互いに支え合いながら仕事をする。	・自己の価値観を持ちつつ、他の意見等を理解する。・異なる考えの人や年配の人など、多様な他者と、場に応じた適切なコミュニケーションをとる。・リーダー・フォロワーシップを発揮して、相手の能力を引き出し、チームワークを高める。・新しい環境や人間関係を生かす。
情報活用能力	学ぶこと・働くことの意義や役割及びその多様性を理解し、幅広く情報を活用して、自己の進路や生き方の選択に生かす。	【情報収集・探索能力】進路や職業等に関する様々な情報を収集・探索するとともに、必要な情報を選択・活用し、自己の進路や生き方を考えていく能力	・身近で働く人々の様子が分かり、興味・関心を持つ。	・いろいろな職業や生き方があることが分かる。・分からないことを図鑑などで調べたり、質問したりする。	・身近な産業・職業の様子やその変化が分かる。・自分に必要な情報を探す。	・産業・経済等の変化に伴う職業や仕事の変化のあらましを理解する。・上級学校・学科の種類や特徴及び自己の進路に関する情報を収集・整理し活用する。・職業・資格に関する情報を収集し、理解する。	・卒業後の進路や職業・産業の動向について、多面的・多角的に情報を集め検討する。・就職後の学習の機会や上級学校卒業時の就職等に関する情報を探索する。
		【職業理解能力】様々な体験等を通して、学校で学ぶことと社会・職業生活との関連や、今しなければならないことなどを理解していく能力	・係や当番の活動に取り組み、それらの大切さが分かる。	・係や当番活動に積極的にかかわる。・働くことの楽しさが分かる。	・施設・職場見学等を通し、働くことの大切さや苦労が分かる。・学びたい・知りたいことを進んで調べたり、学ぶ中で得意なことを見つけたりする。	・将来の職業生活との関連の中で、今の学習の必要性や大切さを理解する。・体験等を通して、勤労の意義や働く人々の様々な思いが分かる。・係・委員会活動や職場体験等で得たことを、以後の学習や選択に生かす。	・学校・社会において自分の果たすべき役割を自覚し、積極的に役割を果たす。・職業資格等の取得と職業生活や進路選択との関係を理解する。・多様な職業観・勤労観を理解し、職業・進路選択の見直し、再度試みる。
将来設計能力	夢や希望を持って将来の生き方や生活を考え、社会の現実を踏まえながら、前向きに自己の将来を設計する能力	【役割把握・認識能力】生活・仕事上の多様な役割や意義及びその関連等を理解し、自己の果たすべき役割等についての認識を深めていく能力	・家の手伝いや割り当てられた仕事・役割の必要性が分かる。	・互いの役割や役割分担の必要性が分かる。・日常の生活や学習と将来の生き方との関連に気付く。	・社会生活にはいろいろな役割があることやその大切さが分かる。・仕事における役割の関連性や変化に気付く。	・自分の役割やその環境について、より良い集団活動のための役割分担やその方法等が分かる。・日常の生活や学習と将来の生き方との関連を理解する。・様々な職業の社会的役割や意義を理解し、自己の生き方を考える。	・学校生活で自分の果たすべき役割を自覚し、積極的に取り組む。・ライフステージに応じた個人的・社会的役割や責任を理解する。・将来設計に基づいて、今取り組むべき学習や活動を理解する。
		【計画実行能力】目標とすべき将来の生き方や進路を考え、それを実現するための進路計画を立て、実際の選択行動等で実行していく能力	・作業の準備や片付けをする。・決められた時間やきまりを守ろうとする。	・将来の夢や希望を持つ。・計画づくりの必要性に気付き、作業の手順が分かる。・学習等の計画を立てる。	・将来のことを考える大切さが分かる。・憧れとする職業を持ち、今、しなければならないことを考える。	・将来の夢や職業を思い描き、自分にふさわしい職業や仕事への関心・意欲を高める。・進路計画を立てる意義や方法を理解し、自分の目指すべき将来を暫定的に計画する。・将来の進路希望に基づいて当面の目標を立て、その達成に向けて努力する。	・生きがい、やりがいがあり自己を生かせる進路を探求する。・職業について多面的・多角的に理解し、将来を暫定的に考える。・進路計画を立てる意義や方法を理解し、実現可能な将来を具体的に計画する。・将来設計、進路計画の見直し再検討を行い、その実現に取り組む。
意思決定能力	自らの意思と責任でよりよい選択・決定を行うとともに、希望と意欲を持って、今取り組むべき課題や進路を決定していく能力	【選択能力】様々な選択肢について比較検討したり、葛藤を克服したりして、主体的に判断し、自らにふさわしい選択・決定を行っていく能力	・自分の好きなもの、大切なものを持つ。・学校でしてよいことと悪いことがあることが分かり、自制する。	・自分のやりたいこと、よいと思うことなどを考え、進んで取り組む。・してはいけないことが分かり、自制する。	・係活動などで、自分のやりたい係、やれそうな係を選ぶ。・教師や保護者と相談しながら、悩みや葛藤を話す。	・自己の個性や興味・関心に基づいて、よりよい選択をしようとする。・選択の意味や判断・決定の過程、結果には責任が伴うことを理解する。・教師や保護者と相談しながら、当面の進路を選択し、その結果を受け入れる。	・選択の基準となる自分なりの価値観、職業観・勤労観を持つ。・多様な選択肢の中から、自己の責任で当面の進路や学習を主体的に選択する。・進路希望を実現するための諸条件や課題を理解し、実現可能性について検討する。・選択結果を受容し、決定に伴う責任を果たす。
		【課題解決能力】意思決定に伴う責任を受け入れ、選択結果に適応するとともに、希望する進路の実現に向け、自ら課題を設定してその解決に取り組む能力	・自分のことは自分で行おうとする。	・自分の仕事に対して責任を感じ、最後までやり通そうとする。・自分の力で課題を解決しようと努力する。	・生活や学習上の課題を見つけ、自分の力で解決しようとする。・将来の夢や希望を持ち、実現を目指して努力しようとする。	・学習や進路選択の過程を振り返り、次の選択場面に生かす。・よりよい生活や学習、進路や生き方を目指して、自ら課題を見出していくことの大切さを理解する。・課題に積極的に取り組み、主体的に解決しようとする。	・将来設計、進路希望の実現を目指して、課題を設定し、その解決に取り組む。・自己の個性・適性を生かし、進路を選択していくために必要な行動をとる。・理想と現実との葛藤経験等を通し、様々な困難を克服するスキルを身につける。

第1部　小学校キャリア教育実践Q&A　7

小学校
キャリア教育
Q&A❶

キャリア教育とは何か？　どんな力を育てるのか？

キャリアとは，生涯にわたって果たす様々な立場や役割のこと。
それらを自分の中で価値付け，それを積み重ねていくことで，現在や将来の
生き方を考え，行動できるように支援するのがキャリア教育である。
そこで育む力として「4つの能力領域」が例示されている。

● 「キャリア」とは何か

「キャリア教育」とは何かという問いに答える前に，まず「キャリア」とは何かを考えてみましょう。
「キャリア教育」推進の指針を示した文部科学省『キャリア教育の推進に関する総合的調査研究協力者会議報告書～児童生徒一人一人の勤労観，職業観を育てるために～』（2004年。以下「協力者会議報告書」という）では，「キャリア」を次のように定義しています。

> ○個々人が生涯にわたって遂行する様々な立場や
>   **役割の連鎖**　及び
> ○その過程における**自己と働くこと**との**関係付け**
>   や**価値付けの累積**

この前段は，人が一生を通してかかわる立場や役割，例えば学校の児童・生徒・学生，会社員や主婦，ボランティア活動や趣味のグループでの立場，家庭内での役割など，時系列的に連なる「たての連鎖」と同時にかかわる「よこの連鎖」それぞれが独立しているのではなく，互いにつながり合っているという考え方です。

後段は，そうした役割や立場を果たしていくことが自分にとってどういう意味や価値を持っているのかということ，そしてそうした認識はその場限りではなく，生涯にわたって積み重ねられていくものという考え方です。

この定義に基づいて「キャリア教育」とは何かを考えると，「個々人」が上記のような「立場や役割」を「連鎖」させ，「自己と働くこと」とを「関係付け」また「価値付け」，それらを「累積」させることができるように支援する教育ということができます。

平たく言えば，「個人が自分自身とその行為（役割や職業）とをいかに関係付けるかということについて，一人一人の学びを促す教育」です。さらに別の言い方をすると，「それぞれの人生を歩いてきた個人が，これから歩む人生を社会の中でより自分らしく歩んでいくにはどうしたらよいかを考え，行動することを支援する教育」ととらえてもよいでしょう。

● キャリア教育は教育改革の理念を示すもの

ここでとくに小学校の先生方に理解しておいてほしいことがあります。それは，上記のようなねらいを持つ「キャリア教育」は，特定の内容を持った，あるいは特定の時間，特定の教科・領域を使った教育活動を指すものではないということです。

「協力者会議報告書」は，「キャリア教育は，一人一人のキャリア発達や個としての自立を促す視点から，従来の教育のあり方を幅広く見直し，改革していくための理念と方向性を示すものである」とその意義を表現しています。つまり，「キャリア教育を新しく導入する」というのではなく，「キャリア教育の視点で学校教育をよりよくしていく」ととらえることが大切なのです。

わが国の教育は，教育基本法第1条（教育の目的）「教育は，人格の完成をめざし，平和的な国家及び社会の形成者として，真理と正義を愛し，個人の価値をたつとび，勤労と責任を重んじ，自主的精神に充ちた心身ともに健康な国民の育成を期して行われなければならない」を実現するために，児童生徒が社会に適応し，主体的に人生を歩むための様々な方策を，教科，道徳，特別活動，総合的な学習の時間などを通して行ってきました。「キャリア教育」はいま一度この原点に立ち返り，改めて学校教育を体系立てようとするものと言えます。

ところで，「キャリア教育」が国の公的な文書に初めて登場したのは，1999年の中央教育審議会答申「初等中等教育と高等教育との接続改善について」です。そこでは，「キャリア教育（望ましい職業観・勤労観及び職業に対する知識や技能を身に付けさせるとともに，自己の個性を理解し，主体的に進路を

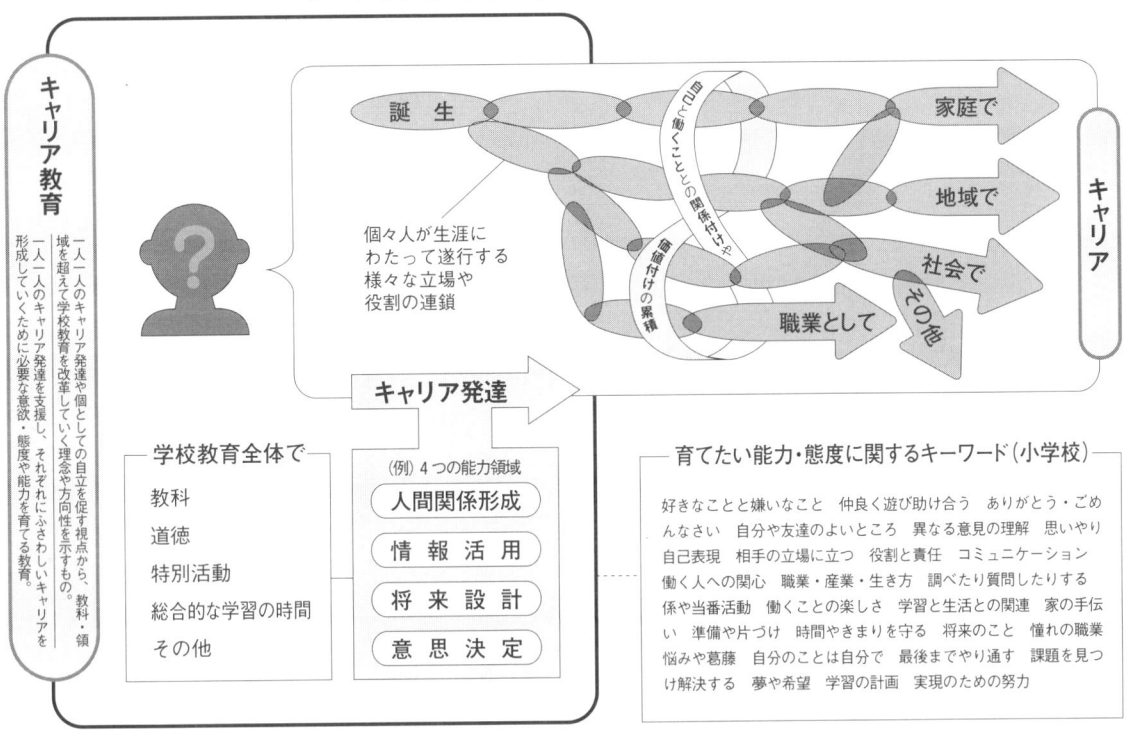

「キャリア」と「キャリア教育」のイメージ

選択する能力を育てる教育）を小学校段階から発達段階に応じて実施する必要がある」と述べられています。

この定義を前述の「協力者会議報告書」は見直し、「児童生徒一人一人のキャリア発達を支援し、それぞれにふさわしいキャリアを形成していくために必要な意欲・態度や能力を育てる教育」と示しました。新しい定義では、中教審の定義に「キャリア発達」(p.16)の概念を盛り込んだと考えてよいでしょう。

● 例示された4つの能力領域

「キャリア教育」は、具体的にどんな力（能力や態度）を育てる教育と考えればよいのでしょうか。それが示されたのが、国立教育政策研究所『児童生徒の職業観・勤労観を育む教育の推進について（調査研究報告書）』（2002年。以下「調査研究報告書」という）に添付された「職業観・勤労観を育む学習プログラムの枠組み（例）―職業的（進路）発達にかかわる諸能力の育成の視点から」（p.7に掲載。以下「学習プログラムの枠組み例」という）です。副題にある「職業的（進路）発達」とは「キャリア発達」のことを指します。

この資料では、職業的（進路）発達にかかわる4つの能力領域を示しています。具体的には、「人間関係形成能力」「情報活用能力」「将来設計能力」「意思決定能力」です。さらにこれらの4能力領域に下位項目である8能力を示し、それぞれに各学校段階（小学校の場合は低中高の学年段階）で育成していく能力や態度の項目を挙げています。

なお、これはあくまでも例示であり、絶対視すべきものではありません。例えば、この資料に影響を与えた全米職業情報整備委員会「全米キャリア発達ガイドライン」（1989年）は、「自己理解」「教育的、職業的探索」「キャリア設計」の3能力領域と12の下位項目を挙げ、「小学校」「中学校」「高等学校」「成人」の4段階を示しています。

ですから、地域や学校の実情に応じた学習プログラムの枠組みを設定する必要があるということになりますが、その際、この「学習プログラムの枠組み例」を基本にした上で、地域の小・中・高等学校をはじめ保護者、事業所、行政機関などと連携し、協議や実践の中で作り変えていくという手順を踏めば、よりよいプログラムを作り上げることができるのではないでしょうか。■

小学校
キャリア教育
Q&A ❷

中・高で行われている「進路指導」とは違う？

主体的な生き方を選択する力を養う「本来の進路指導」とは同質だが，偏差値的な視点に偏った"出口指導"から脱却しきれない学校教育は，若者たちの社会的自立を十分に支援できずにいる。「キャリア教育」には，「小学校からなら，できる」という切実な期待が込められている。

●キャリア教育＝本来の進路指導

　前述の「協力者会議報告書」では「進路指導の取組は，キャリア教育の中核をなすものである」とされています。そこでここでは「進路指導」の歩みを簡単に振り返りながら，「キャリア教育」誕生の背景と両者の関係を見てみることにします。

　「進路指導」という言葉は戦後の1950年後半に出てきたもので，それ以前は「職業指導」と呼ばれていました。1927年（昭和2年）の文部省訓令第20号「児童生徒ノ個性尊重及職業指導ニ関スル件」によって「職業指導」が導入されましたが，この訓令は，学校教育において「勤労を重んずる習慣を養うこと」がなおざりにされ，「上級学校の入学試験準備」に没頭してしまうなどの弊害を正そうとしたものです。

　さて，この訓令で求められたのは，大きく分けて以下の3つのことです。
❶児童生徒の知能，身体，家庭などの状況を十分調査したものを資料として教科指導を行うこと
❷個性に基づいて長所を伸ばし，職業や学校の選択において適切な指導をすること
❸これらにおいて保護者との連携を密接に行うこと

　その後，戦時体制下では，「職業指導」は児童生徒の個性尊重から国家体制の維持のための労務動員へとその質的な変容を遂げます。さらに，敗戦後は民主国家建設に向けて教育基本法の目的を実現するねらいのもとに再出発しましたが，名称は「職業指導」のままでした。

　やがて高度経済成長期に入り，高等学校進学率が上昇すると，中学校卒業後の進路決定は職業の選択決定から学校の選択決定へと軸足を移していきました。ただ，学校選択といっても将来的な目標は就職であるということから，実質的な進学指導が「職業指導」の枠組みの中で行われました。しかし，「職業指導」では就職の指導との誤解を招くという声もあり，1957年の中央教育審議会答申「科学技術教育の振興方策について」において初めて，「進路指導」という言葉が公に使われました。

　ところが，この「進路指導」はその後，「進学指導」の色合いをますます強め，とくに偏差値による振り分け指導に重きが置かれるなど，「職業指導」の本来の姿とは似ても似つかない様相を呈していきます。

　本来の「進路指導」への改革のきっかけは，1992年の埼玉県教育長による「脱・偏差値」のかけ声です。これは私立高等学校入試の事前相談の際に，当時一般的に使用されていた業者テストの偏差値を使用しないというものでした。

　進路指導の改善を求める文部省事務次官通知がこれに続き，90年代後半は中学校の「進路指導」を本来の姿に戻そうという動きが強まりました。それまでの「進路指導」は卒業学年で集中的に行われていましたが，3年間の進路学習を重ねることで生徒の主体的な進路選択能力を育成しようとする試みが広がり始めたのです。職場体験を行う中学校が増え始めたのもこの頃です。

　一方，高等学校における「進路指導」の改革は遅れがちで，就職にせよ進学にせよ，現在でも進路指導と言えば卒業学年に集中的に行われるのが一般的です。一部には総合的な学習の時間や，主に総合学科に設けられている教科「産業社会と人間」を中心に，「本来の進路指導」に力を入れている学校も見られますが，大部分の学校では，進路選択における生徒の主体性を育成することが看過される傾向は現在まで続いています。

●「進路指導」の改善では間に合わない

　バブルの崩壊に前後し，学校教育をめぐる環境は激変しました。日本企業の特徴とされる「学歴主義」「年功序列型賃金」「終身雇用」などが大きく揺らぎ始めたのです。それまで学校教育で主体的な進路選

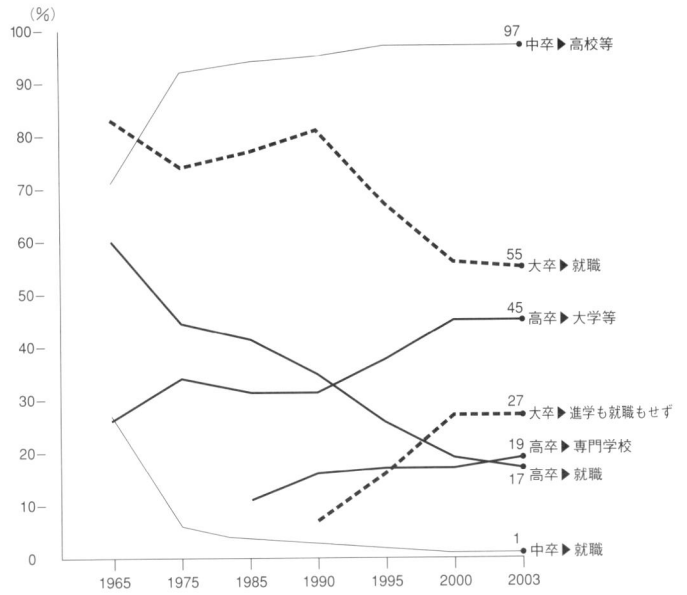

若者たちの進路選択の移り変わり

本来の進路指導への転換

❶ 学校選択の指導から
生き方の指導への転換

❷ 進学可能な学校の選択から
進学したい学校の選択への転換

❸ 100％の合格可能性に基づく
指導から生徒の意欲や努力を
重視する指導への転換

❹ 教師の選択決定から
生徒の選択決定の指導への転換

択能力を育成しなくても，企業が十分その代役を担っていたわけですが，その揺らぎがこれから職業に就こうとする若年者の心理的な揺らぎにつながっていきました。主体的な進路選択能力が備わっていないために寄りかかる対象を失い，アパシー（無気力化）やモラトリアム（決定の先延ばし）といった現象が顕著に現れてきたのです。

さらに，2003年の内閣府『国民生活白書』は「15歳〜34歳の若年（ただし，学生と主婦を除く）のうち，パート・アルバイト（派遣等を含む）及び働く意志のある無職の人」をフリーターと定義し，その数を「417万人」と指摘しました。こうした不安定な立場では職業能力の向上が十分図られず，生産性の低下による経済成長への制約も懸念されることから，国家的な対応が迫られるに至ったのです。

また，雇用の問題とは別に，現代の児童生徒に見られる社会性の欠如が教育問題として表面化しています。コミュニケーション能力が欠如している，自己中心的で集団での行動ができない，対人関係が苦手で引きこもってしまう，人の心を傷つけるような言動や行動をしてしまうなど，様々な児童生徒の問題が指摘されています。これらは，児童生徒個人の精神的・社会的自立という成長・発達の課題が十分達成されていないことが要因とされています。

こうしたことから，児童生徒の成長・発達を促進する方策として，職業観，勤労観という社会性の基盤となる価値観などを学校教育で育てていくことが求められたのです。そして，これを従来の「進路指導」のみに任せるのではなく，学校教育や社会が一体となって取り組むべきものとして，「キャリア教育」という考え方が示されたわけです。

● 小学校「も」ではなく，小学校「でこそ」

小学校段階から行うことが明記されたことは，「キャリア教育」が従来の「進路指導」と異なる最大のポイントです。「キャリア教育」という言葉を用いたのは，一般的に「進学指導」ととらえられがちな「進路指導」という用語は小学校になじまないが，小学校でこそ本来の意味での進路指導を行ってほしい，小学校ならそれができるという思いからだと言えます。

「進路指導の取組は，キャリア教育の中核をなすものである」とされているように，中学校や高等学校にとっては，「職業指導」からの流れを汲んだ本来の「進路指導」と基本的には同質であると考えられます。しかし，時代はいま，「小学校からのキャリア教育」を求めているのです。小学校においてキャリア教育が十分達成されることが，その先の，中学校，高等学校の取り組みに大きなプラスの効果をもたらすことが期待されているのです。■

小学校
キャリア教育
Q&A❸

小学校から始めるのは，早すぎるのでは？

上級学校や職業，就職先の選択の指導なら，小学校では早すぎる。
しかし，「キャリア教育」で育てるのは，児童生徒が自ら考え行動する力。
従来，特別活動も含めて学校教育全体を通じて行われている様々な学習に，
将来の自立への支援という観点を再確認することは小学校にも必要。

●痛切な「中学校では遅すぎる」の声

　高等学校においてはQ2で述べたように，進路指導イコール卒業時の進学や就職のための指導という学校が大部分です。もちろん，入学時から継続的に進路学習を行うなど計画的な進路指導を実践する学校も増えつつありますが，全体を見れば，本来の進路指導の定着，拡大にはほど遠いのが現状です。

　一方，中学校では職場体験学習（平成14年度で全国の公立中学校の86.9％が実施）や自己理解・職業理解などの学級活動を中心に，高等学校から見れば，本来の進路指導への取り組みは充実してきています。しかし，校内の推進役である「進路指導主事」は多くの学校で3年の学年団から選ばれるという現実もあり，指導の関心がどうしても卒業後の進路先の選択決定に集中しがちで，また，年度を超えて指導の継続性を維持することも難しくなっています。

　そうした中で以前から「進路指導は中学校からでは遅すぎる」という声が聞かれました。最近，小学校の進路指導に関する研究組織が立ち上がり始めているほか，本格的にキャリア教育に取り組む小学校も出てきましたが，実はこれらのうち，中学校の研究会から派生したものであったり，元中学校教諭として進路指導に取り組んだ先生方が小学校で行動を起こしたりしたものが非常に多いのです。そう考えれば，「キャリア教育を小学校から」というのは，従来の進路指導の出発点である中学校から発せられた痛切な叫びと受け取ることができるでしょう。

　もちろん，いくら「中学校では遅すぎる」といっても単に「早いほうがよい」という理由で「小学校キャリア教育」を叫ぶのは無理があります。しかし，詳しくはQ5で説明しますが，子どもの発達の理論から考えると，どの発達段階説をとっても児童期は次に続く段階への重要な準備段階，基盤形成段階という位置づけになっています。中学校や高等学校において「主体的に進路を選択し決定する能力」を育成する進路指導が，発達段階において小学校との十分な継続性を確保することは必要不可欠なのです。従来の進路指導が十分に成果をあげることができなかった要因の一つとして，この「小学校の不在」を挙げることは的はずれではないはずです。

●新しい教育内容の「導入」ではない

　「キャリア教育は小学校からが理想的」といっても，まったく新しい教育活動を一から導入しなければならないのだとすれば，その実現可能性が低下することは容易に予想されます。しかし，「学習プログラムの枠組み例」（p.7）で小学校の各学年に示された能力や態度の項目を見れば，「キャリア教育」はけっしてこれまでの小学校教育と無縁のものではないことがわかるはずです。

　現在の小学校で教科や道徳，総合的な学習の時間，特別活動で「自立教育」や「生き方教育」として実践されているものには「キャリア教育」として求められている内容と重なるものが数多く存在します。従来これらの内容はそれぞれのねらいのもとで実践されているわけですが，それらを「キャリア教育」の視点でとらえ直すことでそれぞれの活動の関連が明確になり，小学校における全教育活動がより効果的に機能するようになります。その結果，中学校のキャリア教育も効果的に行えるようになるのです。

　また，小学校が6年間であるということも大きなメリットです。中学校，高等学校では入学当初の学校適応から始まり，定期考査，体育祭，文化祭，様々な学校行事をこなし，部活動にも精を出し，ようやく落ち着いたと思った頃には卒業後の進路への移行準備が始まります。中高の進路指導が「出口指導」に偏るのもやむをえない面があります。それに対して，小学校の6年間はじっくり児童の成長を見つめることができ，多くの場合は卒業後の進路の選択決定に労力を割かれることもないので，本来の生

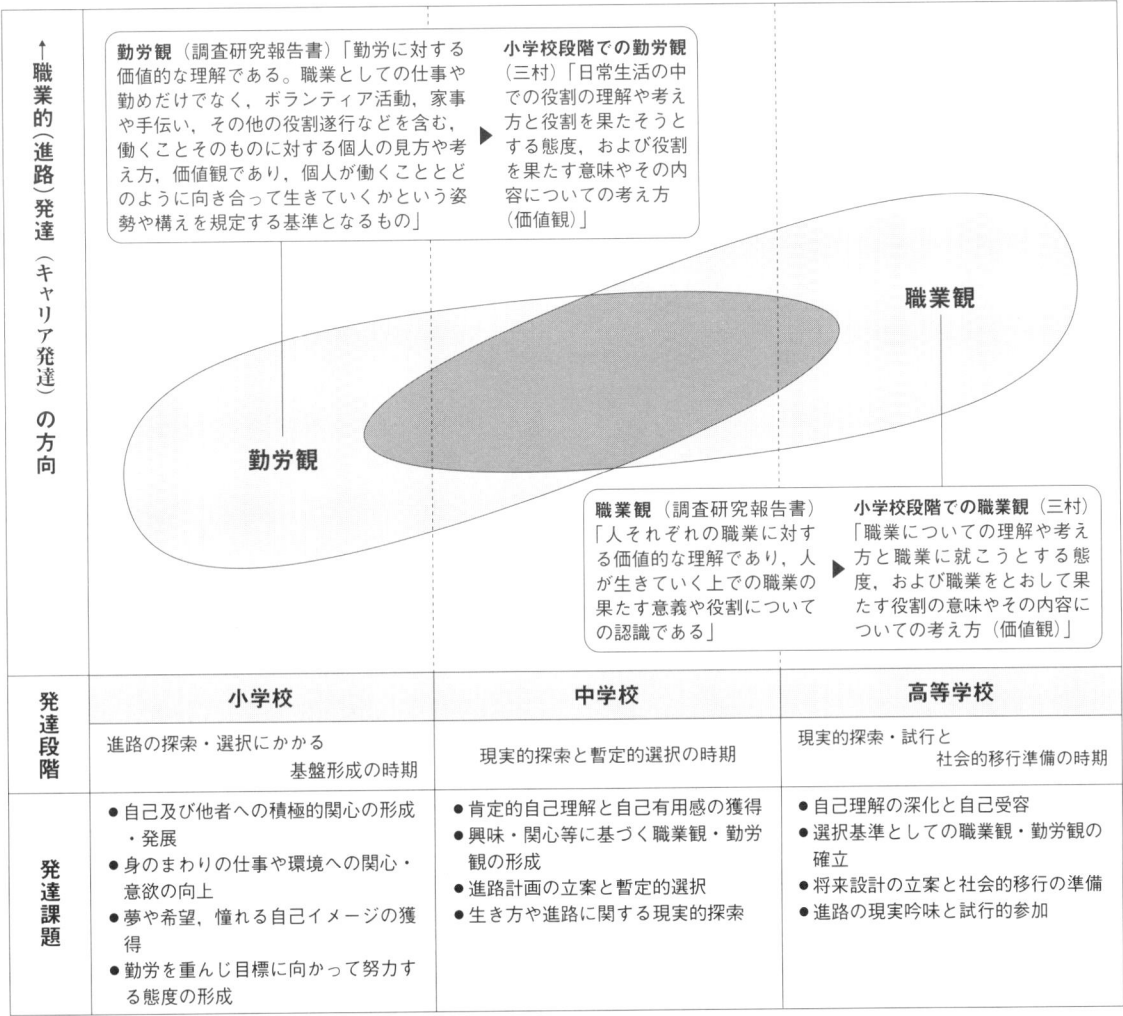

小中高の発達段階と「勤労観」「職業観」の構造

き方の教育に取り組むことができるのです。

●学校や家庭での「役割」観や意欲を育てたい

　キャリア教育で重要なことは，言うまでもなくその発達段階にふさわしい教育を行うことです。前述の「調査研究報告書」はキャリア教育を「端的には，『児童生徒一人一人の勤労観，職業観を育てる教育』」と表現しています。「勤労観」「職業観」それぞれについての定義は，図中に記した通りです。

　小学校においてはこれを踏まえて，「勤労観」が基盤になり，その上に「職業観」が形成されるという二層構造でとらえると，実践につなげやすいのではないでしょうか。というのも，「キャリア教育」だからということで「職業観」や「職業理解」にも焦点を絞ろうとすると，とくに低学年や中学年の授業展開を難しくするおそれがあるからです。

　「勤労観」における「役割」は，小学校段階では，遊びの中での役，家の手伝い，学校の係活動や清掃活動，地域での役目など幅広くとらえ，さらに「役割を果たそうとする態度」，つまり意欲性をも含むものととらえます。一方，「職業観」は職業そのものとその役割に対する理解や考え方および職業に就こうとする意欲性をも包摂しました。

　このようにとらえれば，「職業」に過重なウエートをかけることなく，係活動などの学校生活や手伝いなどの家庭生活における日常的な「役割」の経験の蓄積を，教科や道徳，総合的な学習の時間，学級活動等を通して行われる自己理解の学習や職業インタビューなどの計画的な「キャリア教育」と有機的に結びつけることができるのです。■

小学校
キャリア教育
Q&A❹

小学校で行われている「生き方教育」とは違う?

「生き方教育」は「キャリア教育」をも包摂する広い概念。
従来の自校の「生き方教育」の内容を「キャリア教育」の視点で見直し、
小・中・高を一貫する教育活動としての見通しを持って再構築したい。
そこから、「生き方教育」はさらに深まりのあるものになっていく。

●キャリア教育は生き方教育の中核

　キャリア教育と生き方教育とは大きく重なっていると考えてよいと思います。ただ、「生き方教育とは何か」という定義が必ずしも明確に共有されているわけではありません。ここでは、「生き方を題材としたあらゆる教育活動」ととらえ、今後は「生き方教育」は「キャリア教育」として取り組んでいく部分も大きいという考え方にもとづいて、みていくことにします。

　繰り返し引用している2004年の「協力者会議報告書」では、「進路指導の取組は、キャリア教育の中核をなすものである」とされていることから、両者の関係は右の図のように、「生き方教育」が「キャリア教育」を含む広いものであり、この二つは同心円を描いているものと考えることができるでしょう。Q2で言及した「本来の進路指導」は、いちばん内側の円として位置づけられることになります。つまり、キャリア教育、生き方教育、進路指導の関係は、進路指導を中核としたキャリア教育があり、キャリア教育を中核とした生き方教育があると整理できます。

●生き方教育の実践があれば、それでよいか

　このように説明すると、「それならすでに小学校では生き方教育を行っているのだから、それに包摂されるというキャリア教育を新たに導入する必要はないのではないか」という声が出てくるかもしれません。しかし、小学校の生き方教育はこれまでどのように考えられていたのでしょうか。教育課程の中に生き方教育が構造的に位置づけられ、中学校との接続を考えてきたのでしょうか。

　学校教育は発達段階に応じて教育内容や方法が規定されていますので、生き方教育という、ある意味でとらえどころのない教育活動でも、方法や内容においては小中、あるいは小中高の連続した教育活動の中での位置づけが明確であるべきです。そうでなければ教育活動の評価ができませんし、教育内容や方法の改善も科学的に行うことはできません。

　事実、現行の学習指導要領（平成10年告示）が、生き方教育をいっそう求める内容になっていることは、前回の学習指導要領（平成元年告示）との比較（右の表）からも理解できると思います。

　このように生き方にかかわる教育への要請が高まるなかで、また、実際にそうした教育の実践が広がりと深まりを見せていくなかで、小学校から中学校、さらには高等学校へという一貫性およびそれぞれの発達段階を踏まえた実践ができているかどうかという点について、あらためて問いを発したのが「キャリア教育」だといえるでしょう。

●生き方教育を再評価し、中高を見通した実践を

　これまでの生き方教育をリセットして新たなキャリア教育を作り出す必要は全くありません。いままで生き方教育として実践してきたものをあくまでも基本にし、それらをより構造的な視点で見ていくことでキャリア教育への移行が可能となるのです。従来、「生き方教育」は中学校・高等学校の「進路指導」との一貫性、連続性が明確ではありませんでしたが、その実践の積み重ねは、目に見えなくても中学生、高校生一人一人の中に確かに息づいていることでしょう。こうした小学校から始まり中学校、高等学校につながる12年間の生き方の教育をさらに充実させるため、中学校・高等学校における発達をも見通した実践をするのが自然であり、混乱も少ないのではないでしょうか。

　その見直しの際に、これまで「生き方教育」と総称してきたものを構成している要素を個別に抽出し、それぞれの学校が何を「生き方教育」ととらえ、それをどのように配列し、どのような形で児童の変容にかかわってきたかなどを一度整理し、明確にし

進路指導を核としたキャリア教育，キャリア教育を核とした生き方教育

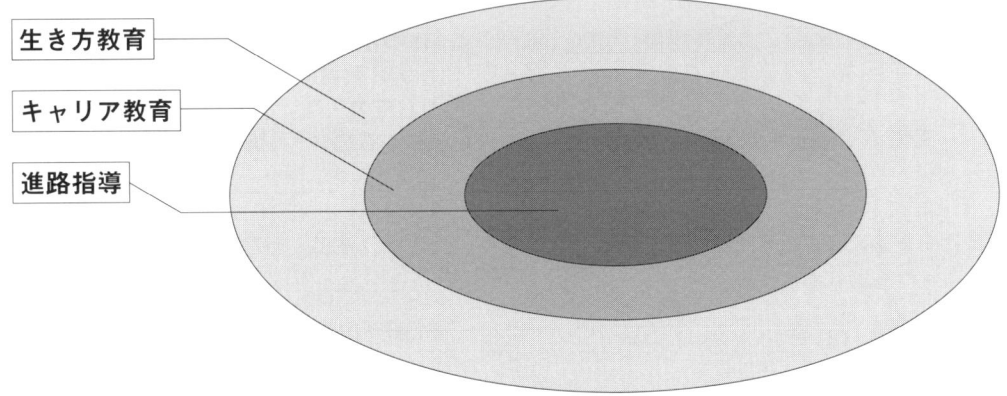

小学校学習指導要領における「生き方」に関する教育の記述の変化

	平成元年	平成10年
[総則]	自ら学ぶ意欲と社会の変化に主体的に対応できる能力の育成を図る	児童に**生きる力**をはぐくむことを目指し，創意工夫を生かし特色ある教育活動を展開する中で，自ら学び自ら考える力の育成を図る
[総則（第3）] 総合的な学習の時間の取扱い	—	学び方やものの考え方を身に付け，問題の解決や探求活動に主体的,創造的に取り組む態度を育て，**自己の生き方**を考えることができるようにすること。
[総則（第5）] 指導計画の作成等に当たって配慮すべき事項	学習内容を確実に身に付けることができるよう，児童の実態等に応じ，個に応じた指導など指導方法の工夫改善に努めること。	児童が学習課題や活動を選択したり，自らの将来について考えたりする機会を設けるなど工夫すること。
[第4章 特別活動 第3] 指導計画の作成と内容の取扱い	学級活動の指導については，学校の児童の実態に応じて取り上げる学習内容の重点化を図るようにすること。また，生徒指導との関連を図るようにすること。	学級活動などにおいて，児童が**自ら現在及び将来の生き方**を考えることができるように工夫すること。

ておくことは，「キャリア教育」を視野に入れて実践していく際に重要になってきます。

● 4つの能力領域と自校の実践との対照を

前述の2002年「調査研究報告書」に示された「学習プログラムの枠組み例」（p.7）では，「キャリア教育」で育てるべき力として「人間関係形成能力」（自他の理解能力とコミュニケーション能力），「情報活用能力」（情報収集・探索能力と職業理解能力），「将来設計能力」（役割把握・認識能力と計画実行能力），「意思決定能力」（選択能力と課題解決能力）の4つの能力領域（8つの能力）を例示しています。これらの能力領域はあくまでも「例」ですが，たとえば，これまで「生き方教育」として取り組んできた各学年の学習や活動の内容を，この4つの能力領域（8つの能力）の分類をもとに整理してみることは，自校での「キャリア教育」実践を現実的に考える一つのきっかけになるはずです。

この「例」には，それぞれの能力領域の具体的な能力態度の例が低学年，中学年，高学年別に記されていますので，従来の「生き方教育」の学年ごとのねらいと対照してみることで，「キャリア教育」の目指すものを自校の実践を踏まえて理解することができ，さらには自校の計画・実践の妥当性を再検討するヒントが得られるかもしれません。その結果，新たなキャリア教育計画を核にした「生き方教育」の体系を再構築することができるのです。少し手間のかかることですが，このような吟味を経ることで，自校の「生き方教育」がいっそう裏付けのあるものになることは間違いないでしょう。■

小学校
キャリア教育
Q&A ❺

キャリア教育の発達段階は，どう考えればよい？

小学生は空想から興味が育まれ，能力へと発展する重要な段階。
低学年から高学年へと，キャリア発達の発達課題も細かく分かれている。
ただし，とくにキャリアに関わる発達は個人差が大きく，多様である。
主体的な選択の実現という最終的な目標に向け，個別の支援が重要。

●低～高学年までキャリアに関わる発達段階がある

中学校と高等学校を中心に行われていた「進路指導」が行き詰まりを見せ，その解決の糸口を「小学校からのキャリア教育」に求めた背景には，発達段階を踏まえてキャリアに関する能力や態度を育成することが重要であるという認識がありました。教科で考えると，たとえば算数の場合，高学年で難しい応用問題を学べるのは，低学年で四則計算の力を身につける過程があったからです。それと同じように，小学校のキャリア教育においても，それぞれの発達段階に応じた能力や態度を身につけることを児童に求めていくことになります。

●スーパーのキャリア発達理論

キャリア教育における発達段階を示すものとしてアメリカのカウンセリング心理学者であるスーパー（Super, D. E.）による職業的発達（後に「キャリア発達」）という考え方があります。
「職業指導とは，個人が，自分自身と働く世界における自分の役割について，統合されたかつ妥当な映像を発展させまた受容すること，この概念に照らして吟味すること，および自分自身にとっても満足であり，また社会にとっても利益であるように，自我概念を現実に転ずることを援助する過程である。」
（スーパー，1957，日本職業指導学会訳『職業生活の心理学』誠信書房p.250）

この考え方は，本来の「進路指導」を裏付ける理論として長年にわたり拠りどころとなってきたものです。その後，キャリア発達は，職業や役割を通し，自我（己）概念を明確にしていくプロセスとされ，そのプロセスに働きかける営みがキャリア教育であり進路指導となりました。キャリア教育は「発達」という考え方抜きには成り立たないのです。

ところで，スーパーによる発達段階は「職業生活の諸段階」として示され，とくに小・中・高等学校の12年間は「成長段階」「探索段階」とされ，いくつかの期に分けて説明されています（右表）。

また，彼が挙げた職業的発達に関する12の命題のうち，キャリア教育を行う上で関連の強いものに，「職業的発達は前進的で，継続的であり，後戻りできないプロセスである」，「職業的発達には秩序があり，パターン化でき，予測が可能なプロセスである」，「職業的発達はダイナミックなプロセスである」などがあります。前述の「学習プログラムの枠組み例」（p.7）も基本的には，このスーパーの命題に示されているように，一つの課題を達成して初めて次の課題が達成できるという考えで作成されています。

●キャリアに関わる発達は個人差が大きい

こうした発達段階に基づいて提示された課題（育成すべき能力・態度）を目標に，キャリア教育は展開されていくわけですが，すべての児童が同じペースで発達を遂げていると考えてはいけません。教科学習等についても同じことが言えますが，とりわけキャリア発達については個人差が大きいこと，また，その差が多様であることを常に意識しておく必要があります。

たとえば，「枠組み例」に示された「能力・態度」の小学校中学年以降は，それ以前の「能力・態度」がすでに育成されていることを前提に示されています。たとえ高学年であっても，それ以前の低学年，中学年の「能力・態度」がどの程度育成されているかを確認したうえで，当該学年の発達課題に取りかかるという手順が必要になってきます。もちろん，それ以前の段階の能力・態度の育成が不十分であると判断された場合には，その学年段階の課題に戻って，じっくりと育てていく必要があります。

さらに，個別指導を必要とする場合も出てくるでしょう。キャリア教育の目標は「学習プログラムの枠組み例」に示されたような「能力・態度」の育成

キャリアにかかわる発達段階（D.E.スーパー）

成長段階	誕生～14歳		自己概念は、学校と家庭における主要人物との同一視を通して発達する。欲求と空想はこの段階の初期において支配的である。興味と能力は社会参加と現実吟味の増大にともない、この段階で一層重要になる。以下この段階の副次的期間である。
	空想期（4～10歳）		欲求中心・空想の中で役割遂行が重要な意義を持つ。
	興味期（11～12歳）		好みが志望と活動の主たる決定要因となる。
	能力期（12～14歳）		能力に一層重点が置かれる。職務要件（訓練を含む）が考慮される。
探索段階	（15歳～24歳）		学校、余暇活動、パートタイム労働において、自己吟味、役割試行、職業上の探求が行われる。この段階の副次的期間は以下である。
	暫定期（15～17歳）		欲求、興味、能力、価値観、雇用機会のすべてが考慮される。暫定的な選択がなされ、それが空想や討論、家庭、仕事の中で試みられる。
	移行期（18～21歳）		青年が労働市場または専門的訓練に入り、そこで自己概念を充足しようと試みる過程で、現実への配慮が重視される。
	試行期（22～24歳）		表面上の適切な分野に位置づけられると、その分野での初歩的な職務遂行が与えられる。そしてそれが生涯の職業として試みられる。
確立段階（25～44歳）			適切な分野が見つけられ、その分野で永続的な地歩を築く努力がなされる。

小・中・高等学校の12年間を様々な発達理論で見ると……

年齢	ピアジェ 認識発達理論	フロイト 精神分析学	エリクソン 自我同一性理論	スーパー 職業的発達理論	コールバーグ 道徳性の発達理論
18歳	形式的操作期	性器期	青年期「自我同一性の確立」対「自我同一性の拡散」	移行期	慣習以降の自律的、原理原則水準
17歳 高3				暫定期	
16歳 高2					
15歳 高1					
14歳 中3				能力期	慣習的道徳水準
13歳 中2					
12歳 中1				興味期	
11歳 小6		潜伏期	児童期「勤勉性」対「劣等感」		前慣習的（無道徳）水準
10歳 小5	具体的操作期			空想期	
9歳 小4					
8歳 小3					
7歳 小2	前操作期				
6歳 小1		男根期			
5歳			幼児後期「自発性」対「罪悪感」		
4歳					

ピアジェ（Piajet, J）スイスの心理学者、自己中心的な前論理的段階から漸次的な社会化にともなって論理的段階へと発展する発達論的見地から認識発達論を示した。「前操作期」には、自己中心性が見られる。「具体的操作期」には、共感、因果関係の理解など論理的思考が可能であるが具体的なもののみが対象であり、抽象的な思考に至っていない。「形式的操作期」（青年期・思春期）は、子どもから大人にいたる過渡的な段階。ピーター・ブロスによると一端自分をリセットし再出発する時期。
フロイト（Freud, S.）精神分析の創始者。
エリクソン（Erikson, E. H.）アメリカの精神分析学者。フロイトの弟子。アイデンティティの研究で精神分析のみならず、心理学、教育学、社会学などの人間科学に影響を与えた。
スーパー（Super, D. E.）アメリカのカウンセリング心理学者（上図も参照）。
コールバーグ（Kohlberg, L.）精神分析理論や学習心理学に対し道徳的な認知構造という概念を提出。コールバーグにとって「役割取得」は他者の立場に立って考えることを意味し、スーパーの職業を通し自己概念を明確化させるといった考えの幅を広げるものである。コールバーグの道徳性発達理論は、三水準六段階を示し、発達の順序は社会や文化によっても変わらないとしている。

ですが、それはすべての児童生徒に共通の「能力・態度」を育成すれば終わりということではありません。最終的には、児童生徒一人一人が実際に、自分の習得した能力・態度によって主体的に生き方を選択することが目標なのであり、そのための個別の支援を行うことが教師には求められているのです。

一方で、中学校、高等学校段階においてはとくに具体的な進路選択の局面が出てきます。キャリア教育の小中高の一貫した流れをみたとき、小学校におけるキャリア教育は、そうした局面で子どもたちが自ら考え、選択していける基礎的な力を育成するものであるといえます。■

小学校
キャリア教育
Q&A ❻

中学校・高等学校との系統性は，どう図ればよい？

キャリア教育は小中高12年間の一貫した取り組みが求められている。
小学校でキャリア教育を推進するには，まず中学校の取り組みを学ぶことから。
中学校では学級活動を核にした生き方・進路の学習が充実しているのに加え，
総合的な学習の時間などを活用した職場体験学習も盛んに実施されている。

● 中学校から資料の提供を受けることが第一歩

　前項までに，キャリア教育は小学校，中学校，高等学校の12年間を通した継続的な取り組みが求められていることを説明してきました。小学校の6年間がその育成の基盤となり，中学校3年間，そしてさらに高等学校の3年間につながっています。小学校でキャリア教育を推進していくにあたり，この「系統性を図る」ということは非常に重要なことです。

　系統性を図る際の大前提は，小中高でいま行われているキャリア教育の内容をお互いに知ることです。とくに，小学校にとって中学校・高等学校における取り組みを理解することは非常に有益です。小学校にとっては，これから育てようとする力の，その先の姿が見えてくること，そしてそれと同時に，校種は違っても，キャリア教育の「先行事例」としても参考になる部分が多いと思われるからです。

　まずは中学校の事例を検討することから始めましょう。2004年度から始まった文部科学省の「新キャリア教育プラン」では「キャリア教育推進地域」を全国45か所が指定され，地域の小・中・高等学校及び，経済界やPTA団体による実践協議会を開催し，連携を図ることになっています。こうした枠組みがあると連携も容易ですが，一般には自校の卒業生が進む中学校に資料の提供を求めましょう。中学校では「教育計画」を作成し，進路指導部を含む各部の年間計画を子細に示しています。中学校側の協力が得られるなら，教育計画の中で，キャリア教育・進路指導に関わる教育目標，重点課題，活動などを抜き出す作業を共に行います。そこでの質疑応答から重要なヒントが得られるはずです。「学年進行に従い，発達課題に合わせた内容がどのように配列されているか」などは予想される質問の一つです。

　総合的な学習の時間や特別活動で行われる活動については，個別の活動計画や諸資料の提供を受けましょう。とくに学級活動については進路指導を核に年間計画を立てている学校も多く，これを見れば，3年間で生き方・進路に関わる学習がどのように行われているかがよくわかります（右表を参照）。

　なお，予習として，あるいは併行的に，出版物も活用しましょう。実践事例集や手引きなどは多数出ており，近隣の中学校では取り組んでいない事例なども掲載されていますので，最寄りの書店などに問い合わせて入手することをおすすめします。

● 中学校進路指導（キャリア教育）の現状

　従来，進路指導は学級活動を中心に行われてきましたが，学習指導要領に総合的な学習の時間が盛り込まれてからは幅広い活動が可能になりました。そこで，特別活動と総合的な学習の時間を任務分担させて進路指導を行っている学校が多いようです。とくに，職場体験は平成14年度の公立中学校で86.9%の実施率があり（国立教育政策研究所調べ），その多くは総合的な学習の時間を使用しています。道徳の時間においても，「人は何のために働くか」や「ひたむきな生き方に共感する」などといったテーマで授業が展開されています。また，『心のノート』の中学生版を活用している学校もあります。その他，社会科や家庭科など教科の学習についても進路指導との関連を明確にしている学校も増えています。

　教科，領域などを通した進路指導の活動は「進路学習」という名称で呼ばれている場合が多く，集団による活動，個人による活動，活動した内容を共有するシェアリング，成果の発表会，報告集などの成果物の作成など様々なプロセスを経ています。こうした場に実際に参加させてもらうと，理解が早いのではないでしょうか。また，進路相談については，学級担任による定期的な進路相談や進路指導部の教師が行う随時の必要に応じた相談など，それぞれの相談機能を生かした展開が見られます。

　中学校における進路指導は3年間を通して計画的，

中学校の学級活動の例（副読本『中学生活と進路』日本進路指導協会刊の指導案）

学年	学期	(1)学級や学校の生活の充実と向上に関すること	(2)個人及び社会の一員としての在り方，健康や安全に関すること	(3)学業生活の充実，将来の生き方と進路の適切な選択に関すること
1年	1	Ⅱ 私たちの学級	Ⅰ 中学生活の出発	Ⅲ 中学校の学習と将来の生き方
	2	Ⅳ 学級生活の中で	Ⅵ 心身の健康と安全な生活 / Ⅶ 自分を知ろう	Ⅴ 働く人びとに学ぶ
	3		Ⅷ 自主的な行動をしよう	Ⅸ 進路計画を立てよう
		Ⅹ 1年間のまとめと2年生への準備		
2年	1		Ⅰ 自分を伸ばす学年に / Ⅲ 健康と安全	Ⅱ 将来の生き方と学習
	2	Ⅳ 充実した学級生活	Ⅵ 生き方を考えよう	Ⅴ 職業の世界 / Ⅶ 学ぶための制度と機会
	3		Ⅷ 自分の適性，自分の進路	
		Ⅸ 3年生への準備		
3年	1		Ⅰ 最上級生としての生活	Ⅱ 進路を考える
		Ⅲ みのりある生活と学習		Ⅳ 進路の選択にそなえて
	2		Ⅴ 心豊かに生きる	Ⅵ 進路の選択
	3		Ⅶ 卒業期を迎えて	

〈1年〉 内容

1学期
- Ⅰ 中学生活の出発
  ① 中学生になって
  ② 中学校とは何だろう
  ③ 中学生活にふみ出そう
- ● 選択教科のガイダンス
- ● 総合的な学習の時間のガイダンス
- Ⅱ 私たちの学級
  ① 話し合い活動と活動目標
  ② 学級の組織づくり
- ● 校外体験学習に取り組もう
- ● ボランティア活動に参加しよう
- Ⅲ 中学校の学習と将来の生き方
  ① なぜい学ぶのか
  ② 学習の目標と心がまえ
  ③ 私たちの将来の希望
- ● 夏休みを有効に活用しよう

2学期
- Ⅳ 学級生活のなかで
  ① 学級生活の向上をめざして
  ② 私たちにできること
- ● さまざまな学校行事に取り組もう
- Ⅴ 働く人びとに学ぶ
  ① 働く人びとのすがた
  ② 働く人びとの仕事と考え
- Ⅵ 心身の健康と安全な生活
  ① 健康で安全な生活
  ② 心身ともに健康な生活
- ● 生徒会のガイダンス
- Ⅶ 自分を知ろう
  ① 人と個性
  ② 自分の特色，友だちのよさ
  ③ 男女の理解と協力
- ● 有意義な冬休みにしよう

3学期
- Ⅷ 自主的な行動をしよう
  ① 悩みとその解決
  ② 集団や社会の一員として
- ● 他校との輪を広げよう
- Ⅸ 進路計画を立てよう
  ① 自分の進路と将来設計
  ② 進路計画の必要性
  ③ 進路計画の立て方
- Ⅹ 1年間のまとめと2年生への準備
  ① 1年間をふり返って
  ② 2年生への準備をしよう

〈2年〉 内容

1学期
- Ⅰ 自分を伸ばす学年に
  ① 2年生の自分をデザインしよう
  ② 自分たちの学級をつくろう
- ● 選択教科で自分を伸ばそう
- Ⅱ 将来の生き方と学習
  ① 人はなぜ働くのか
  ② 人はなぜ学ぶのか
  ③ 自分を高める学習を
- ● 行事にすすんで参加しよう
- Ⅲ 健康と安全
  ① 心と体を健康に
  ② 安全な生活をしよう
- ● 有意義な夏休みにしよう

2学期
- Ⅳ 充実した学級生活
  ① 学級の生活を見直そう
  ② 自分の役割をはたそう
- ● ボランティア活動をしよう
- Ⅴ 職業の世界
  ① 職業とは何だろう
  ② 職業の内容を調べよう
- Ⅵ 生き方を考えよう
  ① 個性を生かす場を求めて
  ② 異性への理解を深めよう
  ③ 社会の一員として生きる
- ● 体育大会・文化祭をもりあげよう
- Ⅶ 学ぶための制度と機会
  ① 学ぶ制度を調べよう
  ② 中学校卒業後に学ぶ道
  ③ 自分の力を高めていこう
- ● さまざまな文化から学ぼう

3学期
- Ⅷ 自分の適性，自分の進路
  ① 自分は何に向いているか
  ② 適性を生かす進路を選ぼう
  ③ 進路計画を立てよう
- Ⅸ 3年生への準備
  ① 私の通知表
  ② 3年生になる心がまえ

〈3年〉 内容

1学期
- Ⅰ 最上級生としての生活
  ① 3年生になって
  ② 充実した学校生活
  ③ 3年生の生活
- ● 自分で選ぶ選択教科
- Ⅱ 進路を考える
  ① 先輩のすがたに学ぶ
  ② 生き方について考える
- ● 自分たちの修学旅行をつくりあげよう
- Ⅲ みのりある生活と学習
  ① 学級の充実と改善
  ② 何のために学ぶのか
  ③ 地域や社会に目を向ける
- ● 夏休みを利用して，活動の輪を広げよう

2学期
- Ⅳ 進路の選択にそなえて
  ① 自分を見つめ直す
  ② 進路先を調べてみる
- ● 体育大会をもりあげよう
- Ⅴ 心豊かに生きる
  ① 学習の問題点や悩みを解決する
  ② 身も心もすこやかに
  ③ 社会の一員として生きる
  ④ 思い出に残る学級を
- ● 文化祭を成功させよう
- Ⅵ 進路の選択
  ① 自分の進路を最終決定する
  ② 自分の道を切り開こう
- ● 充実した冬休みにしよう

3学期
- Ⅶ 卒業期を迎えて
  ① 中学生活のまとめ
  ② 勇気を出してわが道を
  ③ 希望にあふれて
- ● 大空から母校へ

組織的に行われるべきですが，卒業後の進路への移行に際して選択決定を求めなくてはならず，とくに第3学年にウエートが置かれる傾向があります。いわゆる出口指導に重きを置いている学校もまだありますが，学ぶところは学び，不十分と思われる点は，ともに今後取り組むという姿勢を持ちましょう。

こうした過程を経て小学校におけるキャリア教育の年間計画案ができたら，今度は中学校にフィードバックすることが大切です。そこでは中学校の進路指導，キャリア教育の実践からどのようなことを学び，キャリア教育の目標，育成すべき能力・態度，活動内容の設定を行ったかの説明をしましょう。こうした繰り返しが接続を円滑にし，地域に根ざした無理のない系統性が図られるのです。■

小学校
キャリア教育
Q&A❼

時間の枠がないなかで、どう実践すればよい？

時間の枠がないキャリア教育は学校教育全体を通じて行われるものであり、既存の教科・領域を場として借りながら、クロスして働く「機能」である。小学校には中学校、高等学校以上に、キャリア教育の要素がたくさんあり、学力低下が懸念されるなか、キャリア教育の機能が果たす役割は大きい。

● キャリア教育は「領域」ではなく「機能」

教育活動を考える場合、2つの見方があります。1つは、学習指導要領に示された各教科、道徳、特別活動、総合的な学習の時間などの枠組みで教育活動をとらえる「領域」という見方です。もう1つは、こうした枠組みにとらわれず、生徒指導や進路指導などのように教育活動全般にかかわると考える「機能」という見方です。キャリア教育は、教育活動の枠組みの1つではなく、教育活動全体に働きかけていくものであるという見方から、「機能」としてとらえていかなくてはなりません。

小学校の場合、この「機能」のうち生徒指導については学習指導要領の総則の「第5　指導計画の作成に当たって配慮すべき事項(3)」に、次のように記されています。

「日ごろから学級経営の充実を図り、教師と児童の信頼関係及び児童相互の好ましい人間関係を育てるとともに児童理解を深め、生徒指導の充実を図ること。」

しかし、キャリア教育についてはもちろん、進路指導についても位置づけられていません。

一方、中学校、高等学校の学習指導要領には生徒指導同様に進路指導が総則には示されています。例えば中学校の場合学習指導要領の総則の「第5　指導計画の作成に当たって配慮すべき事項(4)」には、次の記述があります。

「生徒が自らの生き方を考え主体的に進路を選択することができるよう、学校の教育活動全体を通じ、計画的、組織的な進路指導を行うこと。」

小学校では、教科・領域としての枠がなく、また機能としての明示もないなかで、どのようにキャリア教育を展開するかということは当然の疑問であり、これから多くの試行錯誤がなされることが想像されます。しかし、中学校や高等学校でも、機能としての明示こそあっても、時間の枠が保障されているわけではありません。そこで、小学校でキャリア教育を推進するにあたっては、次の3つの点を踏まえておくとよいでしょう。

> ①時間の確保の仕方は、同様に時間の枠のない中学校の事例を参考にする。
> ②小学校では中学校以上に、既存の教育活動のなかにキャリア教育を構成する要素がある。
> ③時間の枠がないことにこそ意味がある。枠がないから他の枠を借りるのではない。

● 教科・領域とクロスして働くキャリア教育

具体的な時間の確保の仕方については、次項（Q8）以降で詳しく述べていきます。ここではまず、キャリア教育を特定の時間ではなく、既存の教科・領域のなかで行っていくということの意味を考えておきます。単に独自の時間がないから教科・領域の時間を借りるわけではないのです。むしろ、時間の枠がないことには意味があるのです。そのことの理解がまず最初に必要です。少し説明しましょう。

Q4で示した同心円を思い出してください。Q4では「生き方教育」と「キャリア教育」の関係を見ましたが、小学校ではまさに「生き方教育」は「機能」に当てはまります。その中核にキャリア教育（さらに中高では進路指導）が存在すると考えれば、小学校の教育活動全体に機能するようにキャリア教育を展開するという考え方は、とりたてて新しいものではないことがわかります。

右の図は、学習指導要領の各教科及び領域、総合的な学習の時間に対し、キャリア教育が機能的にどのように働くのかを示した概念モデルです。キャリア教育については、「学習プログラムの枠組み例」（p.7）に例示された4つの能力領域で示しました。学校教育でキャリア教育を推進することにより、教育課程に示されている各教科・領域等と職業観・勤

教科・領域とキャリア教育の4つの能力領域は,「縦糸」と「横糸」の関係

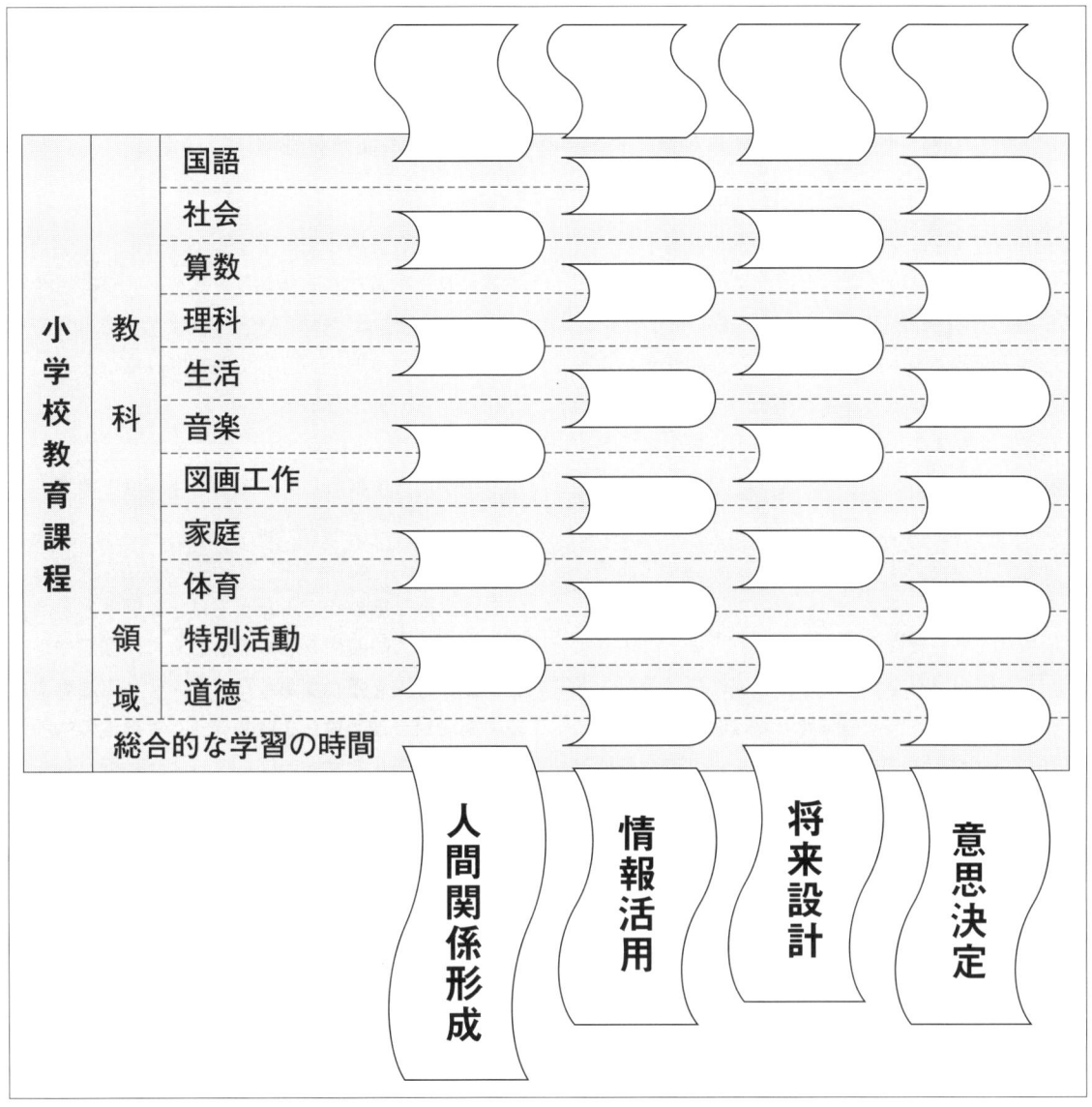

労観を育む「学習プログラムの枠組み例」に例示された4能力領域が互いに補完し合い,相乗的な効果を生み出すことになるのです。これは図のように横糸と縦糸が編みこまれ,しっかりした布地を作り上げていくイメージとして示すことができます。

現在,各教科については学力低下が懸念されていますが,キャリア教育はこうした部分にも機能します。つまり,4能力領域がクロスしていくことにより,例えば,「人間関係形成能力」は他者と協力して学び合う力,「情報活用能力」は学ぶための資料や情報を収集していく力,「将来設計能力」は学習計画を立てる力,「意思決定能力」は何をどのように学んでいくかを決めていく力につながり,確実に学ぶ力が身についていくのです。

小学校でこうした教科・領域を場としたキャリア教育が機能的に実践されることにより,教育課程の効果的展開を生み,4能力領域の視点が取り入れられることにより職業観・勤労観が育まれます。その結果,学校での学びと児童生徒の将来の生き方(進路)とが強く結びついた学校教育が実現するのです。小学校ではとくに,既存の教科・領域のなかに,キャリア教育の要素がたくさん存在します。これについて,次項以降で詳しく述べていきます。■

小学校
キャリア教育
Q&A ❽

道徳の時間では，どんな視点を持てばよい？

小中を通じて時間の枠が確保されている道徳は，児童生徒の発達を校種を超えて一貫して支援するキャリア教育の土台として期待が大きい。道徳もキャリア教育も「役割」を主要な概念とし，価値観形成を求めるが，それぞれ視点が異なることで，役割・立場の多面的な理解につながる。

●小中の連続性はキャリア教育推進の基盤

小学校教育における各教科・領域のなかでも，道徳はキャリア教育と非常に深いつながりがあります。これは小学校に限ったことではなく，中学校でも道徳とクロスしたかたちで進路指導を行っている例はたくさんあります。このことは，小学校で道徳教育に熱心に取り組んでこられた先生方なら，容易に理解していただけるのではないでしょうか。

学校教育の中で「道徳の時間」は特別な位置づけにあります。学習指導要領において道徳教育は総則に示され，学校教育全体を通じて行ういわゆる「機能」としての見方をされていると同時に，教科・領域等においても「道徳の時間」が枠組みとして設定されています。余談になりますが，高等学校には「領域」としての道徳はありませんが，高等学校学習指導要領総則には「機能」として明確に位置づけられ，全教育活動を通じて道徳教育が行われることが求められているのです。

しかし，残念ながらこの理解は高等学校の教育現場では非常に弱いものがあります。正しい理解があれば，高等学校でも道徳教育と連携したかたちでの進路指導，キャリア教育が効果的に行われることが期待されます。高等学校における道徳教育の不在は進路指導，キャリア教育が厳しい状況に置かれている一因とも言えると思います。それに比べれば，小学校では道徳教育が非常に盛んであり，キャリア教育の推進にあたって，一つの大きな場がすでに用意されているという好条件にめぐまれているのです。

さらに重要なのは，「道徳の時間」が中学校でも同様に領域として確保され，熱心な実践が行われていることです。繰り返しになりますが，キャリア教育は小中高一貫して児童生徒の社会的自立への発達を支援するものであり，従来の学校教育全体をその視点から見直そうとする「教育改革の理念と方向性を示すもの」であると，前述の「協力者会議報告書」もその意義を強調しています。小学校から中学校への連続性において長年の実践の蓄積を持つ道徳教育が，そうした背景を持つキャリア教育を推進するうえで力強いパートナーとして期待されることは，当然のことといえるでしょう。

●「役割」を主概念とする道徳とキャリア教育

小学校学習指導要領の総則には，次のように記されています。

「道徳教育を進めるに当たっては，教師と児童及び児童相互の人間関係を深めるとともに，家庭や地域社会との連携を図りながら，ボランティア活動や自然体験活動などの豊かな体験を通して児童の内面に根ざした道徳性の育成が図られるように配慮しなければならない。」

道徳性については，文部省『中学校学習指導要領（平成10年12月）解説—道徳編—』に「人間としての本来的な在り方やよりよい生き方を目指してなされる道徳的行為を可能にする人格的特性であり，人格の基盤をなすものである」と説明され，「よりよく生きる力を引き出す」「かかわりを豊かにする」「道徳的価値の自覚を深める」を道徳性の発達に必要な要素であるとしています。

道徳教育が他の教科・領域など異なる大きな特色は，児童に社会性を伴った価値観の育成を求めているところです。一方，キャリア教育も，勤労観，職業観を育成する点では同様に価値観を形成していくことを目的としています。つまり，学校教育において道徳とキャリア教育は社会性を伴った価値観形成を目的としている点では共通性があり，また，学習内容にも重なりが多く，教育活動の展開においても協働性を求めることができます。

道徳教育とキャリア教育とのもう一つの共通点は，双方が「役割」を主要な概念としているところです。キャリア発達は，職業や役割を通し，自我（己）概

低学年における道徳の学習内容とキャリア教育で育てる能力との関連の例

単元名及び学習内容例	4つの能力領域	道徳教育の関連内容項目
○進んでお手伝い ・家族の仕事 ・家族の役割 ・自分のできること	【情報活用能力】領域 〈職業理解能力〉 　係や当番の活動に取り組み、それらの大切さがわかる。	1－(2) 自分がやらなければならない勉強や仕事はしっかりと行う。
○やくそくやきまり ・自分のめあて ・準備や片づけ ・時間を守る	【将来設計能力】領域 〈役割把握・認識能力〉 　家の手伝いや割り当てられた仕事・役割の必要性がわかる。 〈計画実行能力〉 　決められた時間やきまりを守ろうとする。	4－(1) みんなが使うものを大切にし、約束やきまりを守る。 4－(2) 父母、祖父母を敬愛し、進んで家の手伝いなどをして、家族の役に立つ喜びを知る。

念を明確にしていくプロセスとされている（Q5参照）。一方、道徳性の発達は他者を通し自己の役割を見つめることにあります。この双方向から役割をとられる視点は、今後わが国が固有のキャリア教育を成立させていくための重要な視点になると思います。

● **視点の違いが、「役割・立場」理解を深める**

道徳教育でのキャリア教育の展開を考える際、両者に価値観の形成が通底しており、両者を融合することにより自分の役割を自己と他者の双方向で眺めることが可能です。学習指導要領では、児童の道徳性を4つの視点でとらえ、領域としての道徳の内容を次のように示しています。

①主として自分自身に関すること
②主として他の人とのかかわりに関すること
③主として自然や崇高なものとのかかわりに関すること
④主として集団や社会とのかかわりに関すること

そして、小学校1・2学年、3・4学年、5・6学年の各学年段階、及び中学校の学校段階に分けた内容項目をそれぞれの学習指導要領に示しています。これらの内容項目と、先述の「学習プログラムの枠組み例」に示された各段階における能力・態度とを組み合わせて道徳の時間の展開を考えれば、無数の授業を創出できます。

例えば、低学年における道徳の授業の単元名及び学習内容例をもとに、「4つの能力領域」と道徳教育の内容項目との関連を見ると、上の表のようになります。ここでは「進んでお手伝い」や「やくそくやきまり」を取り上げましたが、「枠組み例」における能力領域と学習指導要領に示された道徳教育の関連内容項目とを比較すると、役割を見つめる視点が「自分からの視点」か「他者を通した視点」かの相違が明確に理解できます。

こうした視点の広がりは、道徳の時間にキャリア教育の視点を盛り込むことにより、教材の可能性の拡大を感じさせてくれます。家庭での役割や決まりを守ることが学校における係活動への関わりへとつながっていくというように、Q1で見た「役割や立場の連鎖」や「価値付けの累積」が、道徳をキャリア教育の軸足の一つにとらえることによって、一層促されることが期待されるのです。

なお、係活動では、本書第2部の実践事例❸（富山県・一刎小）も参考になります。また、平成12年度に文部科学省から発行された『心のノート』においてもキャリア教育的な視点に立った内容が数多く見られ、道徳教育におけるキャリア教育の展開に同書を活用することで可能性が広がります。

この点についての研究論文としては、谷島竜太郎「小学校の道徳の時間におけるキャリア教育に関する研究－『心のノート』に焦点をあてて－」（2003年度上越教育大学修士論文）があり、理論、実践の両面から道徳の時間におけるキャリア教育の可能性を丹念に検討しています。■

小学校
キャリア教育
Q&A❾

特別活動では，どんな視点を持てばよい？

中学校，高等学校でも特別活動は進路指導の中核という位置づけ。
学級，学年，全校，そして校外での活動と，擬似的社会や実社会での実体験は，
将来にわたり，どんな役割・立場をどのように担っていくかにつながる。
前提として民主的なプロセスを保障し，のびのびとした活動を促したい。

● 個性の伸長，集団の一員としての自覚を

　学習指導要領に示されている小学校の特別活動の目標は次の通りです。

　「**望ましい集団生活を通して，心身の調和のとれた発達と個性の伸張を図るとともに，集団の一員としての自覚を深め，協力してよりよい生活を築こうとする自主的，実践的な態度を育てる。**」

　そして，その内容は「学級活動」「児童会活動」「クラブ活動」「学校行事」の4つに分かれています。この目標から特別活動は主に擬似的社会集団としての学校における集団活動を通して行われることがわかりますし，示された4つの内容は，学校教育の中での集団活動の類型ととらえてもよいでしょう。

　目標として示されている，「心身の調和の取れた発達と個性の伸張を図る」「集団の一員としての自覚を深め協力してよりよい生活を築こうとする自主的，実践的な態度を育てる」ことは，いずれもキャリア教育の「枠組み例」に示された4つの能力領域と関連が深いことが理解できると思います。

　中学校や高等学校では，教育活動全体を通じての進路指導の展開が求められていますが，その中核となるのは，中学校の場合は学級活動であり，高等学校の場合はホームルーム活動であると位置づけられています。小学校においても特別活動を核として位置づけることで，小中高一貫したキャリア教育の推進を充実させ，また，その立ち上げを少しでも容易なものにできると考えられます。

● 様々な役割・立場を実践的に学ぶ場

　まず，特別活動の基盤である「**学級活動**」から見ていきます。ここでは，集団生活の中でどのように個性を伸張するかがポイントになります。学級生活の約束やきまりのなかで役割を果たし，児童が自分の個性を伸ばしていくには，キャリア教育をどのように展開していけばよいのでしょうか。

　「学習プログラムの枠組み例」の低学年に示された能力・態度のうち学級活動と関連の深いものとしては，「自分の考えをみんなの前で話す」（人間関係形成能力），「係や当番の活動に取り組み，それらの大切さが分かる」（情報活用能力領域），「決められた時間やきまりを守ろうとする」（将来設計能力），「学校でしてよいことと悪いことがあることが分かる」（意思決定能力領域）などが挙げられます。

　これらは特別活動の目標を実現する具体的な行動規準ともとらえることができます。例えば，「自分の考えをみんなの前で話す」では，学級に話し合いの約束やきまりを作り，みんなの前で意見を表明できる学級づくりをすすめることにより，話し合いによる集団の一員しての自覚も生まれ，学級の生活をよりよいものとしていく自主的，実践的態度を身につけることができるのです。

　学級活動で果たす役割においても，「枠組み例」の能力・態度が育成されることにより，社会的責任，社会への適応，倫理観や道徳性の形成と並行し，個性の伸張を図ることができると考えられます。

　次に「**児童会活動**」です。児童会は学級の代議員による上位組織です。こうした組織の二層構造の存在を実体験することにより，児童は集団活動を行ううえでの組織の有効性と重要性，そしてそれを運営する大変さを理解していくことができます。低学年や中学年にとっては難しいことかもしれませんが，組織の内容がわかって初めて自分や他の児童の役割や立場を理解することができます。必要に応じ説明を繰り返していってください。

　「**クラブ活動**」は，主に異年齢集団における生活に適応する準備をします。多くの学校が単式の学級編制をしている現状では，異年齢集団である実社会に適応し，自らの役割を果たしていくことを考えるのであれば，クラブ活動の重要性はキャリア教育の能力・態度を育成する上で貴重な集団生活の機会であ

小学校の特別活動とキャリア教育

学級活動	中高では進路指導の中核。小学校でも4能力領域の育成の基盤として位置づけたい。人間関係形成，情報活用，将来設計，意思決定などキャリア教育の要素がいっぱい！

児童会活動	クラブ活動	学校行事
○集団活動を行ううえでの組織や役割の重要性を認識するのに役立つ。 ○さまざまな役割や仕事があることを，体験を通じて学ぶ。	○自分の興味のあることにじっくり取り組む喜びを知り，能力を伸ばす。 ○異年齢集団は，役割分担を理解したり上級生の姿から学んだりできる場。	○現実の社会との接点のある集団活動を通じて，目的に向けての意思決定と行動の積み重ねを学び，役割を果たす楽しさ，達成の喜びを知る。

るといえます。学校以外の場でも異年齢の集団で活動する機会が減っている現在，社会に出れば当たり前の環境を実体験する貴重な機会であり，これをキャリア教育と関連づけない手はありません。

「**学校行事**」は，(1)儀式的行事，(2)学芸的行事，(3)健康安全・体育的行事，(4)遠足・集団宿泊的行事，(5)勤労生産・奉仕的行事，に分かれています。いずれも，児童が「役割」や「立場」を自覚し，自らが主体的に行動することが求められる学習の場です。こうした非日常的な環境における行動の体験は，その一つ一つが，将来に向けて児童がどのような役割や立場を担っていくかに影響を与えるもので，こうした機会に多様な役割や立場を体験すること，そして，その体験を見つめ，経験へと深めていくことは，キャリア教育の視点から見て，きわめて重要なことと言えるでしょう。「体験」とは児童が五感を通して得たものであり，「経験」とは体験を通してものの見方や考え方が形成されたことを指します。こうした体験から経験へのプロセスによって職業観，勤労観の形成が達成されるのです。

学校行事のうち儀式的行事は，もはや擬似的社会集団からリアルな社会集団への橋渡しとなる機会です。外部の人たちが参加する学校行事への参加は，学校への所属意識を確認するとともに，今後適応を求められる社会生活を垣間見る貴重な体験となります。健康安全・体育的行事でも同様の効果が期待できるでしょう。

遠足・集団宿泊的行事では，学級活動を基本単位とし，全校または学年を単位として組織的に集団活動を行うもので，そこには個人，学級，学年，全校といったそれぞれの段階で意思決定が行われ，それに基づいた行動が求められる点，及び実際の社会で責任を持った行動を求められる点でもキャリア教育としての貴重な機会です。そして，「学習プログラムの枠組み例」に示された4能力領域が総合的に育成される場でもあります。

勤労生産・奉仕的行事は，キャリア教育の目的である勤労観，職業観の育成に直接的に作用する重要な場となります。この活動にあたっては，Q3で示した勤労観，職業観の二層構造を念頭に，「日常生活の中での役割の理解や考え方と役割を果たそうとする態度，及び役割を果たす意味やその内容についての価値観」である勤労観の形成を基盤に考えて活動に取り組むことが大切でしょう。

●**学級での民主的な手続きの保障が前提に**

最後に，特別活動でのキャリア教育は，集団活動をいかに組織的に展開していくか，その意思決定機構がどのように集団の動きに作用していくのかを学び，その学びのプロセスの中で，個性の伸張，集団の一員としての自覚，協力し合う態度が育まれるリアルな場です。こうした活動の基盤には，基本単位である学級において，児童の発達段階に合った話し合い活動の約束やきまりが適切に設定され，民主的な学級活動が保障されていることが前提であることは言うまでもありません。■

小学校キャリア教育 Q&A ❿

生活科と総合では，どんな視点を持てばよい？

生活科も総合的な学習の時間もキャリア教育の有効な活動の場になりうる。
ただし，それらの総意を踏まえておくことが，一貫した発達の支援のカギ。
生活科では社会や自然とのかかわりから「役割」を見つけ，「勤労観」を学ぶ。
総合的な学習の時間では様々な学びを自らの生き方に結びつける態度を養う。

●生活科と総合の相違を踏まえたキャリア教育を

　生活科と総合的な学習の時間は，よく並び称せられますが，キャリア教育との関連を考えるうえでも，双方の違いを踏まえておかなくてはなりません。あらためて言うまでもありませんが，最も大きな違いは，生活科は教科であり，総合的な学習の時間は教科ではないことです。教科としての生活科の目標は次の通りです。

「具体的な活動や体験を通して，自分と身近な人々，社会及び自然とのかかわりに関心をもち，自分自身や自分の生活について考えさせるとともに，その過程において生活上必要な習慣や技能を身に付けさせ，自立への基礎を養う」

　一方，総合的な学習の時間は，横断的・総合的な学習や児童の興味・関心に基づく学習とした上でその目標を次のように示しています。

「(1)自ら課題を見付け，自ら学び，自ら考え，主体的に判断し，よりよく問題を解決する資質や能力を育てること。
(2)学び方やものの考え方を身に付け，問題の解決や探究活動に主体的，創造的に取り組む態度を育て，自己の生き方を考えることができるようにすること。
(3)各教科，道徳及び特別活動で身に付けた知識や技能等を相互に関連付け，学習や生活において生かし，それらが総合的に働くようにすること。
（2003年12月改正)」

　こうした生活科と総合的な学習の時間との相違は，発達段階に応じた一貫性のある支援を旨とするキャリア教育が双方をその実践の場とするときに念頭に入れておくことが求められます。具体的にいうと，3学年になると，生活科は教科においては社会と理科に分割され，時間数のうえでは総合的な学習の時間との連続性が認められます。小学校1，2年生にのみ設置された生活科は，教科と生活訓練的な性格を兼ね備え，教科の部分は社会と理科に分かれ，一方では教科との関連を残しつつ，生活訓練的な部分が総合的な学習の時間に配分されると解釈してよいのではないでしょうか。

　本書第2部の事例❶静岡県沼津市立原東小学校や事例❷東京都江戸川区立篠崎第三小学校なども，1，2学年の生活科，3学年から6学年にいたる総合的な学習の時間という6年間の連続性のなかで，キャリア教育を設定していますので，参考になるヒントがあると思われます。

●社会や自然とのかかわりから「役割」を見つける

　次に，生活科と総合的な学習の時間を活動の場としたキャリア教育の具体的な姿を考えてみることにしましょう。

　まず，生活科では，その目標の一つとして，身近な人々や社会及び自然とのかかわりに関心を持ち，自分自身や自分の生活について考えることが挙げられています。人や社会・自然などとのかかわりを通して，自分や生活をみつめることはキャリア教育の基本的な考え方を形成します。児童に意図的にこうした場を与えることは，無意識に行われていた生活を意識的なものに転換し，人やものとのかかわりを意識的にとらえることにより，そこに介在する役割というものを理解することができるようになるからです。役割に対する考え方が勤労観となり，それを基盤に，職業に対する考え方である職業観へと発展していくのです。

　もう一つの目標である「生活上必要な習慣や技能を身に付け」はまさに生活科の持つ生活訓練的な内容を示しています。目標の前半にある価値観形成的な内容と後半の生活訓練的な内容とは，キャリア教育では補完し合うものとしてとらえる必要があります。人とのかかわりを成立させる挨拶について，生活訓練的に「挨拶をしなさい」では不十分です。そ

生活科・総合的な学習の時間とキャリア教育

生活科の目標

具体的な活動や体験を通して，
（さまざまな役割の体験）

自分と身近な人々，社会及び自然とのかかわりに関心を持ち，
（コミュニケーションや相互理解，人や生物への興味関心）

自分自身や自分の生活について考えさせるともに，
（自己理解，興味や関心，学習と生活との関係付け）

その過程において生活上必要な習慣や技能を身に付けさせ，自立への基礎を養う。
（人間関係形成，情報活用，将来設計，意思決定など）

総合的な学習の時間の目標

(1) 自ら課題を見付け，自ら学び，自ら考え，主体的に判断し，よりよく問題を解決する資質や能力を育てること。
(2) 学び方やものの考え方を身に付け，問題の解決や探究活動に主体的，創造的に取り組む態度を育て，自己の生き方を考えることができるようにすること。
（課題解決，計画実行，情報収集・探索，自己理解，選択など）
＋
〈2003年12月の改正による追加〉
(3) 各教科，道徳及び特別活動で身に付けた知識や技能等を相互に関連付け，学習や生活において生かし，それらが総合的に働くようにすること。
（学習と生活との関連付け，将来設計など）

こには，挨拶をする他者と児童がそのかかわりに気づくように説明しなくてはなりません（Q12に詳説）。

● 総合を通して「学習内容の関連づけ」を

一方，総合的な学習の時間の目標は端的に言えば，(1)は課題解決能力の育成であり，(2)は学びと生き方を関連づけることです。また，2003年12月の改正で付け加えられた(3)はQ8～9でも説明したように，キャリア教育において共通性の高い道徳と特別活動を，総合的な学習の場を使って総合的に展開することを確認したものと言えるでしょう。

道徳や特別活動及び教科も含めて学習を生き方との関連づけを考えていくことにより，キャリア教育の可能性は総合的な学習の時間で大きな広がりを見せるのです。「学習プログラムの枠組み例」（p.7）に示された能力・態度は発達課題であり，これらを総合的な学習の時間を通して解決していくことはキャリア教育のダイナミックな展開といえます。

最後に，総合的な学習の時間と特別活動との関係について，キャリア教育における役割分担という面から考えておきます。Q9でも触れましたが，特別活動はあくまでも集団活動を中心に展開されるものであり，その活動が組織的に運営され，所属する個が活かされる民主的な選択決定が行われることが前提となります。一方，総合的な学習の時間は形態は集団にせよ個人にせよ，最終的には個人の学習のプロセスが重んじられるものです。

例えば，町へ出て課題を見つけ，調べ学習をするにしても，グループの分け方やテーマ，町での活動内容，発表会の運営などは学級活動で話し合いながら決めていきます。一方，テーマに沿った学習のプロセスの中で，自分たちの生き方と関連づけながら考察していくことが総合的な学習の時間ではなされていくのです。この辺りは複雑にからみ合っていますが，一貫した支援の機能としてキャリア教育を考える以上，それぞれの役割分担を整理しながら進めていくように心がけることが大切です。■

小学校
キャリア教育
Q&A⓫

各教科では，どんな視点を持てばよい？

小学校は学級担任が各教科全体を見渡すことができるのが強み。
キャリア教育で学ぶ意欲を高めるとともに，学んだ内容を総合的に関連づけ，
自らの生き方を考えるヒントにするというダイナミックな連携を生むために，
教科ごとにキャリア教育との関連をきめこまかく整理する作業を。

●学級担任が教科を見わたせる利点を生かす

前述の「協力者会議報告書」は，「進路指導の取組は，キャリア教育の中核をなすものである」と進路指導とキャリア教育の関係を明確にしました。

中学校，高等学校の学習指導要領総則，配慮すべき事項に「(4)生徒が自らの〈在り方〉生き方を考え主体的に進路を選択することができるよう，学校の教育活動全体を通じ，計画的組織的な進路指導を行うこと」（〈　〉内は高等学校）とあるように，中学校，高等学校では進路指導を教育活動全体を通して行うことになっています。つまり，現行の学習指導要領によると，キャリア教育の中核となる進路指導が教育活動全体を通して行うと記述されているわけですから，キャリア教育も同様に教育活動全体を通して行うと考えるのが自然です。

小学校の場合，現行の学習指導要領に「進路指導」は明記されていませんが，キャリア教育を小学校，中学校，高等学校の12年間を通して行うとなると，小学校の場合もその活動の場は「教育活動全体を通して」ということになります。そうすると，道徳，特別活動，総合的な学習の時間はもちろん，教育活動の大部分を占めている各教科においてもキャリア教育を実践することが求められているのです。

各教科が進路指導の場となることは，中学校及び高等学校に共通しますが，教科担任制をとる中学校や高等学校では，進路指導の主たる担当者である学級担任との連携に制約があり，各教科を通した体系的な指導は十分に行われませんでした。これに対して小学校では，学級担任が学級のほとんどの教科を担当しているのが一般的であり，各教科についてもキャリア教育の場として期待されています。

●学習方法と学習内容を分けて考える

各教科でキャリア教育を行うということがどういうことかを考える際に，「学習方法」と「学習内容」とを分けて考えるとわかりやすいようです。

まず，学習方法について考えてみます。「学習プログラムの枠組み例」に示された4つの能力領域と各教科・領域などとの関係イメージはＱ７の図に示したとおりです。キャリア教育の推進により，教育課程に示されている各教科・領域等と4能力領域が互いにクロスし，相互に補完し合い，相乗的な効果を生み出すという概念です。

キャリア教育を通じて4能力領域に示された能力や態度が身につくことにより，各教科の学習方法に効果的に作用していきます。例えば，人間関係形成の能力領域には「自他の理解能力」と「コミュニケーション能力」がありますが，それらが育成されることにより，クラスの仲間と協力して学習したり発表したりすることが可能になり，友達や先生とのコミュニケーションが円滑になります。そうすると，学習過程で課題に直面したときなどに，進んで支援を求めることもできるようになるでしょう。

また，情報活用の能力領域の「情報収集探索能力」が身につくことにより，学習情報の探索，収集，整理，活用が行えるようになり，各教科の学習がより深まります。また，「職業理解能力」がつくことで，学習したことと生活とを結び付けることができるようになり，生きた学びが可能になります。

将来設計の能力領域には「役割把握・認識能力」があります。これは社会の中での自分の役割を理解し将来につなげていく力であり，児童に夢を持たせる力です。「計画実行能力」は長期的，短期的な展望を持って計画を立て，先を見通して手順を決め，計画の実行を果たしていく力です。意思決定能力領域の「選択能力」は，選択肢の中から自分にふさわしいかどうかを吟味し，主体的に決めていく力です。あるものが自分にふさわしいかどうかの判断は自己理解が基本です。各教科や学習内容で，自分は何が好きで，何が嫌いかや，何がわかっていて何がわか

小学校の各教科とキャリア教育

＜キャリア教育の教育課程への位置づけと教師一人一人の実践力によって＞

①教科を通じて身についた力が，キャリア教育で育てたい力につながる

- 教科で学ぶ内容が，現実の社会や生活への理解を深め，行動にもつながる。
- 教科で学ぶ内容が，現実の社会や生活，将来の生き方への関心につながる。
- 教科の学習を通じて，人間関係形成（友達との協力など）や情報活用（調べ学習など），計画性（学習の段取りなど），意思決定（得意分野を生かすなど）の力が身につく。
- 教科の学習を通じて，学ぶことの意義を理解し，学ぶ喜びを感じられる。

②教科以外のキャリア教育で育てる力が，教科の学習にプラスになる

- 社会や生活への理解・関心が，関連する各教科の学習への意欲につながる。
- 生き方や進路に関する学習で学んだ内容や将来の生き方への関心が，教科の学習への意欲につながる。
- 人間関係形成の力，情報収集や活用の力，計画や将来設計の力，意思決定の力はそれぞれ，教科の学習に意欲的に取り組む動機付けとなり，また，実際に教科の学習を効果的に行う助けになる。

らないかなどを理解する力は重要なものです。

また，意思決定能力領域のもう一つの「課題解決能力」は主体的に課題に取り組み，自分の力で解決していこうとする能力で，主体的な教科学習の基本的態度ともいえるものです。このように，各教科の学習方法において，4つの能力領域に示された8能力のどれをとっても，教科学習を促進する働きが期待されることがわかります。

●**各教科の学習内容はキャリア教育の素材の宝庫**

一方，学習内容との関連は，各教科によって大きく異なります。例えば，学習指導要領における国語の目標は「国語を適切に表現し正確に理解する能力を育成し，伝え合う力を高めるとともに，思考力や想像力及び言語感覚を養い，国語に対する関心を深め国語を尊重する態度を育てる」とあります。ここで述べられている「伝え合う力」はキャリア教育におけるコミュニケーション能力と関連が深いと考えてよいでしょう。

国語で伝え合う力を育成する教材に出会った際には，こうしたキャリア教育との関連を想定し，キャリア教育におけるコミュニケーション能力の内容「多様な集団・組織の中でコミュニケーションや豊かな人間関係を築きながら，自己の成長を果たしていく能力」及び，コミュニケーション能力が所属する人間関係形成能力領域の内容「他者の個性を尊重し，自己の個性を発揮しながら，様々な人々とコミュニケーションを図り，協力・共同してものごとに取り組む」を考慮に入れて教科指導を行うことを考えるとよいでしょう。これにより，国語という教科がねらう技能が身につくと同時に，将来児童が主体的に進路を選択・決定をするための価値観の基盤となる職業観・勤労観を形成することになるのです。

他教科においても，指導する教師が学習指導要領や教材のねらいとキャリア教育の4つの能力領域及び8能力との関連を意識することにより，各教科を通したキャリア教育の可能性が広がります。この可能性は，教師のキャリア教育への理解と授業を展開する力，そして両者を結びつける創造力に負うところが大きいようです。

以上のように，まずは小学校において，各教科の学習の中でキャリア教育との関連が意識されることで，中学校，高等学校を含む12年間の各教科とキャリア教育の有機的なかかわりを生みます。そして，結果的には教育課程の効果的な展開によって職業観・勤労観が育まれ，学校での学びと児童生徒の将来の生き方（進路）とが強く結びついた12年間の学校教育の実現につながっていくのです。■

**小学校
キャリア教育
Q&A⑫**

キャリア教育を始める第一歩は，どうすればよい？

最も重要なのは，新しいことを始めるという感覚を捨てること。
従来の学習や活動はそのままに，「キャリア教育の視点」だけを持ち込む。
生活科と「総合」で育てたい力を，キャリア教育で育成する力と対照させることで，
6年間一貫して，どんな力を育てようとしているのかを客観的に検証できる。

●新しいことを始めるという感覚は捨てる

　小学校でのキャリア教育は，そのあらゆる部分が中学校，高等学校につながっています。そのことを前提に，12年間の基盤を意識的に形成していく必要があります。ただ，小学校のキャリア教育に取りかかるに際してどうしても大がかりなことをイメージしがちですが，最も大事なことは，**新しいことを始めるという感覚は捨てる**ことです。これまでの実践を中学校，高等学校の含んだ12年間のキャリア教育の中に位置づけて見直し，整理することが，「始める」ことになるのです。その第一歩として，まずは，ある教科や領域に絞って整理を始め，実践を繰り返しながら教育活動全体に拡大していくことをおすすめします。

　取りかかりやすいのは，生活科と総合的な学習の時間とを連続した6年間の活動でしょう。生活科と総合的学習の時間については，おそらくすべての学校で独自の「育成する児童像」や「育てる力」などを定め，下位項目に多くの具体的な内容を設定しているはずです。まずは，そういった各学校で育成しようとしている力と「学習プログラムの枠組み例」の4能力領域との関連を整理してみてください。

　手順としては，縦軸に学校独自の大項目（たとえば「関わる力」「あらわす力」「求める力」など），横軸に「4つの能力領域」の項目を配置します。そして，各校の「育てる力」の大項目と4能力領域のクロスしたボックスに，これまでの活動のなかで具体的につけようとした下位項目の内容（たとえば，「困っている友だちを手伝う」「大きな声で発表する」など）を整理していくのです。

　そうすると，これまで行ってきた教育実践の多くがキャリア教育の能力領域の育成とつながっていることが明らかになります。また，4能力領域と比較して，客観的にこれまでの活動を見直すことで，これまでの学校の教育の特徴が見えてくるでしょう

し，児童に必要な力であるが，育成の点で手薄であるという部分に気づくことにもなるでしょう。

　なお，このとき，従来の学校の目標に，たとえば「かかわる力」があった場合，「学習プログラムの枠組み例」の「人間関係形成能力」と初めから同一ととらえてしまってはいけません。他の力と同様にクロスさせてみてください。すると，「人間関係形成能力」と同一と考えていた自分たちの学校の「かかわる力」には，その他の「将来設計能力」「情報活用能力」「意思決定能力」に類型化される項目が含まれていることがわかります。こうして自校の「育てる力」をあらためて客観的に見ることが大切です。「総合」の105時間の中で20時間をかけた活動があるとします。その活動のねらいの下位項目を4つの能力領域に整理することで，下位項目についての共通理解がより深まります。これによって，従来の教育活動へのかかわりにメリハリがつき，どの活動にどのようなポイントを絞ったらよいかが把握しやすくなります。教師はそのポイントで，言葉かけに工夫をこらしたり，補足資料を配布したりするなど効果的な指導が可能になります。

　このようなプロセスを経て整理された能力・態度こそが，学校，家庭及び地域の抱える課題に即した「育成する力」です。これらを基にしてこれまでの網羅的な項目を構成し直すことで，それまでの実践を踏まえた，現実的な学習プログラムの枠組みができあがります。

　これがある程度できれば，それを足がかりにして，道徳や特別活動，各教科などとの関連も少しずつ見つめ直していけば，全教育活動を通じたキャリア教育の位置づけを明確にすることができるわけです。

　小学校は学級王国や学年王国と呼ばれるように，限定された範囲においてダイナミックな展開がある一方で，6年間の一貫性や継続性の面では課題もあると言われてきました。上述のような見直しにより，

小学校でキャリア教育を始めるためのチャート図

全校で 「新しいことを始めるのではない」という認識を，全教職員が共有する。（キャリア教育の考え方や先行事例の説明）	全校でキャリア教育に前向きに取り組んでいくという基本的な姿勢が生まれる。
専門の研究部で これまで取り組んできた教育活動をキャリア教育の観点から見つめ直す。→例）生活科と「総合」の見直しから始める	自校の「育てる力」とキャリア教育で求められる力（例えば「4能力領域」）の関連を縦軸・横軸で整理する。
全校で 上記の結果を全教職員で共有する。	取り組みへの具体的なイメージを持つ。
各学年で 例）生活科または「総合」の年間計画にキャリア教育の観点を位置づける。	個別の単元や活動の下位項目についても，キャリア教育で育てたい力との関連を整理する。
各学年および全校で その他の教科や道徳，特別活動などとの関連についても見直していく。	全教育活動を通じ，発達段階に応じて行うというキャリア教育の基本的な性格が明確になる。
全校で 教師一人一人が自分の動きをキャリア教育の視点から見つめ直し，児童に接していく。	子どもたち一人一人のキャリア発達を学校全体で支援していくという空気が生まれる。

昨年の学年が行った生活科や「総合」の総括をもとに改善された内容を新しい学年が踏襲していくこともできるようになります。

●キャリア教育は足下の活動から

学校全体でキャリア教育を推進していくためには，前項上述のような取り組みが有効ですが，その前に，自分の学校で，あるいは自分の教室で，一人の先生の行動からキャリア教育は始めることができます。小学校の教育のあらゆる部分が中学校，高等学校につながっていますから，児童生徒の発達を一貫して支援するというキャリア教育の視点で，これまでの教育活動を一つずつ見直し，教師自身が動いていくことが第一歩です。新しいことを始めるのではなく，教師一人一人が自分の動きを整理することが始まりなのです。

例えば，「挨拶の励行」です。「挨拶の励行」については低学年から道徳や特別活動で指導していると思います。しかし，挨拶をする理由を児童は理解しているでしょうか。社会的常識，人間関係の潤滑油といった理解はあるでしょう。しかし，キャリア教育の視点では，挨拶は「他者の役割理解」なのです。

人と人が出会うとき，必ず両者には関係性が生じます。この関係性は，それぞれが相手に抱く役割感でもあります。例えば母親に朝起きて「おはよう」と声をかけるのは，母親が朝早くおきて家族のために食事を作るなど様々な役割を遂行している，そういう母親の役割を何らかの価値観（例えば「母親の自分にとっての役割は○○だ」という気持ち）で理解し，母親に対して挨拶をするのです。

あるいは，「朝，校長先生が校門でみなさんを迎えています。『おはようございます』と挨拶をしましょう」と担任が児童に伝えます。しかし，キャリア教育の視点に立つと，「朝，校長先生が校門でみなさんを迎えています。校長先生は，みなさんが，安全にしかも楽しく学校で勉強したり，遊んだりできるように一番大変なお仕事をしています。みんなが元気で学校に来ることが先生にとっても大変うれしいことなのです」という話になります。このような他者の役割理解ができれば，「挨拶」はそのあとについてきます。

こうした他者の役割理解は職業観・勤労観の育成を促します。同じ挨拶の指導でも視点を変えることでキャリア教育につながるのです。■

小学校
キャリア教育
Q&A⓭

小学校キャリア教育の先行事例は，どこにある？

キャリア教育の視点は学校の存在意義にも関わるものであり，
本質的には，従来の教育活動の中にこそ，そのヒントがあると言える。
文部科学省のキャリア教育推進地域指定校では実践研究が始まっているほか，
各地の研究大会や雑誌にも，小学校の取り組みの報告が見られる。

●新しいことを始めるという感覚は捨てる

　冗談かと思うかもしれませんが，キャリア教育の先行事例は1918年（大正7年）にさかのぼります。同年の1月に大阪市本田（ほんでん）尋常小学校に赴任した三橋節（みつはし・みさお）が行った教育はまさにキャリア教育といえるものでした。当時，市内で最も荒れた学校の校長となった三橋は，「教師というものは職業に児童を本当に生かしていく任務を負っていることをまず自覚しなくてはならない」とし，現学習指導要領の特別活動の目標と酷似した教育目標の実現方策を立て教育実践を行いました。

　例えば，校外学習を各学年月1回実施し，学年が上がるにつれ，地域の事業所，学校，職業紹介所（現在の職業安定所）など発達段階に即して見学地の選定をしていました。児童の自主性を養うため，「知る」から「学ぶ」へ，「訓示（一方的な指示）」から「申合せ（学級内の共通理解）」へ，「他律」から「自律」へを標榜し，知識注入式の教育から児童が集団活動を通し直接体験や発表によって学ぶ教育を推進したのです。

　児童には自主的に学習する時間の設定，教師は学期に1回の校内研修会で学年ごとの研究発表を行うなど研修を重んじました。同校では三橋在任の3年間で「掃除整頓に関する実践指導方案」「直観作業尊重の原理に基調せる学習輔導の実際的方案」「幼稚園と小学校の連絡に関する研究」など72本の研究発表が行われています。その他様々な実践を通して，三橋は学校崩壊を救います（三橋節著『教育刷新の一過程』新進堂，1924年）。同校の百周年誌に卒業者は「小学校の黄金時代が5・6年になってめぐって来たのである」と三橋の実践を回想しています。

　最初にあえて古い先行事例を提示しましたが，それは，キャリア教育はけっして新しいものではないということを理解してほしいからです。児童生徒が円滑に社会生活へ移行するためには学校は何ができるか。学校の存在意義にも関わる問いに対する一つの答えがキャリア教育であり，そう考えると，その先行事例は従来の学校教育そのものの中にあると考えるのが，まず大きな前提です。

●急速に蓄積されるキャリア教育の先行事例

　さて，そういった本質論はひとまずおき，最近の取り組みの事例について紹介しておきます。同じ時代背景のなかでひと足早くキャリア教育に着目し，先進的に試行している他校の事例は，やはり多くの示唆を与えてくれます。

　キャリア教育という言葉がわが国で1999年に登場してから，最も早く全校でキャリア教育に取り組んだ学校の一つに，静岡県沼津市立原東小学校があります。本書第2部では同校を含む7校の実践事例を掲載しています。

　文部科学省研究開発学校指定を受けた京都教育大学教育学部附属京都小学校及び京都中学校の小中一貫のキャリア教育実践も注目に値します。これらの学校の実践は，キャリア教育導入と並行してアントレプレナー，サイエンス，ランゲージの新教科を設置し，小学校・中学校の9年間を，初等部4年，中等部3年，高等部2年と分け発達段階を考慮した長期的な教育課程編成を行っています。

　また，2004年度から始まった文部科学省「新キャリア教育プラン推進事業」によって，全国45地域がキャリア教育推進地域（小・中・高等学校の一貫）の指定を受け，小学校110校，中学校86校，高校80校合計276校（2004年8月現在）がキャリア教育の実践研究を始めました。このうち，例えば広島県尾三地域は瀬戸田町にある小学校2校，中学校2校，そして県立高等学校1校で構成されています。同地区ではすでに過去3年間をかけて小中高の連携を実践しており，その上に立ったキャリア教育推進地域としての実践であることから，今後の進展が注目さ

小学校キャリア教育の先行事例やヒント

①自校のこれまでの取り組み

何より大切にしたい第一のヒント。他校の事例に学ぶことは大切だが，生き方教育や各種の体験学習など直接関連するものだけでなく，各教科等の取り組みにも共通のねらいを持つものが多数ある。これを再評価せずして，キャリア教育推進はあり得ない。

②書誌や大会等で発表されたもの

財団法人日本進路指導協会刊の月刊『進路指導』連載記事や同協会主催の進路指導研究協議全国大会（年1回）における発表などに近年多数の小学校事例がある。また，本文中に挙げた書籍のほか，自校の取り組みをホームページで紹介している学校も増えている。

③文科省指定の45推進地域

地域内の小中高が連携しての実践研究であり，ぜひ参考にしていきたい。各地域で定めている「研究の重点」も参考になる。例えば，12年一貫した教育課程編成や学習プログラム開発，地域人材や産業界との連携，教員研修の在り方，体験学習の推進など。

④本書で紹介している7事例

本書の第2部では単学年での取り組みから全学年にわたる実践まで多様な事例を紹介している。キャリア教育としての構想・計画段階の様子から児童の動き，実践を終えての教師の感想なども記述されているので，具体的な導入への手がかりとして参考になる。

平成16・17・18年度キャリア教育推進地域指定事業推進地域一覧（文部科学省）

1	北海道	富良野市	16	石川	小松市	31	岡山	備前市
2	青森	平内町	17	福井	美山町地区	32	広島	尾三地域
3	岩手	種市町	18	長野	中野市	33	山口	宇部市
4	宮城	松山町	19	岐阜	岐阜地域	34	徳島	徳島県
5	秋田	南外・西仙北地区	20	静岡	静岡県	35	香川	坂出市
6	山形	白鷹町	21	愛知	渥美・田原地区	36	愛媛	新居浜市
7	福島	福島市	22	三重	飯南町	37	高知	須崎市
8	栃木	栃木市	23	三重	亀山市	38	福岡	北九州地区
9	群馬	佐波・伊勢崎地区	24	滋賀	近江八幡市	39	長崎	諫早市
10	埼玉	狭山市	25	京都	木津町・精華町	40	熊本	宇城地域
11	千葉	多古町	26	大阪	大阪府キャリア教育推進地域	41	大分	佐伯地域
12	東京	東京都	27	兵庫	姫路市	42	宮崎	都城市
13	神奈川	県西部地区	28	奈良	奈良県	43	鹿児島	山川町
14	新潟	柏崎地域	29	和歌山	龍神村地域	44	沖縄	西原地域
15	富山	小矢部市	30	島根	仁摩地域	45	神戸市	神戸市

れます。他の地域についても2006年までの3年間をかけた研究の成果は貴重な先行事例となることは間違いないでしょう。

　小学校の進路指導について授業プランや教材を盛り込んだものとしては，埼玉県小学校進路指導研究会が2001年に発行した『小学校の進路指導』があります。また，拙著『キャリア教育入門』（実業之日本社，2004年）にも小学校，中学校，高等学校12年間のキャリア教育の中で小学校のキャリア教育を理論と実践の視点から扱っています。

　また，雑誌では，財団法人日本進路指導協会刊『月刊進路指導』があります。2003年4月からの連載特集「小中高の連続性に配慮した進路指導」で小学校，中学校，高等学校の進路指導実践モデルが掲載されています。

　このほかにも，各都道府県などの研究行事では最近，小学校の実践事例報告が増えています。また，研究者の間でも小学校のキャリア教育には関心が高まっており，様々なテーマの研究が進められています。■

小学校
キャリア教育
Q&A⑭

全校で取り組む場合の校内の組織・体制は？

学校全体でキャリア教育についての共通認識を持つことが第一歩。
その際に，「キャリア教育＝新しい教育活動」というイメージを持たず，
従来の取り組みを客観的に見つめ直す機会としてプラスにとらえる姿勢を
全員が共有できるよう工夫する。実際の組織は学校の実状に合わせて。

●準備段階と実施段階それぞれで組織を考える

本書で繰り返し述べている，「キャリア教育＝新たな教育というイメージを持たないように」ということは，キャリア教育を全校で取り組む際の共通理解としても重要なことです。キャリア教育はこれまで小学校で行われてきた教育を見直し，整理することで十分成り立つということを，最初の段階で徹底して周知することが大切です。「新しいことを始めるとなると，さらに忙しくなるのではないか」という不安感をまず払拭する必要があります。

さらに，キャリア教育の視点を持つことで，これまでの教育活動をとらえ直し，取り組みを整理することができ，自分たちの教育活動をより効率的・効果的なものにすることができるというプラスのイメージ作りも大切です。

そのうえで，全校でキャリア教育に取り組む際の基本的なポイントを見ていくことにします。

まず，準備段階と実施段階に分けて校内体制を考えなくてはなりません。ここでは，第2部の事例でも取り上げた静岡県沼津市立原東小学校でのキャリア教育導入に携わった経験を踏まえ，さらに理想的な組織・体制を提案することにします。同校の観察調査，教職員へのアンケートやインタビューを行い，同校のキャリア教育の導入及び立ち上げを研究した千葉髙氏の「小学校におけるキャリア教育に関する研究―沼津市立原東小学校のキャリア教育導入過程の事例を通して―」（2003年度上越教育大学修士論文）をもとに，筆者が加筆・要約しました。

①キャリア教育検討委員会

キャリア教育準備段階の委員会。学校全体でキャリア教育の導入にあたるという意識を高めます。構成メンバーは，校長，教頭，教務，各学年（部）1名とします。主な業務は以下です。

・キャリア教育の理念や目標を確認します。

・学校教育目標とキャリア教育の位置づけおよび教育課程上の位置づけを検討します。
・全体計画，年間指導計画を検討，確認します。
・研修会を企画運営します。
・評価や改善の方法を検討します。

②キャリア教育推進委員会

実施段階の委員会。キャリア教育の推進について検討，提案し，学校全体の共通理解を図り，教員の役割を明確にしていきます。構成メンバーは，校長，教頭，教務，キャリア教育主任，各学年（部）1名とします。主な業務は以下です。

・キャリア教育の全体計画，年間指導計画等の原案作成など，キャリア教育の全体に関わる検討や確認します。

・キャリア教育授業部，キャリア教育情報部，キャリア教育研修部等の下位組織を作り，全職員が所属し役割を分担します。

・キャリア教育の評価をもとに次年度に向けての改善を行います。

③教師の意識変容を図る

両委員会を通じ，教師の意識の変容を図る観点から，学年会での実質的な討議は勿論，少人数での話し合いの場を設定し，キャリア教育についての教師の課題や疑問等をテーマにした話し合いを定期的に行い，共通理解，情報交換に努めるようにします。

④専門家の助言を得る

新しいことを始めるのではないにしても，従来の小学校の教育活動をキャリア教育の枠組みでとらえ直して整理する際，進路指導に本格的に取り組んだ経験のほとんどない小学校が直面する問題もたくさんあります。その場合は専門家に助言を求めることも大変有益です。

●教員の意識を変えるための仕組み作りを

実際の先生方の動きをもう少し説明してみます。

小学校キャリア教育の校内組織・体制の例（沼津市立原東小学校の例）

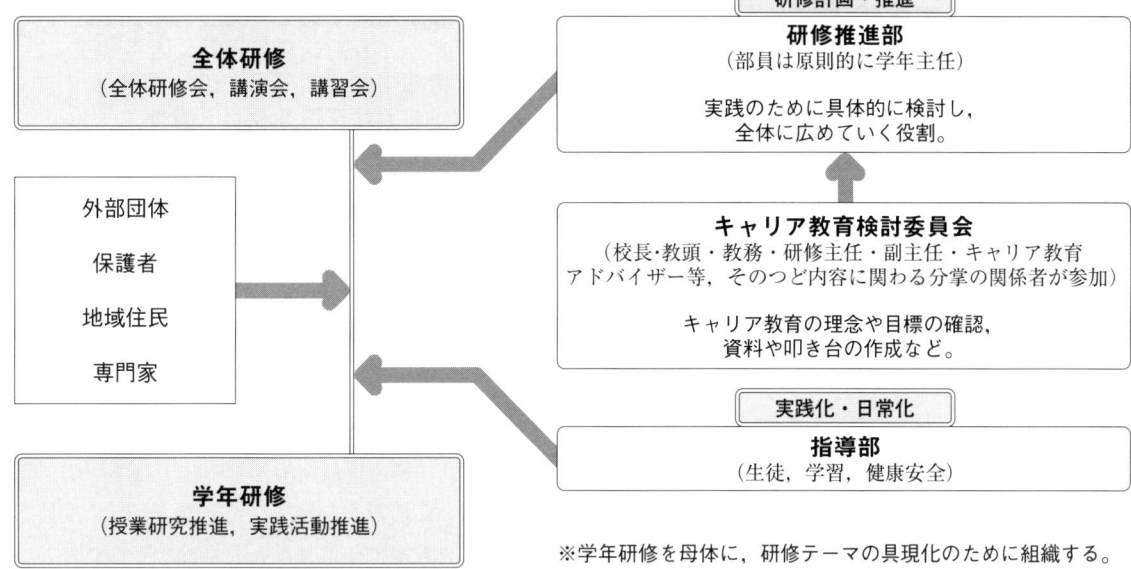

※学年研修を母体に，研修テーマの具現化のために組織する。

　はじめに，準備のための組織としてキャリア教育検討委員会を提案しています。メンバーは，比較的広範囲から集め組織を形成しています。これは，原東小学校の場合，校長を含む少人数のプロジェクトチームで準備を進めたため，キャリア教育を実践に移す際に多くの教師が十分理解しないまま実践段階に入ったとの反省を踏まえたものです。少人数の方が小回りがきき，高次な検討を重ねることも可能ですが，一方で学校挙げての取り組みになりにくい欠点があります。

　原東小学校のケースでは，少人数の組織で準備したからこそ短期間で実践段階に入ることができたと考えられることもできます。準備段階の組織のあり方については，これらを参考に学校の実情に合わせて検討するのがよいでしょう。なお，①の業務内容については，学校規模の大小は別として，どのような場合にも必要な内容を挙げています。

　2番目の実践段階では，教員の役割分担とその内容の明確化に重点を置いています。具体的には，キャリア教育推進委員会に下位組織を作り，全教員がキャリア教育実践において何らかの役割を担う組織形態を提案しています。下位組織を機能させることで，学年間の連携がとれるようになり，小学校では一般的な学級王国，学年王国体制から，学級，学年を超えた共通の活動を，継続的，発展的に構成していくことが可能になるからです。

　3番目に教師の意識変容と組織の適正化のための機会確保を提案しています。これまでの教育活動の中にすでに内包されているキャリア教育的要素に話し合いによって気づき，共感を深める必要があるからです。実践と話し合いを繰り返すことでキャリア教育に対する共通の理解と認識が深化し，学校全体の実践力が高まってくるという考え方です。

　準備段階ではキャリア教育検討委員会が中心になり学校全体でキャリア教育に取り組む意識形成のための組織作りを進めます。教室掲示の「児童の行動目標」などにまでキャリア教育の理念や目標が反映されるようになれば，全校的な取り組みへの環境が整ったことになります。教師の意識変容にとって，研修会は学期の終わりや，実践の節目に設定し，極力全職員がキャリア教育の進捗状況を確認しながら進めていくことが重要です。研修のあり方については，次のQ15で詳しく触れることにします。

　4番目の専門家の助言は，原東小学校の実践に立ち上げ段階から携わった筆者の経験から，研修会での研修や，検討委員会や推進委員会が問題に直面したときに，資料や助言を提供することで同校の実践の進展に少なからず寄与してきたことから，専門家の助言の必要性を提案したものです。■

小学校
キャリア教育
Q&A⓯

教師のキャリア教育「実践力」は，どう育成する？

立ち上げ時には，校内研修を通じて現実に即した基本的な共通理解を図る。批判的な意見にも耳を傾けながら，全体が少しでも前向きに進むことを優先。キャリア教育を推進する教師の実践力は，種類に応じて研修を設定するが，カリキュラム開発力や対外的なコーディネート力は実践を通じて養う。

●キャリア教育の立ち上げに求められる力

キャリア教育を実践する教師の力とは何か。また，それが現在の教師にどの程度備わっているか。これはキャリア教育を実践していくうえで非常に重要なポイントです。教師の実践力については，前述の2004年「協力者会議報告書」に，次のように記されています。

「キャリア教育を推進するためには，教員一人一人がキャリア教育の本質的理解と認識を確立するなど資質向上が不可欠である」

かなり厳しい書き方ですが，まず導入段階では，教師としての基本的資質がキャリア教育において有効に作用するためには，キャリア教育を基本的に理解し，さらに認識を深める姿勢が必要だととらえればよいでしょう。本質的理解と認識の確立はその次の段階に求めていけばよいのです。

次に，「カリキュラムの開発，家庭，地域，企業等との幅広い連携・協力関係をコーディネート（調整）する」および，「基本的なキャリア・カウンセリングについては，すべての教員が行うことができるようになることが望まれる」を挙げていますが，これらは資質がある段階まで向上した後に求められる高次な実践力と考えてよいのではないでしょうか。カリキュラム開発と諸機関との連携・調整は二つに分けたほうがわかりやすいでしょう。そして，キャリア・カウンセリングを行う力が挙げられています。

整理すると，以下の4つの力が教師にとってキャリア教育を実践する力となると考えられます。

①教師としての基本的な資質
　キャリア教育の基本的な理解と認識の深化によって育成されるキャリア教育を推進する基本的な実践力
②カリキュラムを開発する力
③諸機関との連絡・調整する力
④キャリア・カウンセリングを行う力

●キャリア教育の推進と校内研修

進路指導がこれまで小学校教育に存在しなかったため，キャリア教育を理解し，認識を深めるための校内研修は小学校では不可欠になってきます。Q13で紹介した先行事例も参考にして研修資料を作成し，校内研修をすることが第一歩かと思います。また，教育委員会や様々な研究団体の主催するキャリア教育の研修会に積極的に参加し，そこで学んだことを校内研修会で報告することも重要なことです。

キャリア教育を始める際に学校の中で持ち上がる二大疑問は，「なぜキャリア教育が必要なのか」と「自分たちがやろうとしていることが本当にキャリア教育にあたるのだろうか」です。こうした疑問が解消されるよう，教師が理解を深められるように研修内容や方法を考えましょう。

キャリア教育というのは様々な教育活動が包摂していた「学校生活から職業生活への移行を円滑に行う」ための教育活動の総称と考えてよいでしょう。キャリア教育の基本的な理解を通し，キャリア教育を認識する基準がある程度自分の中で形成されると，「こういうものがキャリア教育なのではないか」という感触を早期に得ることができる教師が必ず出てきます。こうした人たちが中心になって校内研修を進めていくのがよいと思われます。

また，ある程度キャリア教育の本質的理解に近づいてくると，動いてくれない教師を歯がゆく思うことが出てきます。しかし，人の価値観形成には時間差があります。キャリア教育の基礎的な理解を行い，すぐに価値あるものと認識し，学校全体に広げていこうと行動する人がいる一方で，「どうも十分納得がいかない」「あまり関心がない」などと慎重な態度を見せる人もいます。そのような教師に対しては焦らず，過大な要求をせず，できる範囲で協力してもらい，「①教師としての基本的な資質」は全校の教師に備わっていると考え，研修を通して徐々に理

キャリア教育を推進するために磨きたい教師の実践力：対象と想定される内容

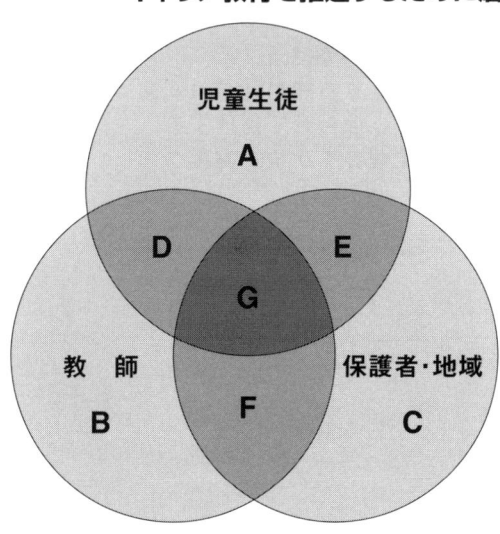

A　児童生徒対象の実践力
・児童生徒の自己理解を進める力
・児童生徒の進路情報理解を進める力
・体験学習などを推進する力
・児童生徒の選択決定を進める力
・児童生徒とのコミュニケーション力
・キャリア・カウンセリングをする力
・特別な支援を必要とする児童生徒を支援する力

B　教師対象の実践力
・プログラム開発，運営および管理する力
・組織や体制において連絡・調整をする力
・教師とのコミュニケーション力
・コンサルテーション力
・相互に評価し合う力

C　保護者・地域対象の実践力
・保護者・地域とのコミュニケーション力
・保護者・地域をキャリア教育に取り込む力

D　児童生徒，教師対象の実践力
・カリキュラムを運営する力
・年間計画の企画，立案および運営する力
・効果測定方法を理解し使用方法を伝える力
・児童生徒のキャリア教育評価を進める力

E　児童生徒，保護者・地域対象の実践力
・連携（インターンシップ実施・三者面談）を推進する力

F　教師，保護者・地域対象の実践力
・連携（インターンシップ企画・PTA活動など）を推進する力

G　三者対象の実践力
・理論の基礎的な理解と実践への転換力
・倫理観や社会性を身につける力
・社会や仕事の変化を理解する力
・さまざまな人とのコミュニケーション力
・生き方や考え方の違いを尊重できる力
・ITを使う力

解を深めてもらうという姿勢が重要です。

●実践力の種類によって研修の道筋が異なる

校内研修で最も取り上げる必要のある実践力は「④キャリア・カウンセリングを行う力」です。キャリア・カウンセリングは「進路相談」のことですが，中学校，高等学校では進路相談を進路の選択・決定のための活動ととらえがちです。現在でも中学校，高等学校で行っている進路相談は，配分的な指導や説得的な指導といった傾向があります。

しかし，そうした指導はごく一面にすぎず，キャリア・カウンセリングはあくまでも児童が様々な場面に直面したときに主体的に選択決定できるように援助する継続的な過程です。キャリア・カウンセリングが必要な理由は，児童生徒はとくに自己に直面する活動，言い換えれば自己理解を促進する活動により不安，悩み，戸惑い，疑問を生じる可能性が高いからです。児童の不安な気持ちは，活動の成果としていままでの自己像と違った自己に直面することによって起こる「職業的（進路）発達へのきっか

け」です。こうした気持ちをキャリア・カウンセリングをはじめとする様々な方法でケアすることで，進路発達が促されるわけです（詳細はQ18参照）。

研修に際しては，専門的な研修を受けた教師，キャリア・カウンセリングの講習などを請け負うNPO，その他専門家などを講師に迎える必要があります。理論の理解もさることながら専門家をファシリテータとして実習を経験することで，キャリア・カウンセリングの力を身につけることができます。「②カリキュラムを開発する力」や「③諸機関との連絡・調整する力」は研修で知識は身につくでしょうが，既存のカリキュラムやプログラムに則ってキャリア教育を展開しながら実践的に身につけていくことが必要です。つまりキャリア教育の実践がある程度進んだ段階で，OJTで育成していく専門的な実践力です。

上の図は，教師の実践力を行使する対象によって類型化したものです。対象を児童生徒，教師，保護者・地域の3つとし，重複した部分をA～Gの7つに分けて考えました。■

小学校キャリア教育 Q&A⑯

小学校キャリア教育の計画は、どう立案する？

計画作りの基本は、Plan→Do→Seeの流れを確実におさえて。
中高の進路指導の6つの活動とキャリア教育で育てる能力領域の例を
各学校で実践されている様々な教育活動に照らし合わせて整理する。
事後の評価も組み入れた計画を全教員で共通理解してから、実践へ。

●進路指導の6つの活動をたたき台に

Q12でも触れたように、計画作りの前提として、学校がこれまで取り組んできた教育活動をキャリア教育の視点で見直し、整理することになります。教育活動全体を見直し、整理するのは大変な作業ですので、まず第一歩として、学校の実状に合わせながら、総合的な学習の時間、生活科あるいは道徳などといった特定の教科・領域に限定して行うのがよいでしょう。

それがある程度整った段階で見直し、整理の対象となった教科・領域などの計画を中心にキャリア教育の計画を立てます。計画を立てるにあたっては、学校の教育全体との連携も視野に入れましょう。

「P→D→S→P´」（計画、実行、評価、そして評価をもとに改善がなされた新たな計画）の流れを作るには、キャリア教育のD（実行）はどのように行うかを理解しなくてはなりません。キャリア教育はこれまで小学校で実践してきた生き方教育と同心円にあるとはいっても、進路指導またはキャリア教育の考え方での教育活動が小学校で行われてきたわけではありません。そこで進路指導におけるD（実行）にあたる活動の展開方法を理解しておく必要があります。

進路指導には以下の6つの活動があります（文部省『中学校・高等学校進路指導の手引き—進路指導主事編』1977年）。以下の（　）内はそれぞれの活動を短縮して表現したものです。

①個人資料に基づいて生徒理解を深める活動と生徒に正しい自己理解を得させる活動
　　　　　　　　　　　　　　　（自己情報の理解）
②進路に関する情報を得させる活動
　　　　　　　　　　　　　　　（進路情報の理解）
③啓発的な経験を得させる活動　　（啓発的経験）
④進路に関する相談の機会を与える活動
　　　　　　　　　　　　（相談やコミュニケーション）
⑤就職や進学に関する指導・援助の活動→中学校への移行に関する指導・援助の活動
　　　　　　　　　　　　　　（中学校への移行支援）
⑥卒業生の追指導に関する活動　　　　（追指導）

この6つの活動は、中学校、高等学校用に書かれていますので多少手直ししなくてはいけません。「⑤就職や進学に関する指導・援助の活動」は、次の進路への移行準備を指していますので、ここでは「中学校への移行に関する指導・援助の活動（中学校への移行支援）」とします。以上の6つの活動を小学校の中でどのように展開するのかを、右の図で構造的に説明します。

●勤労観、職業観の形成を支援する活動を

キャリア教育の中核を担う進路指導の活動とは、基本的には進路に関わる「自己情報の理解」と「進路情報の理解」を近づけることなのです。自己情報というのは児童の興味・関心、能力・適性をはじめとする様々な個人情報を指します。進路情報とは自己の個人的な情報以外のすべてを指し、学ぶ機会や働く機会の情報はもちろん、スポーツやレジャー、文化や歴史など様々です。キャリア教育とはこの2つの情報を接近・融合させ、そこでの学びや気づきをもとに児童の勤労観、職業観形成を支援する営みだといえるでしょう。

もちろん、人間の価値観は時とともに変容します。ですから、小学校段階では価値観の基盤を形成するということなのです。

「啓発的経験」や「相談やコミュニケーション活動」はこの2つを接近させるための意図的な活動です（キャリア教育における相談をキャリア・カウンセリングと呼びます＝Q18参照）。小学校でよく行われている「まち探検」などの体験では、学びや気づ

進路指導の6つの活動の構造モデル

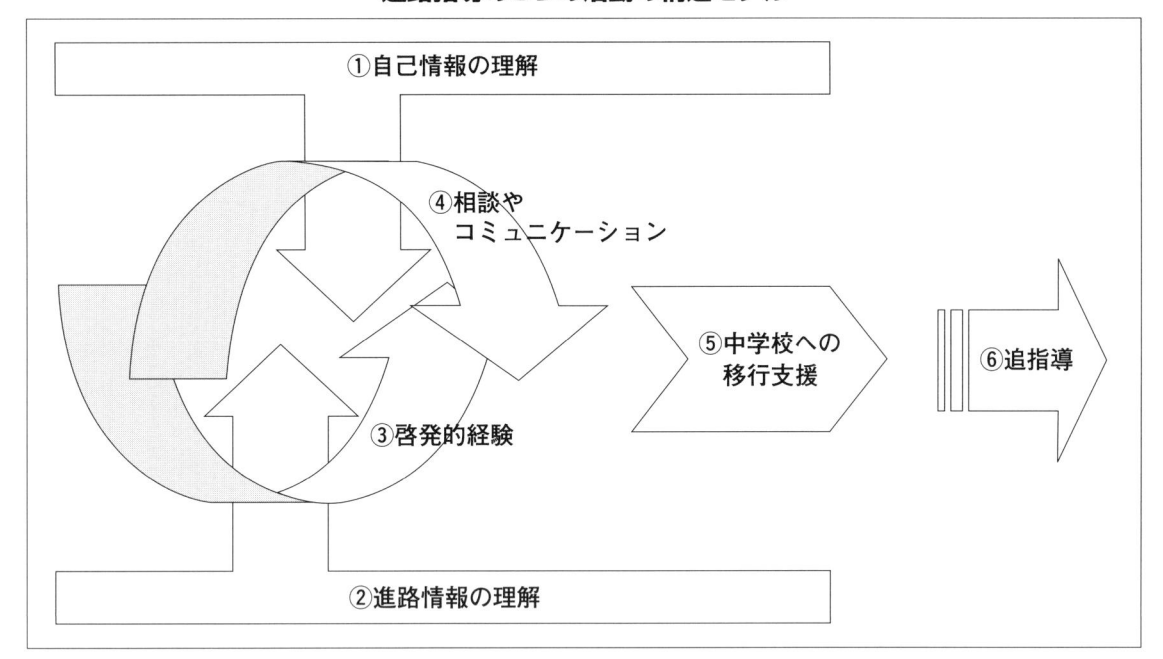

```
①自己情報の理解
④相談や
コミュニケーション
⑤中学校への移行支援
⑥追指導
③啓発的経験
②進路情報の理解
```

きによって児童の自己理解が進み，様々な考え方が生まれます。また，教師との相談，友達間あるいはグループでのコミュニケーション活動を通しても体験と同じようなメカニズムがはたらき，学びや気づきを通して様々な考え方を持つようになります。そしてそれらが少しずつ勤労観，職業観といった価値観の形成につながっていくのです。

これまで小学校段階では①～④の活動が主になっていましたが，「中一ギャップ」との呼び名で小学校から中学校への移行問題が表面化している現在，⑤，⑥の活動も小学校にとって重要なものになっています。実際に中学校に出かけ，そこで行われている職場体験発表会に6年生が参加する試みや，中学生を学校に招き，インタビューを行って中学生活への理解を深める試みもなされています。

●事後の評価活動も含めた計画立案を

こうした進路指導の6つの活動を促進するものとして，「学習プログラムの枠組み例」で4能力領域が示されているのです。キャリア教育の計画を立てる場合，その中心となる教科・領域などの活動において，あらかじめ見直し，整理したものを参考に，自分の学校では6年間にどのような活動を通してどのような能力・態度を育成するかを明確にし，各学年の教育活動の中に組み入れていきます。

このようにしていくと，これまで漫然と時間をかけてやってきたものが，具体的にどんな能力や態度をどのような構造の中で育成するのかが明らかになります。すると，活動のどの部分にポイントを絞るかが見えてくるので，キャリア教育の計画全体にメリハリがつきます。

実際に活動に携わる教師もより目的を持って活動に取り組めますので，活動の際の声かけや資料準備も効果的，効率的に行われるでしょう。

キャリア教育計画の手順としては，6学年を通した段階的な計画を立案する学年主任レベルの会議，学年担当者の会議などを行い，学年間の接続や，同一学年内の共通理解を図ります。職員会議に提案される最終的な年間計画案は誰もがある程度了解しているものでなければ，効果的な実施は行われないからです。このように計画することにより，「P→D→S→P'」のP→Dの流れが成立するわけです。教職員の共通理解が得られた計画をもとに実践すれば，実践に携わる教師の「キャリア教育に取り組む基本的な資質」（Q15参照）が確実に形成されていきます。また，実践後の評価にも取り組みやすくなります。■

小学校
キャリア教育
Q&A⑰

小学校キャリア教育の評価は，どう考える？

キャリア教育の評価といっても，評価の基本をおさえることが大切。
一連の活動におけるそれぞれの評価の目的を考え，ふさわしい方法を選ぶ。
評価の方法や項目をじっくりと見つめることは，各学校独自にキャリア教育の
カリキュラムを開発する力を実践的に養うことにつながる。

●**評価の目的を考え，それぞれに合った方法で**

Q16で見たように，キャリア教育も他の教育活動と同様に，「P→D→S→P'」（計画，実行，評価，そして評価をもとに改善がなされた新たな計画）の流れを確実におさえて計画を立案します。この流れにおいて，評価は年度を超えて教育活動を接続するための要の位置にあります。ここでは評価についての基礎的な理解をおさえながら，キャリア教育の評価について考えていきます。

評価には，評価を行う段階により，「総括的評価」，「診断的評価」，及び「形成的評価」の3種類があります。「P→D→S→P'」のSにあたる評価はここでいう「総括的評価」です。これは一定期間の教育活動の総決算としての評価です。計画を立てる際に対象となる児童や学校の体制を検討しながら目標を立てるわけですが，その際，児童や学校の体制に対してすでに評価が行われているわけです。これを「診断的評価」といいます。また，実践する過程で，当初の計画や目標が妥当であったかどうかを確認し，実行段階で調整していくために行う評価を「形成的評価」といいます。以上の3つの評価は，「P→D→S→P'」におけるそれぞれの段階，計画（P），実行（D），評価（S）における評価でもあるのです。

次に評価の方法について説明します。評価の方法には大きく分けて2種類，「量的な評価」と「質的な評価」とがあります。評価というと，一番最初にイメージがわくのがアンケート形式のものです。項目を挙げて，それに対し「よくできた」から「よくできなかった」まで，いくつかの段階の選択肢を用意し答えてもらうものです。これは，「よくできた」は○人，「よくできなかった」は○人と量的に集計することができるので，「量的な評価」といいます。数値の変化で教育効果を示すことができ，非常にわかりやすいものです。

一方，評価項目に対して感想や意見を書いてもらう記述式の評価があります。児童自身に自己評価して書いてもらう場合もあれば，教師が児童に対する観察をもとに書くこともあります。また，児童や教師にインタビューに答えてもらうといった方法で評価を得ることがあります。このように文章や言葉で表現された評価を「質的評価」と言います。

教育活動には「量的評価」がよく使われます。これは結果が明らかに出るからですが，それは逆に言うと，欠点でもあります。たとえば選択肢の「よくできた」から「よくできなかった」について，どこからが「よくできたのか」，どこからが「よくできなかった」といえるのか，個人にとっても非常に曖昧なものです。個人的に判断の基準が異なるものを合計して示しても，正確な評価結果といえるかどうかは疑問です。

一方，文章や言葉でなされる評価は合計して数量化することはとても難しいのですが，具体的な児童の姿が，個人的ではあっても明示できます。書かれた文章や話された言葉の中に今後の改善への貴重なヒントが含まれている場合もあるのです。

「量的評価」と「質的評価」の有用性をまとめると，「量的評価」は教育活動の効果を総体的に判断する際に有効であり，「質的評価」は個人的，個別的な効果に限定されるが，今後の改善へ具体的な示唆を得ることができます。キャリア教育についても，こうした理解を前提に評価を行うことが必要です。

次に，誰が誰に対して行う評価かを明確にしておく必要があります。教師が児童に対して行う評価か，児童が児童自身に対し行う自己評価か，教師が教師に対して行う評価か，保護者が子ども（児童）に対して行う評価かを分けて考えます。とくに，保護者に児童に対する評価を求める場合，保護者に学校で実施しているキャリア教育を理解してもらうための説明責任を果たしておく必要があります。PTAだ

小学校キャリア教育の評価の考え方

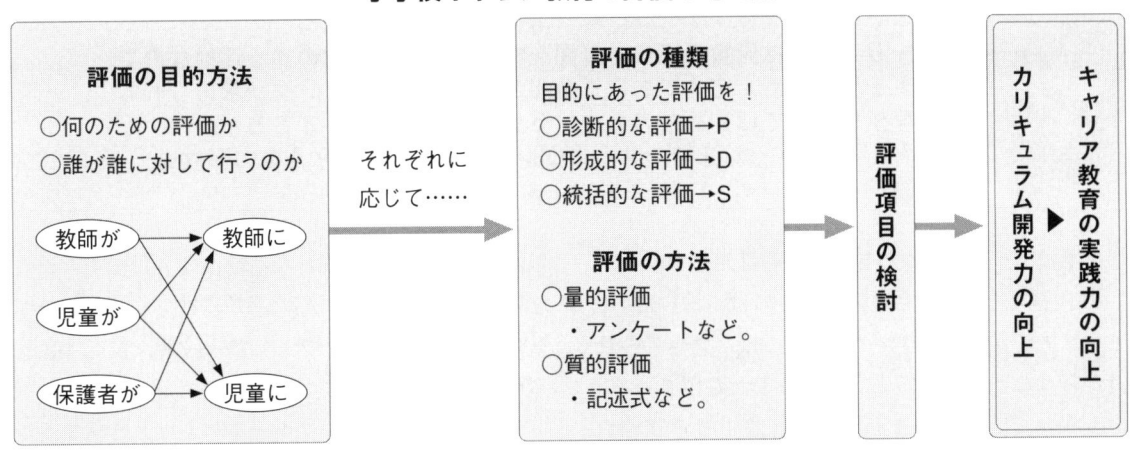

評価の目的方法
○何のための評価か
○誰が誰に対して行うのか

教師が → 教師に
児童が → 児童に
保護者が →

それぞれに応じて……

評価の種類
目的にあった評価を！
○診断的な評価→P
○形成的な評価→D
○統括的な評価→S

評価の方法
○量的評価
・アンケートなど。
○質的評価
・記述式など。

→ 評価項目の検討 → キャリア教育の実践力の向上／カリキュラム開発力の向上

よりや,キャリア教育への授業参観などが方法として挙げられます。このような取り組みは,今後,児童や保護者が学校や教師を評価できるようにするためにも大切です。

● **評価項目の検討がカリキュラム開発につながる**

評価をするには基準や目標が必要です。キャリア教育的な視点でこれまでの教育活動を見直し,整理するためのとらえ方として,繰り返し引用している「学習プログラムの枠組み例」に示された4能力領域を挙げることができます。キャリア教育では児童に勤労観,職業観を育成することが大目標で,4つの能力領域はこの下位に位置づけられることをまず確認しておきましょう。

これまでも教育活動への目標設定を行ってきたと思いますが,それらも見直し,整理された上で,4つの能力領域に記載された「……できる」という能力・態度の記述をもとに,新たな目標を設定します。この際,この「例」に示された4つの能力領域が自校の実状にそぐわないようなら,これに限定されることなく独自の目標を設定しても構いません。こうした応用は学校独自の学習プログラム作成への第一歩でもあり,Q15で挙げたキャリア教育の実践力の一つである「カリキュラムを開発する力」でもあります。目標設定の過程で,キャリア教育を推進する資質が養われるわけです。

例えば,4能力領域の小学校低学年にある「自分の好きなことや嫌なことをはっきり言う」を目標にしたとします。すると評価項目としては「自分の好きなことや嫌なことをはっきり言えたか」となりますが,これではあまりにも単純です。目標として挙げた項目を吟味する必要があります。「自分の好きなこと」とは何か。自分の得意なものもそれに入るか。「嫌なこと」とは何か。嫌なことを表明したらそれでいいのか,嫌でなくなる方法も考える必要はないのか。なぜ「はっきり」でなくてはならないのか。こうした検討を経て,これまで行ってきた教育活動のどの部分でこの力を育成することができるかが次第に明らかになってくるのです。そして,目標と活動がしっかりとつながった評価ができるのです。

それぞれの項目で検討を十分に行うには評価項目をあまり多く立てるのではなく,それぞれの目標との関連を検討した上で,教育活動との関連を十分保つことができる範囲に抑えておく必要があります。こうして出来上がった評価項目であれば,「形成的評価」も可能で,実践過程における軌道修正も行いやすくなります。

最初から膨大な数の評価項目を挙げ,数量的な処理やグラフ化をしていく必要はありません。理解でき改善につなげることが可能な範囲で評価項目を設定し,丹念に児童の変化を見取ることが大切です。くれぐれも評価表を使って数量的に評価することだけが評価であると思い込まないことです。授業が終わった後,職員室での雑談も一つの評価であるというような柔軟な姿勢が望まれます。なお,卒業生による在学中のキャリア教育に対する評価も,今後その重要性が認識されるでしょう。■

小学校
キャリア教育
Q&A⓲

小学校にもキャリア・カウンセリングは必要？

キャリア教育は児童の不安，疑問を呼び起こす可能性のある活動なので，それを受け止め，応えてあげる機能としてカウンセリングが求められる。小学生にとっては初めてのカウンセリングの機会であることから，「解決」のイメージを持たせ，カウンセリングのレディネスの形成を。

●小学校でイメージがわきにくいのは当然

2004年の「協力者会議報告書」には，「基本的なキャリア・カウンセリングについては，すべての教員が行うことができるようになることが望まれる」と書かれています。また，同報告書・参考資料の「教員研修プログラム（例）」には，「キャリア・カウンセリング研修（基礎）」及び「キャリア・カウンセリング（専門）」が挙げられており，カウンセリングがキャリア教育を推進する上で重要な活動として認識されています。また，従来の進路指導においても進路相談は進路指導の6つの活動の一つに位置づけられています（Q16参照）。

しかし，「小学校においても進路相談，キャリア・カウンセリングが必要」といわれてもイメージがわかないのはやむをえないことです。進路指導が行われてきた中学校，高等学校でも，進路相談というと進路の選択・決定のための指導の手段という狭いとらえ方がまだ根強く，卒業後の進路の選択決定が一般的でない小学校で必要性が認識されないのは当然かもしれません。

●不安や悩みに応えるキャリア・カウンセリング

小学校でキャリア・カウンセリングが必要な理由の一つは，キャリア教育に関わる活動の多くが児童に不安，悩み，戸惑い，疑問を生起させる可能性があることにあります。そう言うと，「マッチポンプ」のようにとられるかもしれませんが，こうした不安や悩みは児童にとって必要なものなのです。

キャリア教育においては，自己理解や将来の生き方などに関わる題材を使うため，それまで自分が描いていた自己像や将来の生き方に対する考え方と現実のものとが必ずしも一致していないことに気づきます。しかし，児童にとっては直面した不安，悩み，戸惑い，疑問は発達課題であり，自らの力で解決することでキャリア発達が実現します。小学校の低学年から子どもたちは様々な活動に従事します。そのために生起する児童の心の不安に対して，教師のキャリア・カウンセリングの知識，技能，技術は必要不可欠なものなのです。

日本の小学校には，スクール・カウンセラーは普及してきたものの，キャリア教育においてカウンセリングを行う専門のキャリア・カウンセラーは存在しません。欧米のキャリア・カウンセリングの理論は専任キャリア・カウンセラーの存在を想定していますので，教師がキャリア・カウンセラーを兼ねるわが国の特殊事情においては，キャリア・カウンセリングについてのわが国独自の考え方が求められます。カウンセラーが相談室にいて，カウンセリングの時にだけ児童と顔を合わせるという限定的な接触ではなく，キャリア・カウンセラーでもある教師は日常の学校生活の延長線上でキャリア・カウンセリングを行う必要があるからです。

相談した児童と，教室や各種委員会やクラブ活動の場，あるいは廊下や校庭で顔を合わせるわけですから，毎日の継続した人間関係の上でカウンセリング関係が存在することを前提に児童とどう関わるかを考えていく必要があります。

●小学生にとっては初めてのカウンセリング

小学校でキャリア・カウンセリングを開始するうえで最も重要なことは，児童にとって初めてのカウンセリング機会であるということです。教師と相談することにより自分の課題が解決されたり，不安が解消されたりすることを身をもって体験できれば，今後のカウンセリング機会を有効に使っていこうとするレディネスが形成されます。この点でとても重要な役割を小学校の先生は担っています。

ところで，小学校の低学年や中学年では自我形成が十分ではなく，自分の抱いている課題をカウンセリングのプロセスに沿って解決していくという行動

小学校におけるキャリア・カウンセリングの流れの一例

(1) プロセス

【問題の把握】
- 児童の問題を確認する。確認の際には，児童がもっている将来への空想，不合理，思い違い，思い込みなどの考えを現実的，合理的，適正，理性的なものに修正，または変容させていく認知的再構成の作用を念頭に入れ相談します。
- 児童の発達状況を知るための科学的情報，テストや質問紙などの検査結果などを用い相談します。
- これまでの記録や他教師，保護者からの客観的情報を資料として用い相談します。

【援助計画】
- 目標を設定し，行動のステップを組み立て，児童のかかわりを確かなものにします。
- 問題の解決にあたるのは児童自身であることを確認し，教師がどの部分で援助できるか相談し，対応計画をたてます。
- 進路発達の指標（「学習プログラム」（例）の4能力領域など）をもとに到達目標を設定します。
- 児童に積極的な学習や自己管理を課題として提示し，課題への目標及び計画を作成する援助を行います。

【評価】
- 方策とカウンセリング全体を整理，評価（話をしてどのように感じた）し相談を終了します。児童が満足感や達成感を感じられたかが重要です。
- 相談の記録を整理し，成果と課題を確認します。

(2) 基礎的技能

① 「ペース」と「話の方向」
ペース：ゆっくり話す児童にはゆっくりと答えます。話す速度が相手のコミュニケーション上で理解する早さの目安を示します。
話の方向：相手の話の方向性を読み取ります。
相手「きれいな夕日ですね」
私（方向性が同じ）「そうですね，こんなきれいな夕日は，めったに見られませんよね」
私（方向性が異なる）「そうですかね。いつもと変わらないんじゃないかな」

② **コミュニケーションには表情や声の調子が重要** 言葉のみの伝達よりそれに表情や声の調子が加わることにより4.3倍の伝達力を示すといわれています。表情豊かに会話しましょう。

③ **カウンセラーはクライエントへの管楽器（感・学・気）を忘れない** 「いま自分はクライエントに対し，どのように感じているのか，どのようなことを学んでいるのか，どのようなことに気づいているか」などを絶えず確認しながら会話をすすめていきます。

④ **「うなづき」の作用を理解** 「うなづき」には児童の話の内容を強化する作用があります。そのため，肯定的な内容に対しては「うなづき」は効果的であるが，否定的な内容に対しては「うなづき」は逆効果である。否定的な内容に対しては否定的な内容の部分化（下線部）などをして対応します。
「否定的な内容」→「今はそういう気持ちなのですね」
　　　　　　　　　「そんな気持ちになるときもありますね」

⑤ **繰り返しの作用を理解** 自分の言葉を他者の発言で改めて聞くことで自分の気持ちを受け入れてくれている安心感をまず児童に与えます。
児童「発言するとき，どきどきしちゃうんです」
教師「そうだよね。だれでも一人で話すことになると，どきどきしちゃうよね」

⑥ **理解不能な心情，解決不可能な問題に対しては安易な回答はしない** 「ぼくの気持ちなんかわかるはずがない」→「そうかもしれないね，でもわかるようになってみたいな」

⑦ **理屈でいくより児童の身体感覚にうったえると相談の糸口が見つかる場合がある**
身体感覚にうったえる→「どんな感じだった」
視覚にうったえる→「どんなふうに見えた」
聴覚にうったえる→「どんなふうに聞こえた」「どんな言い方だった」

をとることは簡単ではありません。この年代におけるキャリア・カウンセリングでは，こうした個と個のカウンセリング関係ではなく，教師と児童集団とのカウンセリングや児童集団内でのグループ・カウンセリングという形態をとればキャリア・カウンセリングは成り立ちます。

ある小学校で1年生の「総合的な学習の時間」においてグループで「自然公園探検」をし，テーマを決めて調べ学習をして発表するという学習をしました。子どもは楽しく自然公園を探検しましたが，なかなか調べ学習のテーマが見つかりませんでした。担任の先生は，グループごとにじっくり話を聞いてそれぞれのグループのテーマを決める手助けをしていました。教師が児童のグループとの話し合い活動を通して児童の選択決定のプロセスを支援する，立派なキャリア・カウンセリングです。

また，職業人を招いた講話のあとに，その感想をグループで話し合うというような活動があります。ここでは子どもたちが互いの勤労観，職業観をぶつけ合いますが，これはグループ・カウンセリングの一形態であり，キャリア・カウンセリングとしても機能しています。

こうしたプロセスで発表に至るとき，教師が注意しなくてはならないことは，一元的な価値観にグループが収束しないようにすることです。周りが発表する様々な価値観を驚きや共感をもって受け入れ，自分なりの勤労観，職業観の再構成を児童が果たせれば，それでこの活動は一つの大きな目的を達成したのです。発表は結果であり，キャリア・カウンセリングの視点からはそのプロセスが重要なのです。

カウンセリングには様々なプロセスが提示されていますが，児童と相談する際の教師には，児童が直面している問題の把握とその問題に対してどのように計画的な援助をするかが重要です。キャリア・カウンセリングではプロセスを通し，他者との関係性，他者を通した自己の役割認識など常に他者とのかかわりを意識したうえで問題を把握し，援助の手立てを考えていくように導くことが必要です。■

小学校
キャリア教育
Q&A⓳

保護者の理解，協力を得るには，どうすればよい？

キャリア教育について保護者の理解を得ることは非常に重要である。教師よりも幅広い勤労観，職業観を持っている保護者は多いので，いくつかの段階を経て，保護者の「理解」から「協力」へと進めれば，キャリア教育の活動全体への支援者としての可能性は無限大である。

●意外に保護者には理解されやすいキャリア教育

キャリア教育を先進的に実施している小学校の先生に尋ねると，キャリア教育への保護者の反応は思いのほかよいようです。実際に授業参観などでキャリア教育に関連する授業を見て，わが子が生き生きと活動に取り組んでいる姿に触れ，さらに「キャリア教育」というものがどのような教育なのかを理解すると，なおさら協力的になってくれるという声が聞かれます。

キャリア教育が求めている勤労観，職業観については，保護者のほうが教師よりもその形成が進んでいるかもしれません。それは，こうした要因からです。教師の初職決定時期は他の職業の人と比較して早いのが特徴です。児童生徒として早くから職業人である教師に接しているため，将来の職業を教師に定める時期が早くなるからです。これはモデリングという考えで説明できます。将来の職業を決定するとその職業への思いがつのり，ほかの職業に関心を持たなくなります。それ以降，職業選択の上での葛藤も持たなくなります。

つまり，初職を教師に決定した時点で職業観，勤労観の形成が鈍化してしまうのです。また，教員養成大学に在籍すると教師を目指す類似のパーソナリティに囲まれ，人間関係の上での幅が狭くなっていくという欠点もあります。

もちろんすべての教師にこうした点が指摘されるわけではありませんが，傾向は否めません。こうした傾向は教師という職業の持つ特徴であり，キャリア教育の導入に際し，勤労観，職業観の育成に携わることになった教師は，自身の職業の持つこうした特質を認識しておくことが求められます。そこで心強い支援者として保護者がいるのです。

様々な勤労観，職業観を持っている保護者がいます。職業選択で多くの葛藤をかかえて職業に就いた保護者，リストラで数年間失業し，新たな職業に就いて生きがいを持っている保護者，子育てで仕事をやめたが子どもが大きくなったら復職しようと資格取得のために努力している保護者など様々です。

こうしたキャリアを積んだ保護者はキャリア教育に非常に肯定的であり，その必要性を痛感しています。村上龍『13歳のハローワーク』が100万部も売れたのは，親が購入して子どもに与えたからといわれますが，確かに現代の保護者たちは，キャリア教育の必要性に対する基礎的な共感は持っています。

こうした保護者のキャリア教育への関心をさらに高め，学校のキャリア教育実践に協力してもらうことが大切です。その過程で，教師も教師であるがゆえに形成することができなかった職業観，勤労観をこの機会に保護者の生き様を見て形成していけばよいのです。キャリア教育で児童が学習した成果から学ぶことも多いのではないでしょうか。

●保護者の理解を協力につなげる道筋

保護者の理解を得て，協力にこぎつけるにはいくつかの段階があります。

第1段階として，本校におけるキャリア教育は何かということを具体的に理解してもらいましょう。入学式，PTA便り，保護者会などを通してキャリア教育の考え方を紹介し，学校がどのように取り組もうとしているかを知ってもらいましょう。フリーターやニートの話題が新聞や雑誌の紙面をにぎわせていますので，容易に関心を持ってくれるのではないでしょうか。

第2段階として，キャリア教育の授業参観を行い，現実の児童の活動を見てもらいましょう。授業後の保護者への説明では，「自然公園探検での発表会でも，児童が調べ学習のテーマを決めるプロセス，グループでの話し合いのプロセスはキャリア・カウンセリング的手法を使い意思決定能力を育成しています」「グループでの調べ学習，役割分担などを通し

小学校キャリア教育と保護者の理解・協力

キャリア教育にとって保護者とは……

○ 多様な職業・キャリア，豊かな勤労観・職業観
学校だけでキャリア教育を行うよりも，何十倍もの幅広い価値観やモデルを子どもたちに示すことができる。

○ 本来の教育の主体
子どもの将来に最も大きな責任があり，また，誰よりもその幸せを願っている。しかも，子どもへの影響力が非常に大きい。

STEP①　キャリア教育を知ってもらう
保護者会や学級通信，PTA便りなどを通じて，キャリア教育の意義や自校での取り組みについて説明し，理解を求める。

STEP②　キャリア教育の実際を見てもらう
参観日や校内研修などで実際の授業を見てもらう機会を設け，活動の内容や子どもたちの様子に直接触れてもらう。

STEP③　キャリア教育に参加してもらう
家庭での「働く人」インタビューに協力を得たり，教室での職業人講話の講師を引き受けてもらったりする機会を多く設ける。

STEP④　キャリア教育を協同して行う
保護者による学校教育支援のきっかけとして，キャリア教育は取り組みやすい。PTA組織にキャリア教育部会の設置も。

人間関係形成能力を育成しています」「グループでテーマを決め，調べ学習を進め，発表の準備をすることで，計画性を身につけ将来設計能力につなげています」「調べ学習では図書館やインターネットで情報を収集し，整理し，必要なものを活用することで，情報活用能力を育成しています」などの説明をすることで，保護者はキャリア教育の重要性をかなり具体的に認識できるはずです。

第3段階では，授業への直接，間接的な協力を求めましょう。キャリア教育の年間計画の中で，保護者の協力が必要な場面が必ず出てきます。職業人講話，職業人インタビュー，職場見学，職場体験など様々です。職場体験の実施率が9割を超えようとしている中学校では準備に大変な苦労をしている学校があります。これらの計画を保護者に伝え協力を得るのです。2004年から，文部科学省では新キャリア教育プラン推進事業で全国45か所をキャリア教育推進地域に指定し，小学校，中学校，高等学校はもちろんのこと，地元産業，地元経済団体，関係行政機関，PTA団体等が連携協力し，キャリア教育を推進するとなっています。保護者をキーステーションとして地元の産業や経済団体とも連携の道筋をつけることも可能と思われます。

第4段階では，保護者によるキャリア教育支援組織の設立です。PTA組織の中にキャリア教育部会を設置し，組織的に学校のキャリア教育に関わってもらうのです。この組織が機能すれば，キャリア教育の実施に際し，外部との連絡や調整を保護者に依頼することもできます。

キャリア教育は小学校の教育活動の中でも，保護者の理解が最も得やすい教育活動の一つです。キャリア教育がきっかけとなり，保護者と学校の距離が縮まることで，学校教育への支援者として保護者の活躍する場を提供することになるのです。■

小学校
キャリア教育
Q&A⑳

幼稚園・保育所や中学校との連携は，どう進める？

これからのキャリア教育は小学校がその中核を担うものととらえ，
キャリア発達の初期段階である幼稚園・保育所との連携を進めたい。
中学校との連携も不可欠であり，キャリア教育導入と同時に推進すべきである。
こうした連携によってこそ，キャリア教育に一貫性を持たせることができる。

●幼稚園教諭や保育士の理解を促す

　小学校と中学校は共に義務教育機関であり，学校教育制度上，連携が容易な関係にあります。一方，幼稚園は文部科学省の管轄ですが，保育所は厚生労働省の管轄で，制度上は連携が取りにくい関係にあります。しかし，現在は「幼保一元化」の流れも進んでおり，実際にはこうした制度上の関係より，それぞれの地理的位置関係や，移行後の適応についてそれぞれの機関の保育士や教諭の関心が高いかどうかに影響されているようです。

　地理的に近い幼稚園，保育所と運動会などを合同で行うなど，学校行事で連携している小学校もあります。しかし，キャリア教育という面で見ると，中学校が小学校に期待した「早期からの実施」に小学校が素早い対応を見せているのとは異なり，「幼稚園・保育所におけるキャリア教育」は理解されにくいと思われます。もちろん，「学習プログラムの枠組み例」には幼稚園・保育所段階の発達課題が示されていません。

　しかし，一人の人間のキャリア発達過程を考えれば，Q5でもみたように幼稚園や保育所から小学校への時期には連続性があり，キャリア教育上の連携の必要性は明らかです。小学校，中学校，高等学校12年間のキャリア教育において，小学校のキャリア教育が最も重要な鍵を握っており，その後の中学校，高等学校の6年間を規定するほどの影響力を持っていることから，小学校のキャリア教育をより確実に進めるために，幼稚園，保育所との連携を実現したいものです。

　アメリカ合衆国の場合は，K-12と表記し，K（幼稚園）から12学年，つまり高等学校の最上級生までをキャリア教育の期間としてとらえ，幼稚園も重要な位置づけにありますので，幼稚園，保育所に連携を働きかけることは，わが国のキャリア教育においても必要なことと考えてよいと思います。

　少なくとも小学校低学年にどんな能力や態度が求められているのかを幼稚園，保育所に伝えることは意義のあることだと思われます。幼稚園教諭や保育士の方たちは，子どもの成長・発達を支援したいという気持ちが人一倍強く，こうした能力や態度の育成ということに少なからず関心を持たれるはずです。

　また，中学校や高等学校の生徒を職場体験や就業体験などで職場に受け入れた経験などから，キャリア教育を理解する手がかりを持っている幼稚園教諭や保育士の方も多いのではないかと思われます。

　幼稚園には幼稚園教育要領があり，幼稚園教育の目標が設定されています。それによると，「幼児期における教育は，家庭との連携を図りながら，生涯にわたる人間形成の基礎を培うために大切なものであり，幼稚園は，幼稚園教育の基本に基づいて展開される幼稚園生活を通して，生きる力の基礎を育成するよう学校教育法第78条に規定する幼稚園教育の目標の達成に努めなければならない」とあり，生きる力の基礎の育成が明記されています。

　その手段としてキャリア教育の観点から小学校との連携を図るという考え方は十分に成り立つはずです。幼稚園教諭や保育士に小学校のキャリア教育を理解してもらうために，キャリア教育の授業参観の機会を作ってはどうでしょうか。一方的に理解してもらうだけでなく，懇談会を持つことにより，相互に幼児期から児童期へのキャリア発達についての理解が深まることが期待されます。

　幼稚園や保育所の休業日の設定になりますが，保護者の授業参観と同時に開催してもよいでしょう。

●中学校との連携は必須

　多くの小学生が中学校に入り，不適応の症状を見せている現在，小中の生活指導上の連携は不可欠になっています。新潟県では全国に先駆けて，平成15年度より中学校入学後の適応改善のため「中一ギャ

中学校や幼稚園・保育園との連携

| 幼稚園・保育所 | ⇔ | 小学校 | ⇔ | 中学校 |

幼稚園教諭や保育士の思い

生涯にわたる人間形成の基礎を培っているという自負がある一方で、集団生活に不適応を示したり自尊感情を持てなかったりする子どもたちの現実に心を痛めている。

▼

幼稚園・保育所との連携は？

福祉体験や交流活動、授業参観などの機会をとらえて、小学校キャリア教育についての理解を図ることから始める。

小学校教師の思い

生きる力の基礎を育てている自負があり、小学校6年間がきわめて重要であることを日々実感している。

▼

キャリア教育の観点から幼稚園・保育所や中学校との連携を図り、小学校教育の一層の充実を目指す。

中学校教師の思い

進路指導に長年取り組んできたという自負がある一方で、中学校からでは限界があることに悩んでいる。これまでの実践の蓄積を小学校と共有し、連携したいと模索している。

▼

中学校との連携は？

小学校高学年向けの中学校ガイダンスで学校見学や出前授業を連携して企画するなど、接点の大きいところから始める。

ップ解消調査研究事業」を始めています。キャリア教育においても同様に小学校から中学校への移行をより円滑に進めていくという視点で推進することが求められているといえるでしょう。

　ある中学校では、職場体験の発表会に地元の小学6年生を招いて一緒に学習しました。職場体験を行ったグループごとの発表を中学生と一緒に聞き、体験した事業所ごとのポスターセッションでは、中学生に混じって小学生が質問も行っていました。

　同一のキャリア教育の取り組みを、小学校と中学校で別の目標を立て、企画することは今後中学校との連携の中で求められる形態となってくるでしょう。その他、「中学生にインタビュー」や「中学校おためし授業」などの取り組みは6年生にとって、施設としての中学校を体験ができたり、自分たちは中学生になるとこうした活動を行うのだという、授業に対する心の準備ができたりと、中学校への移行準備としても非常に効果的な優れた取り組みだといえます。

　先に述べたように、義務教育学校という制度上の共通性のもとであれば、小学校と中学校の教師同士でキャリア教育の合同研修会も可能でしょう。2004年4月から、文部科学省の新キャリア教育プラン推進事業でキャリア教育推進地域が45か所指定されました。それぞれの地域の小学校、中学校、高等学校が実践協議会を開催し一堂に会したわけですが、それぞれの先生方は、同じ地域で教育をしているが、三つの学校種が一堂に会したのは初めてだとの感想が聞かれるように、連携という営みはまだまだ不十分であるといえます。

　キャリア教育は教科の専門性に制限されないため、教員同士の連携が容易です。キャリア教育の導入に際し、児童が生きる力の基盤形成をして幼稚園や保育所、そして児童が新たな進路として移行していく中学校との新しい段階の連携を、ぜひ積極的に進めたいものです。■

[第2部] 先進7事例に学ぶ小学校キャリア教育

本書は第1部のQ＆Aと第2部の事例紹介とで構成されています。ここからの事例紹介では，小学校においてキャリア教育を実践するにあたって参考となる先進事例を7つ取り上げます。時間的な枠組みや活動内容，従来の教育活動との関連などは，事例によって異なります。
それは，「小学校キャリア教育とはこういうもの」という定型があるわけではないからです。

「こんな活動なら，やっている」「別に新しくない」という事例があるかもしれません。本書の基本的な姿勢は，「小学校キャリア教育は新しい教育活動の導入ではなく，これまで積み重ねられてきた小学校の教育活動全体を，キャリア教育という視点から見つめ直す試みである」ということです。7つの事例もその観点から紹介されていますので，その活動が，なぜ，どのように「キャリア教育」として位置づけられ，どう実践されているかということに着目してください。それをヒントにして，みなさんの学校の「現在」を出発点に「キャリア教育」を進めていくにはどうすればよいかを考えてみてください。

第2部で紹介する7事例の概要

学校名・掲載ページ		実施学年，核になる領域	実践の概要，紹介する事例
❶静岡県沼津市立原東小学校	50	第1～6学年 生活科＋総合的な学習の時間	国立教育政策研究所の「4能力領域」に基づくプログラム。具体的な活動の様子は，1年生および3年生について紹介。
❷東京都江戸川区立篠崎第三小学校	70	第1～6学年 生活科＋総合的な学習の時間	自己肯定感を育み，将来への展望を持つ「いのちの学習」。具体的な学習の様子は，2年生および6年生について紹介。
❸富山県氷見市立一刎小学校	84	第1～6学年（縦割り） 特別活動＋学校創意活動の時間	縦割り異学年集団による花壇づくりなど勤労生産的活動。「役割取得」を通じて勤労観を育む活動の様子を紹介。
❹神奈川県茅ヶ崎市立緑が浜小学校	94	第6学年 総合的な学習の時間	「よりよく生きる」をテーマにした1年間の取り組み。NPOの支援も受けた，自分を見つめる学習を紹介。
❺東京都港区立白金小学校	104	第6学年 道徳を核にした教科・領域横断的な学習	道徳，総合，特活，国語，保健などでユニットを構成。憧れの自己イメージを獲得するための取り組みを紹介。
❻埼玉県春日部市立武里小学校	112	第6学年 国語＋特別活動＋自由研究	国語の教材との関連も図りながらオリジナル教材を活用。将来展望と生き方を具体的に考えさせる授業展開を紹介。
❼宮城県涌谷町立小里小学校	122	第3学年 総合単元的な道徳学習	キャリア教育の視点を盛り込んだ道徳教育の展開。ここでは人間関係形成を主となる視点にした実践を紹介。

小学校のキャリア教育5テーマの構造モデル（例）

小学校6年間の活動を「DO」ととらえている。学区内の中学校に進級するとしても，進級することを「選択決定」したととらえる。

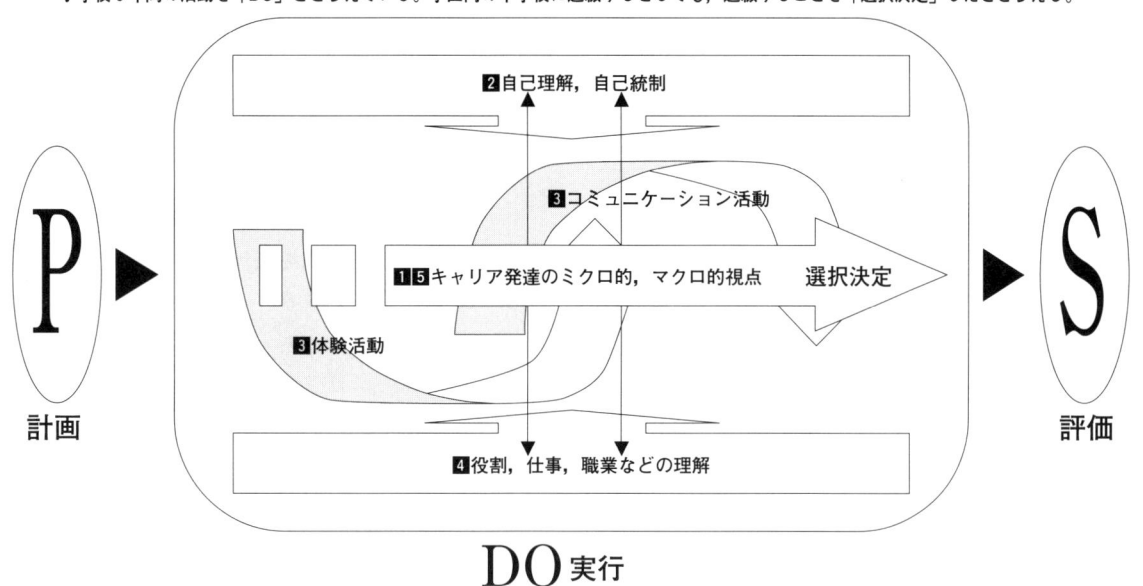

```
    P ──▶  [ ❷自己理解，自己統制          ]           ──▶ S
   計画      ❸コミュニケーション活動                      評価
            ❶❺キャリア発達のミクロ的，マクロ的視点  選択決定
            ❸体験活動
            [ ❹役割，仕事，職業などの理解     ]
                        DO 実行
```

小学校キャリア教育の5テーマ（上記）における学習内容の例

- 「キャリア教育」のねらいに深く関わる学習内容の例を上図の5テーマ❶～❺に分類したもの（実際には複数のテーマに重なる場合も多い）。本書の視点は「あらゆる教育活動をキャリア教育のねらいを持って」であるが，各発達段階のテーマをイメージする参考として作成した。
- 表中の①～⑦は類似の学習内容がある本書掲載事例の番号。番号のない○印のものはその他一般に取り組まれていると考えられる内容。
  ①静岡県原東小　②東京都篠崎第三小　③富山県一刎小　④神奈川県緑が浜小　⑤東京都白金小　⑥埼玉県武里小　⑦宮城県小里小

	低学年	中学年	高学年
❶キャリア発達のミクロ的視点 前向きに臨む姿勢・意欲，自分のことは自分でやる・自分で選ぶ・決める姿勢，成長の自覚・自信。	①できるようになったよ ①自分のことは自分でしよう ○もうすぐ2年生 ○もうすぐ3年生	②心の成長に必要なこと ②健康づくりへの行動 ○もうすぐ4年生 ○もうすぐ5年生	①探検！体験！もうすぐ中学生 ②成長したことは何か ①心の成長には何が必要か ○もうすぐ6年生 ○なぜ学ぶのか
❷自己理解，自己統制 個性や適性という概念の理解。 自己理解・他者理解，相互の尊重。	①自分たんけん，自分はっけん ○自分のよさを知る ○友達のよさを知る ○助け合いのこころ	②自分や友達のいいところさがし ⑦思いやり，親切 ⑦友情・信頼・助け合い	①自分のよさを見つけよう ②自分の特徴 ④友だちを通して自分を見つめる ⑤友だちのよいところカード ⑤個性の伸長
❸体験活動やコミュニケーション 自分と環境との相互作用に気づく。	②赤ちゃんのお世話体験 ②動物のお世話体験 ③地域の花壇づくり ○仲よくあそぼう	①新入学児童との交流 ①お年寄りとなかよくなろう ⑦相手の気持ちを考えて	①夢さがしの修学旅行 ④コミュニケーションのしかた ○男女なかよく
❹役割，仕事，職業などの理解 どのような役割や仕事，職業があるのか。また，どのような役割や仕事，職業に興味が持てるか。勤労観，職業観。	①家の名人をさがそう ①校区探検 ○係りの仕事 ○家族の仕事と役割	②保育園，幼稚園の先生 ①お店ではたらく人 ①地域を支える仕事や活動 ②いっしょに行動しよう ⑦人びとの仕事と私たちの暮らし ⑦係りを決めよう！ ⑦空き缶を集めよう！	①キッズマートを開こう ①働くことの大切さ ②あこがれの人について調べる ④働くことのインタビュー ④職場見学 ⑤先人の生き方を学ぶ ○上級生として ○家族の一員として
❺キャリア発達のマクロ的視点 人生についての理解と，人生における小学校6年間をとらえる視点。将来設計，進路計画，進路選択をしていく手順の理解。	①小さいころのことを知る ①小さいころの思い出や宝物 ②生まれる前や生まれた時のこと ②保育園幼稚園の頃や家族の気持ち ○アルバムづくり ○夢をもとう	②いろいろな家族とライフステージ ②10年間の自分をふりかえろう ②20歳の私への手紙 ②1/2成人式（感謝の気持ち） ○将来の夢	①オンリーワンの卒業式づくり ②将来の夢 ②自分史づくり ②これからの自分史づくり ②誕生から死までの5つのステージ ⑤心と体の結びつき ⑤20年後の私への手紙 ⑥尊敬する人の生き方 ⑥将来への展望と生き方 ⑥いのちの尊さ

**小学校
キャリア教育
実践事例❶**

キャリア教育の4能力領域から，従来の実践を検証
第1～6学年／生活科＋総合的な学習の時間（各105時間前後）

従来取り組んできた生活科と総合的な学習の時間をキャリア教育の4つの能力領域から見つめ直し，各学年，各単元において育てるべき具体的な力を明らかにした実践。小中高の発達段階を踏まえた系統的なキャリア教育のモデルです。

　　　　　　　　　　　　　　　　静岡県沼津市立原東小学校校長（執筆代表）　工藤榮一

◆**本事例から学ぶ視点**――編者より

①見つめ直しの視点＝自校の教育活動を見つめ直し，キャリア教育との接点を整理していった方法は手堅く，導入から実践初年度，2年目への進化の過程にもヒントがあります。

②育てる力の柔軟な設定＝国立教育政策研究所が示した「4能力領域」のうち「情報活用能力」と「人間関係形成能力」を同校で育てたい力の1つである「かかわる力」のもとでまとめています。
○「4能力領域」は例示であり，学校や地域の実情に合わせることが重要であることを示しています。
○キャリア教育はとくに新しい力の育成を求めるものではありません。自校の教育目標を大切に。

③校長のリーダーシップと教職員の真摯な姿勢＝新しい取り組みの際には，根気強く共通理解を図り，全教職員が自信を持って取り組むことで，プラスのエネルギーに変えていくことが必要です。

④専門家の助言＝外部の声を適時に取り入れることは，実践を常に軌道修正していくのに有効です。

❶この実践の枠組みと特色

小中高の一貫性を踏まえた系統的な取り組み

　原東小学校は平成14年度からキャリア教育導入の取り組みを始めた。初年度はとくに実践は行わず研究・研修に徹し，翌15年度より全面的に実践に取り組み始め，今16年度が実践2年目である。

　本校のキャリア教育は1学年から6学年まで全校で取り組んでおり，その枠組みは低学年が生活科，中～高学年が総合的な学習の時間を核にしている。さらに，キャリア教育は全教育活動を通じて行うものであることから，各教科や道徳，特別活動等との関連を図りながら取り組んでいる。

　このような大がかりな取り組みが，構想から実践までごく短期間で進められた背景には，中学校経験の長い校長の存在がある。中学校・高等学校においてはキャリア教育の中核とされる進路指導だが，まだまだ「進学指導」に偏りがちであることは否定できない。しかし，職場体験学習の普及に象徴されるように，近年，とくに中学校ではかなり熱心に取り組まれている。キャリア教育は小中高一貫して児童生徒の発達を支援すべきものであり，小学校における導入にあたり，本来の進路指導の系統性が踏まえられていることは，きわめて重要なことである。

　本校のキャリア教育導入にあたっては，小・中・高の各発達段階におけるキャリア発達課題を示した「4つの能力領域」の考え方を理論的背景として採用している。これはキャリア教育で育てるべき能力を「将来設計」「情報活用」「意思決定」「人間関係形成」の4つの領域に位置づけたものである。

　本校ではこの「4つの能力領域」を採用するにあたり，従来，生活科と総合で育てる力として位置づけていた4つの力「気付く力」「見通す力」「表現する力」「関わる力」とのすり合わせを行った。検討の結果，両者の深い関連性を整理することができ，従来の取り組みに自信を深めつつ，新たにキャリア教育の立ち上げに歩みを進めることができた。

　このことは，「キャリア教育」という新しい教育活動を導入するのではなく，これまで取り組んできた生活科及び総合を「キャリア教育」の視点から見つめ直し，より確かな裏付けをもって子どもたちとともに学んでいくという基本的な姿勢につながった。

　研究開発学校でもないごく普通の公立小学校が，このように短期間で「小学校におけるキャリア教育」の一つのモデルを実践的に示すことができたのはなぜか。それは，まさにこの「見つめ直し」の観点こそが，「教育改革の理念と方向性を示すもの」とされるキャリア教育の本質的な意義であることに，気づくことができたからである。

原東小のキャリア教育で「育成したい具体的な子どもの姿」と「取り扱い内容」の学年間の関連及び系統

学校教育目標	研究課題	つけたい力	4能力領域	能力	自己理解と進路理解の融合，勤労観・職業観の形成		
					低学年	中学年	高学年
自ら感じ 気づき 学び 考え 行動する子	夢をえがき 共に学び合い 自分の可能性を伸ばそうとする子	えがく力	将来設計能力	計画力	①こうしたい、こうやりたいと自分の願いや思いがもてる ②教師と共に「はてな」が作れる ③学習に必要なものが分かり、準備や片付けができる	①こうありたいという自分の願いや思いがもてる ②課題を教師と共に作れる ③学習等の計画を教師と共に作り、その手順が分かる	①自分の将来について考えることができる ②自ら学習課題を作れる ③学習の見通しや段取りができる
				役割把握力	④いろいろな係や当番の活動があることを知り、忘れずにやれる ⑤いろいろな役割があることが分かる	⑤与えられた役割をしっかり果たそうとする	⑤進んで役割を受け持ち責任を持って果たそうとする ⑥働くことや学ぶことの意識が分かる
		かかわる力	情報活用能力 人間関係形成能力	調査表現能力	①解決するために必要なことを先生や友達・家族などから聞いて調べられる ②調べたりわかったりしたことを書き表せる	①解決するために必要なことを聞いたり、見たり、本を使ったりして調べられる ②調べたり、分かったりしたことを分かりやすくまとめられる	①解決するために必要な情報を、適切な方法で、意欲的に集められる ②調べたり、分かったりしたことを工夫してまとめられる
				コミュニケーション力	③いっしょに楽しく活動できる ④相手のことを知ろうとする ⑤自分の考えを言ったり、友達の考えを聞いたりできる ⑥マナーを意識できる	③協力し合って活動できる ④相手のよさを見つけられる ⑤自分の考えをはっきり言ったり、友達の考えをしっかり聞いたりできる ⑥マナーを意識して行動できる	③自分の役割を明確にして、協力し合って活動できる ④相手のよさから学ぶことができる ⑤自分の考えをわかりやすく言ったり、友達の考えをしっかり聞き自分の考えと比べたりできる ⑥正しいマナーで行動できる
		もとめる力	意思決定能力	選択力	①与えられた選択肢の中から自分で選ぶことができる	①いくつかの選択肢の中から根拠をもって自分で選ぶことができる	①いろいろな選択肢を考え、根拠を持って自分で選ぶことができる
				追求力	②いろいろなことに挑戦することができる ③教師といっしょにふりかえりができる	②目標達成や課題解決に向けて、教師の支援を得ながら取り組むことができる ③自己評価できる	②目標達成や課題解決に向けて自らの判断で進んで取り組むことができる ③自己評価して、次の課題などを持てる

	1年	2年	3年	4年	5年	6年
主な学習フィールド	校区		地域		身近な社会	
主な価値的ねらい	○家族の役割や家族の一員としての役割を自覚する ・家族の役割 ・お手伝い	○グループや係における自分の役割を自覚する ○いろいろな人との交流から自分以外の人に関心を持つ ・友達同士の役割 ・いろいろな人	○親や地域の働く人を通して、仕事をする人に目を向ける ・親や地域の働く人	○地域の働く人や地域に奉仕する人を通して、仕事と人、地域に目を向ける ・地域の働く人 ・地域に奉仕する人	○身近な社会のいろいろな仕事を知り職業としての仕事を考える ○身近な社会の状況を知り、自分の生活に目を向ける ・いろいろな職業 ・身近な社会の現状と自分	○いろいろな職業人を通して、職業の価値や、やりがいに目を向け、将来について考える ○いろいろな生き方に触れ、自分の生き方に目を向ける ・理想の職業 ・自分の生き方
	沼津養護学校との交流 なかよく遊ぶ ────(違いに気付く→違いを受け入れる→自分の役割を認識する→自分の役割を果たす)────▶ 他者の尊重					
主に接する仕事			親の仕事や特色ある仕事 ・お店の人 ・警察官 ・消防士 ・農家・先生等 身近な仕事から広範囲な仕事へ ────────▶			一般的な仕事 将来の仕事
学年の特色	・ALTとの交流	・ALTとの交流	・お年寄りとの交流 ・園児との交流	・雁作太鼓	・自然教室 ・米作り	・修学旅行

❷ 導入の経緯と方策

(1) キャリア教育導入の経緯
必要性を痛感していた校長のリーダーシップ

原東小学校のキャリア教育導入は、校長主導で始まったものである。学校運営のリーダーである校長の考え方が、キャリア教育導入過程において、大きく影響している。

校長自身は中学校勤務の経験からキャリア教育の必要性を感じており、小学校からの実施が求められ始めた現状、総合的な学習の時間の本格実施で時数の確保が容易になったこと、原東小学校の教育活動の内容がキャリア教育導入への可能性を持っていたこと、加えて専門家の資料提供や助言によって、校長の中に、キャリア教育の導入が、より確かな形として構想されていった。

そして、いままで小学校で行われてきた教科・領域の教育と進路指導よりも幅の広い生きる力を育む教育であるととらえ、「総合的な学習の時間」の趣旨と重ね合わせ、児童の実態を押さえ、導入の決意に至った。

特色ある学校創りという視点と、教師にもやりがいと自信を持って取り組んでほしいという期待感と、原東小学校の子どもが、「将来の具体的な職業」「今後の進路について」の夢を、キャリア教育を導入することによって描けるように、というビジョンを持ってのことである。

(2) キャリア教育導入のための方策
教員の共通理解を図るためにテキストを作成

小学校にキャリア教育を導入することは容易ではない。これまでの積み重ねがなく、キャリア教育に関しての情報が不足しているためである。

キャリア教育導入にあたり、校長は次の3点を方策としてとらえた。

❶プロジェクトチームを組織すること。
❷「立ち上げのためのテキスト（以下「テキスト1」）」を作成すること。
❸専門家を活用すること。

❶については、特定のメンバーがキャリア教育について先行的に研修することにより、リーダー的役割を期待した。❷については、全体提示の際、キャリア教育の理解を迅速に進めるため、実践に結びつけていくための手引き書となりうるものである。❸については、キャリア教育の情報が不足していることから、助言や指導、資料提供を受けることで❷同様に理解を迅速に、そして、よりよい実践に結びつけていくためである。

プロジェクト会議は、14年10月から翌年2月にかけて行われた。会議の目的は、原東小学校のキャリア教育の方向性を示す「テキスト1」を作成すること、「いかにわかりやすくキャリア教育を提示できるか」その内容と提示の仕方を検討すること、メンバー自身がキャリア教育について先行的に研修し、キャリア教育導入過程においてリーダー的役割を果たすことにある。

基本メンバーは校長、教頭、教務、教諭3名という構成であるが、実際の活動は教諭3名が中心になり、校長、教頭、教務は必要に応じて参加という形をとった。

「テキスト1」の作成にあたっては、当初、プロジェクトメンバーに任せた形で進めることが模索された。しかし、プロジェクトメンバーにとってもキャリア教育は初めてのことであり、取りかかりは容易ではなかった。そこで、校長自らが骨子を作って、それをたたき台にして、プロジェクトメンバーが検討するという方法をとった。

「テキスト1」は、1998年に「職業・進路指導研究会」によって報告された『平成8・9年度文部省委託調査研究職業教育及び進路指導に関する基礎的研究（最終報告）』の小・中・高を一貫した「進路指導構造化モデル」「進路指導活動モデル」を参考としたものであり、原東小学校のそれまで取り組んでいた「総合的な学習の時間・生活科でつけたい力」と「進路指導構造化モデル」でいう4つの能力領域とを関連させながら作られたものである。

「テキスト1」作成のためのプロジェクト会議は、校長試案の完成に向け、次の5点を共通理解した。

❶これまで取り組んできた「総合的な学習の時間」におけるつけたい力と「キャリア教育」におけるつけたい力（4能力領域）の関連性について検討する。

原東小キャリア教育の導入実践過程（平成14〜16年度）

	研修部,学年研修会	主な研修内容・議論のテーマ	実践の内容
14年度（導入）	4　校長構想 7　プロジェクト会議発足 8　◎専門家の助言・指導① 10　プロジェクト会議① 11　プロジェクト会議②③④ 12　プロジェクト会議⑤ 1　プロジェクト会議⑥⑦⑧⑨⑩ 2　プロジェクト会議⑪⑫ 　　全体研修会① 　　◎専門家の助言・指導②③ 　　年間指導計画原案作成（〜3）	・プロジェクト会議は「立ち上げのためのテキスト」作成が主要な目的で、校長、教頭、教務、教諭3人。本校の実態に合ったキャリア教育の姿を、具体例をイメージしやすいように示すことを心がけた。 【プロジェクト会議の主な内容】 ・「生活科・総合的な学習の時間」でつけたい力と「キャリア教育における能力領域」の関連表の作成。 ・4能力領域の具体的な能力例と活動例の作成。 ・年間指導計画、活動案例の作成。 ・立ち上げのためのテキストの見直しと確認など。	・本年度は計画作りに徹し、実践としてはキャリア教育は行っていない。 ・全体研修会における専門家の講話での「新しい活動を創造するのではなく、教育の本旨に立ち返って、本来なすべき学校の役割を」との投げかけは、教師の意識に大きな影響を与えた。
15年度（実践1年目）	4　年間指導計画作成（修正） 　　研修研究部会① 　　全体研修会②③ 5　研修研究部会② 6　研修研究部会③ 7　■公開授業（6年生、1年生） 　　研修研究部会④ 8　全体研修会④ 　　◎専門家の助言・指導④ 9　研修研究部会⑤ 　　■公開授業（3年生） 10　研修研究部会⑥ 　　■公開授業（5年生） 11　研修研究部会⑦ 　　■公開授業（2年生、4年生） 　　◎専門家の助言・指導⑤ 　　研修研究部会⑧ 12　研修研究部会⑨ 1　年間指導計画作成（修正。〜4） 　　研修研究部会⑩ 2　全体研修会⑤ 　　◎専門家の助言・指導⑥	・多くの教師にとっては「いいのか悪いのかわからない」ままのスタートだった。 ・9月時には、「いままでやってきていることをほんの少し見直していけばいい」「総合や生活科の中で無理なく自然に行える」という肯定的な意見の一方で、「学力も低い学校にキャリア教育が必要か」「仕事、職業への進路指導的な意味が強くとらえられる」といった否定的な意見も見られたが、賛否いずれにしても、実践の成果か、意見が具体的になってきた。 ・キャリア教育についての迅速な理解（テキスト作成）や教員の意識の変容を図るための取り組み（専門家の講話）は効果を上げてきたが、一方で、教師の疑問点などを議論する時間は十分に確保できなかった。 ・実践をする中で方向性を探るというやり方をとったが、キャリア教育の視点、取り扱う内容、評価、学年間の系統性などの課題について、情報交換と共通理解を経て実践に生かしていくという意識はまだ不足していた。	・昨年度末に完成した「立ち上げのためのテキスト」に基づき、全学年にわたって生活科と総合的な学習の時間を核にしたキャリア教育の実践が始まった。 ・学年団ごとに研修テーマを立て、7〜11月にかけて全学年で公開授業を行うなど、実践しながらも研究・研修は続いた。
16年度（実践2年目）	4　研修推進部会① 　　全体研修会⑥⑦ 5　研修推進部会②③ 　　全体研修会⑧ 　　■公開授業（6年生） 　　◎専門家の助言・指導⑦ 6　研修推進部会④ 　　■公開授業（3年生） 7　■公開授業（4年生） 8　全体研修会⑨ 　　◎専門家の助言・指導⑧ 9　研修推進部会⑤ 　　■公開授業（5年生） 10　研修推進部会⑥ 11　研修推進部会⑦ 　　■公開授業（1年生、2年生） 12　研修推進部会⑧ 1　研修推進部会⑨ 2　研修推進部会⑩ 　　全体研修会⑩ 　　◎専門家の助言・指導⑨ 　　年間指導計画作成（〜3）	・新年度を前に理論編と実践編からなる「実践のためのテキスト」を完成させるなど、15年度の取り組みを通して出された疑問や課題に一応の答えを出して、2年目の研究が始まった。 ・研修部は研修推進部に改編し、それとは別にキャリア教育の理念や目標の確認、推進のための資料作りなどを担当するキャリア教育検討委員会を設置した。 ・原東小の「3つのつけたい力」とキャリア教育の4能力領域との関連をまとめた表をよりどころに、各教育活動の目標を立て、方法や内容を検討している。 ・キャリア教育活動の理論化も試みている。	・「実践のためのテキスト」をもとに、2年目の実践を始めた。各学年とも昨年度の実践を踏まえているが、積極的に新しい取り組みを試みている。

※平成16年9月以降は予定。丸囲み数字は年度内の回数（ただし、全体研修会と専門家の助言・指導は導入年度からの通算）。

❷「キャリア教育」におけるつけたい力は、どの学年でもつけていく力とする。
❸本校の実態に合った「キャリア教育」の形にして提示をする。
❹「総合的な学習の時間」をすべて「キャリア教育」として行う。
❺具体例を多く取り入れ、イメージしやすいようにする。

「テキスト１」は、経過説明、キャリア教育の基本的な考え方、原東小学校のキャリア教育の提案の３つに大きく分けることができる。

この「テキスト１」完成を待って、「キャリア教育研修会（平成15年2月21日）」を行った。

研修会は、原東小学校にキャリア教育を導入するために、その実践者となる教師に対しての説明と理解を求めることを目的として設定され、専門家によるキャリア教育についての講話とプロジェクトメンバーが作成した「テキスト１」の説明を主として構成した。学校において教育活動を行うときに、共通理解がその基盤になくてはならない。キャリア教育の導入にあたっては、これまでの積み重ねがないため、なおさらこの部分が必要になってくる。

この会で、専門家による講話では、「教育の本旨」ということが取り上げられた。キャリア教育を行うことは、何も新しい活動を創造することではない、教育の本旨に立ち返って、本来なすべき学校の役割から考えてみようとの投げかけであり、教師の意識面にも大きく影響を与えたと考える。

❸教師の思いと実践への反映
(1) 実践１年目（15年度）における教師の思い
　　　　　少なくなかった否定的、懐疑的な見方

15年度キャリア教育に携わった教師は、児童を目の前にして、「いいのか悪いのかわからないまま」日々悩みながらの実践であったと思われる。しかし、取り組みを通して、キャリア教育に対するイメージ、理解と必要性の認識は変化していった。以下、本校の実践の導入課程を事例研究した千葉髙氏の論文『小学校におけるキャリア教育に関する研究－静岡県沼津市立原東小学校のキャリア教育導入過程の事例を通して－』（2003年度上越教育大学修士論文）も引用しつつ述べる。

15年5月時での、初めて「キャリア教育」ということばを聞いたときのイメージについての回答は、次の４つに分類することができる。

❶仕事や職業に目を向けさせる教育
❷官僚教育、優秀な人を育てる教育
❸基礎基本の定着をめざす教育
❹イメージがわかない

❶❷がほとんどであり、「仕事に目を向けるのかと思ったが、なぜ小学生にカタカナのキャリアが必要なのか、視野が狭くなるのではないか」「キャリアということばから、お役人や一流企業のキャリア組のような意味や、高学歴のエリートを育てることか」など。❸については、「社会生活を営むための様々な基本的知識技能の修得」「ドリル的基礎学習を進めていくもの」とキャリア教育のごく一部をとらえ、❷に近い限定的な印象を受ける。一般の小学校においてもこれと大きな違いはないのではないかと考えるが、これから行うキャリア教育の実践に期待を込めての意見が多いとの印象を受けた。

9月時においては、キャリア教育の理解について、「4つの力をもとに、生きる力を養う教育」「子どもたちの自己実現を支える力を育てる教育」「いままでやってきていることをほんの少し見直していけばいい」「総合学習や生活科の中で無理なく自然に行えるもの」といった肯定的な意見と、「学力も低い学校が、一歩進んだキャリア教育を行う必要があるのか」「仕事、職業への進路指導的な意味が強くとらえられる」との否定的な意見が聞かれた。

キャリア教育の必要性については、「小学校の時点で、形ができるのか心配だったが、始まってみると手応えがある」「キャリア教育のつけたい4つの力はまさにぴったり」といった必要性を認める意見が多く聞かれた。しかし、実践の在り方に疑問を呈している意見や、少数ではあるが、「中心は中学校」「中学校段階でもいい」など、「必要性を感じない」とする意見も聞かれた。

全体的には、5月時に比べ9月時は具体的な意見が増えてきたことを感じた。これは、実践することで、キャリア教育についてより深く考える機会が増えてきたためと考えられる。

キャリア教育導入への準備段階を通して教師が感じた課題や疑問は，次のように分類される。

❶なぜいまキャリア教育なのか
❷研修の方向性について
❸実践の在り方について

❶については，小学校にキャリア教育を導入するために最も重要な教員の意識と考える。キャリア教育の意義や必要性といった基本となる理解がなければ，その後の実践にうまく結びついてこない。迅速な理解のために，「テキスト１」の作成とその利用，「専門家の講話」等，教員の意識の変容を図る取り組みは確かに効果を上げてきた。しかし，個人として学校全体として，疑問点などを十分に議論する時間が確保できなかったことが反省点として挙げられる。

❷については，もちろん❶と関連していることであるが，「学校としての方向性を示す」部分が不足していたのではないかと考える。学校全体の教育課程上に明確にされなかったことで，生活科と総合的な学習の時間に関してのみの，狭い範囲でのキャリア教育の議論となり，大局的な見方ができなかったと考えられる。また，研修部は各学年１名の調整員をおくものの全職員が参加できるオープンな場としたため，問題点や課題などの整理を集中して行うことが難しかったことが考えられる。

❸については，「学校としての方向性」が確認され，「キャリア教育の理解」を深めるための話し合いと並行させながら，実践を行うことが必要と考える。「実践をする中で方向性を探る」ということで，試行錯誤しながら各学年において実践が行われてきた。「キャリア教育の視点」「取り扱う内容」「評価」「学年間の系統性」等，さまざまな課題が出されている。こうしたことをもっと自由に話し合う場を設定し，情報交換と共通理解を進め，次の実践に生かしていくという意識が不足していたように思う。

(2) 実践２年目（16年度）への反映
的確な組織体制で前年の試行錯誤を生かす

15年度の取り組みを通して多くの疑問・課題が提示され，これらの多くは改善・変更がなされた。

研修部は「研修推進部」と名称を変更し，部長と副部長を置き，研修推進部員は固定し，原則的に学年主任を充てることとした。ただし，学年の事情で主任以外の者が担当したり，話し合う内容によっては，部会に推進部員以外の者が加わったりしてもよいこととした。

さらに，キャリア教育検討委員会を設置した。校長・教頭・教務・研修主任・副主任・キャリア教育アドバイザー等，その都度，内容にかかわる分掌の関係者が参加し，キャリア教育の理念や目標の確認，キャリア教育を推進していくための資料作り等にあたる。たたき台となる案を検討委員会で作成し，研修推進部で検討し，全体に広めていくという関係である。いずれにしても，研修推進部がより効率よく機能できることを考えてのことである。

１学年の生活科から６学年の総合的な学習の時間までの実践であったが，各学年から出された４能力領域を視点とした成果と課題から，学年団ごとに，キャリア教育を通して，どのような子どもに育てていきたいのかを「原東小のキャリア教育で育成したい具体的な子どもの姿」として，３つの「つけたい力」「研修主題」「学校教育目標」と関連させて一覧表にまとめた。平成16年度は，この表を拠りどころに，子どもたちと共に各教育活動の目標を立て，方法や内容を計画している。

キャリア教育活動の理論化も試みた。具体的には，児童の「自己理解」と「進路理解」とが，「体験活動」や「コミュニケーション活動」を中心とする様々な活動を通して融合し，来るべき移行期での選択決定へと導く指導援助のプロセスがキャリア教育の活動である。この場合，３つの「つけたい力」は，「自己理解」と「進路理解」の融合を推し進める手段となる。また，この「自己理解」と「進路理解」の融合に，３つのつけたい力を育成する活動が展開され，並行して，勤労観・職業観の形成が進んでいくとの考えである。

組織の改善・理論の補強により，原東小学校のキャリア教育の独自性が出せたところで，平成16年度の実践を確かなものとするため，以上の事柄と，指導事例を盛り込んだ，「実践のためのテキスト（テキスト２）」を作成した。16年度はこのテキスト２をもとに，実践を重ねているところである。

原東小キャリア教育の核となる1～6学年［生活科＋総合］の主な学習内容 (平成16年度)

	1年	2年	3年
研修テーマ	人や自然とふれあい，自分の思いを表現できる子	自分の思いを持ち，仲間とともに活動を広げていく子	自分の思いを持ち，調べ方を学び，新しいことを発見する子
1学期	ともだちいっぱい ⑥ ○クラスの人，1年生の人，学校中のいろいろな人となかよしになろう（あくしゅ大作戦） あそびにいこうよ ⑩ ○1年を通して公園や地域を探検 あさがお・まめを育てよう ⑱ ○種まきから種とりまで 学校探検をしよう ⑥ ○2年生と探検 ○学校のひみつ	ぼうけんいっぱい，かんどういっぱい ㉟ ○野菜を育てよう 　野菜を植えよう，野菜を育てよう 　サツマイモを植えよう 　野菜の取り入れをしよう ●学校探検 　学校のことをよく調べ，1年生を案内しよう ○野菜の精たちのカーニバル ●校区探検パート1 　田んぼ，川など自然探検 　校区の秘密を教え合おう 　自分の家の周囲を中心に	保育園，幼稚園の先生 ㉑ ○知ってること・知らないこと ○調べてみよう ・どんな調べ方ができるかな ・インタビューしよう ○まとめよう ・どんなまとめ方ができるかな ・わかりやすくまとめよう ○発表しよう
2学期	いきものだいすき ⑫ ○虫となかよし ○うさぎとなかよし ○ぼくじょうへいこう ようこそあきのくにへ ⑯ ○秋をみつけよう ○秋を感じよう ○秋をつたえよう 花いっぱいになあれ ④ ○花を選ぶ，球根を買う，育てる みんなだいすき ⑭ ○家の名人をさがそう ○家の仕事をさがそう，挑戦しよう	ぼうけん，はっけん，おまつりだ！ ㊺ 収穫の祭りを開こう ○1年生を招待してお祭りをしよう ●校区探検パート2 　私たちの校区を案内しよう 　・地元の子どもが探検を実施 　　もっと調べたいことを見つけよう 　・地域の人材にも目を向けて ○つくってあそぼう 　松ぼっくりやどんぐりで作ろう ●乗り物に乗って出かけよう	お年寄りとなかよくなろう ⑨ （デイサービスとの交流） ○計画の実施に向けての準備や練習 ○交流会の実施 ○振り返り，お礼の手紙 お店ではたらく人 ㉔ （4つの店をグループで） ○見学→課題づくり ○予想→見学 ○見学→まとめ ○学年発表
3学期	○家の仕事発表会をしよう ○むかしのあそびに挑戦しよう もうすぐ2年生 ⑩ ○できるようになったよ ○発表会をしよう ○ありがとう6年生 ○1年生を迎える用意をしよう	自分たんけん，自分はっけん ⑯ 小さいころのこと知りたいな 成長のアルバムを作ろう ぼく・わたしの物語 もうすぐ3年生	小学校にご招待 ⑥ （新入学児童との交流） ○計画を立て，準備や練習をする ○交流会の実施 ○振り返り，手紙を書く

※丸囲み数字は時間数。

	4年	5年	6年
研修テーマ	地域を支える人と関わりながら，その活動をまとめ，友だちに伝えることのできる子	働くことを通して，自分のよさや友達のよさを見つけることができる子	夢をえがき，他と関わりながら，目標達成に向かって努力し，追求する子
1学期	【地域を支える人たちを見つめよう】 よさや思いをみつけよう　地域のためのいろいろな仕事や活動 ㉚ ○学校や地域の動植物の変化を通して，花壇や公園や街路樹の世話をしている人々の活動に目を向ける。 ●地域で仕事やボランティア活動をしている人のよさを見つける。 ○地域のゴミや水の処理をしている人の活動を調べ，思いや願いを知る。 ●寺や神社，店や工場，施設で仕事をしている人，公園や川などで活動している人にインタビューしたり，一緒に体験したりして関わり，様子を調べる。	自分の「よさ」をみつけよう ㉒ ○自分の好きなところを探し，5年生のめあてを持とう ○働くことの大切さを考えよう ・なぜ働くのだろう ・役割を果たさなかったらどうなるのだろう ○自然教室への取り組みを通して，がんばっている自分たちのよさを見つけ合おう	【つかもう，みんなで夢を！咲かそう「マイオンリーワン」】 みんなの思いを集めて「原東キッズマート」を開こう ㉟ ○課題の設定 ○経営計画づくり・調査・探究 ○出典準備 ○開店！原東キッズマート ○振り返り
2学期	伝えよう　地域のために仕事や活動をしている人を ㉚ ○地域の自然を観察したり地域の人や関係者にインタビューしたりして，地域で仕事や活動をしている人の思いや願い，自分の考えをまとめ，発表会を開く。 ●地域の人々の伝統行事や太鼓への思い，願いを知り，贋作太鼓の打ち方を学ぶ。 ●地域で寺や神社，店や工場，施設などで働いている人，地域の行事や祭りなどで活動している人に目を向け，思いや願い，自分の考えをまとめ，発表会を開く。	自分の「よさ」を伸ばそう ⑯ ○「自分のよさ」を生かしてやってみたいことを考えよう ・アンケート調査 ・挑戦したいことを決める ・コース別話し合い ・課題追求 ・ミニ発表会 ・実践 ・報告会，発表会	さあ，でかけよう！夢さがしの修学旅行 ⑯ ○計画づくり・調査・追求 ○修学旅行で咲かせようマイオンリーワン ○振り返り 探検！体験！もうすぐ中学生 ⑫ ○計画づくり・調査・見学 ○進路決定・振り返り
3学期	いっしょに行動しよう　自分たちにできることを ⑦ ○地域の自然や環境を大切にしていく呼びかけをする。 ○自分にもできることを考え，行動する。 ●地域で活動している人の思いや願いが他の人にも伝わるよう，呼びかける。 ●自分にもできることを考え，行動する。	目標とする人に近づくためにできることを見つけ，実践しよう ⑲ ○1年間のお手本にしてきた6年生のよさを話し合おう ○最高学年になる心構えを作ろう ○ぼく，わたしのめざす「目標とする人」をまとめてみよう ○6年生を送る会に関わる取り組み	自分の「マイオンリーワン」を語ろう ⑫ ○オンリーワンの卒業式づくり ○自分の夢を発表しよう ○卒業式で将来の夢を語ろう

❹授業事例①第1学年「生活科」の実践（15年度）
直接体験を大切にし，主体性を引き出す

❶ 1年生「生活科」の単元構想
1　単元名「こうえんたんけん」
2　単元の目標
＜関心・意欲・態度＞
・公園の自然や施設に関心を持ち，みんなと仲よく遊んだり探検したりしようとする。
＜表現・思考＞
・楽しかったことや発見したことを発表したり，絵や文で表現したりすることができる。
＜気づき＞
・公園にはいろいろな自然や施設があることに気づくことができる。
・公園はみんなのものであり，公園にあるものを使って遊びが工夫できることやみんなで遊ぶと楽しいことに気づくことができる。

3　単元の視点
　まず，学習指導要領の**内容（3）**の「**地域と生活**」という点から公園探検をとらえてみる。団地を中心とした校区であり，団地のすぐ近くにある2つの公園は子どもたちの生活と密接に関わっていると思われることから，この2つの公園を取り上げて探検活動を行うことにした。
　公園をじっくり観察し，そこからいろいろなことを発見したり疑問を持ったりすること，また，思いっきり遊ぶことなどの活動を通して，例えば「湧水池公園にはタニシがいるんだよ」「水遊びもできそうだよ」と，公園に親しみを持ち，いままで以上に楽しく関わろうとするような姿を期待した。
　次に，**内容（5）**の「**四季の変化**」という点から考えると，一年間通して繰り返し同じ場所を探検し続けることによって，前にあったものが次の探検ではもう見られなかったり，前は気づかなかったものへの発見があったりするかもしれない。自然やそこに集まる人たちの様子に目を向け，季節の移り変わりによる変化に気づいていけるようにする。
　この公園には紅葉したり実をつけたりする木もあり，季節の虫もいる。春～夏の探検でいろいろな発見をしておくことが，秋の探検で変化に気づく基盤となる。見つけた草花や生き物で○○をしてみたいというような思いも引き出し，子どもたちに語らせる。そのために，木をだっこするなど体全体で自然を感じる体験も取り入れる。また，この公園では休日に地域の行事なども行われることから，学校外の生活の中で新しい発見をすることも考えられる。
　最後に，**内容（6）**の「**遊びの工夫**」という点から，公園の中にある遊具だけでなく，木や草花，川など身近な自然や物を使って遊びを創り出すということにも挑戦していく。家の中で一人でゲームで遊ぶことが多いという子どもたちに，友達と一緒に夢中になって遊ぶ楽しさを味わってほしい。実際に遊ぶ体験を通して，みんなで楽しく遊ぶためにはルールを決めるとよいということにも気づかせたい。

4　活動の内容　（右ページ参照）
　初めに湧水池公園と中央公園のひみつを探しに行く。そこで見つけたことや不思議に思ったことをカードに書き，探検から帰ってきたあとで，どんなものを見つけたかをクラスで発表し合う。
　次に，自分が疑問に思ったことや見つけたことでみんなに知らせたいこと（課題）を1つ選び，1枚の紙に絵と言葉で書き表す。
　そして，自分の課題を調べるためにはどんなことをすればよいか（調べ方）を考える。課題を解決するために，もう一度公園を探検する。そして，その結果をカードに書いて整理する。家の人に聞いたり本を探したりして，もう少し詳しく調べる。
　最後に，調べた「ひみつ」をクラスのみんなに知らせる方法を考え，まとめていく。クラスで「公園のひみつ発表会」を開く。友達の発表を聞いて，確かめたことやしてみたい遊びに挑戦してみる。
　1年生は生活科も初めての体験なので，子どもたちの考えを大切にする一方で，子どもたちの発想にない調べ方やまとめ方などは少しずつ紹介していく。入学後すぐの段階で，自分で課題を見つけて解決するというのは難しい学習だが，五感を使って見つけたことや疑問に思ったことを，自分なりに考えた方法で調べ，小さなことでも気がついたことを表現していくようにしたい。そんなささやかな体験を積み重ねていくことにより，総合的な学習の時間の基礎となる第一歩が踏み出せたら，と考える。学び方を学ぶ，そんな場面が随所に出てくると思われる。

キャリア教育で育てる4つの能力領域の具体例（低学年）

能力領域	具体的な能力例	具体的な活動例
将来設計能力	・自分の好きなことや得意なことについて話すことができる ・学校や校区探検等の計画や方法を教師とともに立てたり考えたりすることができる ・家の手伝いや割り当てられた仕事の大切さが分かる ・作業の準備や片づけができる ・決められた時間や決まりを守ろうとすることができる	・自分のめあてづくり ・オリエンテーション ・グループの決定 ・グループバッジや旗づくり ・家の名人さがし
情報活用能力	・インタビューをすることができる ・必要な本や図鑑を探すことができる ・観察をすることができる ・キーボードゲーム，名刺作り，マウスを使ったお絵かき等を通して，パソコンに親しむことができる ・探検で分かったことを紙芝居，ペープサート，カード，劇等自分なりの方法でまとめることができる	・家族や出会った人へのインタビュー ・生き物みっけ　・生き物の飼育 ・生き物ランド作り ・花や野菜の栽培 ・学校・公園・校区等の探検活動 ・探検の発表会
意思決定能力	・自分の思いをもつことができる ・自分のことは自分で行おうとすることができる ・自己評価をすることができる	・チャレンジ　家の仕事 ・家の仕事発表会 ・学習のふりかえり
人間関係形成能力	・挨拶や返事がきちんとできる ・自分の考えや気持ちを話すことができる ・友達の発表のよさを見つけることができる ・自分から関わりをもつことができる ・お世話になった人に感謝することができる ・協力し合って活動することができる	・1・2年生合同の学校探検 ・養護学校・ALTとの遊びや交流会 ・『心のノート』 ・スイートポテト作り，ふかしいも大会 ・お店屋さんごっこ ・感謝やお礼の手紙

1年生生活科「こうえんたんけんにいこう！」の活動計画（平成15年度）

学校のまわりを探検しよう（1時間）
　例）ザリガニがいるところに行ってみたいな。
　　　　→ 子供たちが，地域のどんな所に関心を持っているか聞く。

こうえんたんけんにいこう！（20時間）
　たんけんたい，しゅっぱつ！
　　　　→ 公園に行っていろいろな物を見つけてくることを伝える。

遊水池公園のひみつをさぐろう（2時間）
　例）ぶくぶく水が出ているところがあるよ。
　　　　下はどうなっているのだろう？
　例）木のきりかぶでおにごっこができないかな。
　　　　→ 五感を働かせて探検するように呼びかける。見つけたことをその場で「みつけたよカード」に書いていく。見つけたことを絵に描き，公園マップに貼っていく。

中央公園のひみつをさぐろう（2時間）
　例）ヘビイチゴみたいな赤い実がおちていたよ。
　例）木にひもをつけてブランコを作ってみたいな。
　　　　→ 前回の探検と比べながらみることも伝える。

自分が調べてみたいことを決めよう（1時間）課題の決定
　例）6月なのにどうしてトンボがとんでるの？
　例）あの木でたかにができないかな。
　　　　→ たくさん見つけた疑問や発見の中から自分が一番興味を持ったことを選んでいくようにし，言葉と文で書いておく。課題をなかなか決められない子には，「見つけたよカード」を振り返りながら助言していく。

自分の課題について予想を立ててみよう

どうやって調べたらひみつがわかるかな（2時間）
　例）水が出ている下をのぞいてよく見る。
　例）聴診器を持っていって木の音を聴いてみたい。
＜自分で調べてもわからないときはどうするの？＞
　　　　→ 調べ方や必要な持ち物を考える。自分で確かめる。人に聞く。本を探す。いくつか方法があることを押さえる。

○○はかせになって，公園にくわしく調べにいこう（2時間）
　例）今日はトンボがいなかったよ。どうしてだろう。
　例）ヤマモモの実は，なくなっていたよ。
　　　　→ 一人ひとり課題がちがうので，自分が調べる課題をしっかり押さえて活動することを伝える。

わからないことを本を開いたり，人に聞いたりして調べてみよう
　例）アリがどうやって巣を作るのか本で調べてみよう。（2時間）
　例）生き物の本ならぼくが持ってるよ。かしてあげるね。
　　　　→ 同じものを調べている子たちでまとまって座り，本などもみんなで見えるようにしていく。
　　　　→ 参考になりそうな本があったら，そのグループの子に教え，互いに情報交換しながら調べていくように声をかける。

○○はかせの見つけた公園のひみつをまとめよう。（3時間）
　例）○○さんのように，絵本にしてまとめてみようかな。
　例）木は音がするか調べたことを"木のひみつ"という紙芝居を作ってみるよ。
　　　　→ 絵本や紙芝居などいくつか表現方法を紹介し，自分で選んで取り組んでいく。

みんな　きいて！　わたしのみつけたひみつ（2時間）
　例）聴診器で木の音を聞いたら「しゅーっ」という音が聞こえたよ。
　　　お母さんに聞いたら，木が水を吸い上げている音だって言ってたよ。
　例）木は音がするか調べたことを"木のひみつ"という紙芝居を作ってみるよ。
　　　　→ 本物の聴診器を借りられる保護者の方にお願いしておく。

わくわくこうえんきょうしつを開こう（2時間）
　例）中央公園の土のところで○○さんが計画したリレーをやってみよう。

❷ 1年生のキャリア教育のねらい

　全校の研修課題「進んで他と関わり自分の生き方を考えることができる子の育成をめざして」を受けて設定した平成15年度の1年生の研修主題は「人や自然とふれあい，自分の思いを表現できる子」である。生活科の学習の中で，自然や人にふれあう直接体験の場を設け，五感を通じて感じ気づいていく。そこから感動したり，びっくりしたり，不思議に思ったりという自分の思いが生まれる。人と関わるために必要な「自分の思いを相手に伝える」ということに，表現方法を一つずつ紹介しながら取り組んでいった。

　キャリア教育の「4つの能力領域」の視点からとらえると，1年生の発達課題は次の通りである。

＜情報活用能力＞
○五感を使った情報収集
・公園の自然やそこにいる人を観察し，いろいろな発見をしたり疑問を持ったりする。（気づく力）
・疑問に思ったことを解決する方法について知り，人に聞いたり，本を開いたりして調べようとする。
○情報発信（表現する力）
・公園について調べたことを絵や文などに表して伝える方法を学び，クラスの友達に伝えようとする。

＜意思決定能力＞
・公園について自分が調べたいことや知らせたいことを選ぶことができる。

＜将来設計能力＞（見通す力）
・公園でしてみたい遊びについて計画を立てたり方法を考えたりすることができる。
・自分の課題をどのようにして調べていくか，その方法を考えようとする。
・不思議に思ったことや疑問に思ったことについて自分で予想を立てて考えようとする。

＜人間関係形成能力＞（関わる力）
・公園で出会った人に挨拶ができる。
・小さい子に遊具などを譲ってあげる。
・意見交換しながら課題について調べようとする。
・自分の課題を解決するために家の人や近所の人など身近な人に聞いて調べようとする。
・話し合いながら楽しい遊びを考えようとする。

❸「4つの力」から見た活動の実際

　本実践の時点では，生活科および「総合」でつけたい力として，「気づく力」「見通す力」「表現する力」「関わる力」の4つを定めていた（16年度は3つに再編）。この観点から，本単元の初期の活動における児童の様子について述べたい。

1）**気づく力**　1回目の湧水池公園の探検では「五感を使って見つける」ことを呼びかけた。珍しい湧き水の周りにたくさんの子が集まり，水の中に手を入れたり，ぶくぶくと出てくる水をながめたりしていた。川にあたる光を見て，その模様の美しさに気づいた子，川の中のタニシやミミズ，鳥の巣なども見つけた子，シロツメ草やニワゼキショウなどの草花に興味を持った子，ベンチや遊具に目を向けた子……。ほとんどの子が1枚の「みつけたよカード」では足りず，2～3枚つけ足して書いていたが，ここでは顕著に目に見えるものが多かったようだ。

　一方，2回目の中央公園は遊具も川もない。「なんにもない」と思われがちな場所であるが，よく見ると赤い実やドングリの帽子が落ちていたりアリの巣があったりする。よく見つめないと見えてこないという環境が，逆に子どもたちの意欲を喚起し，前回よりも深く見つめることができたように思う。

　この2つの探検を経て，「なぜだろう？」とか「○○してみたいな」と思ったことを各自に1つ選ばせた。問題を発見する力を試してみたのである。子どもたちにとっては初めてのことであり，戸惑う子も何人かいたが，6～7割の子は自分でなんとか問題を見つけることができた。「課題」というには内容的に稚拙なものや，逆に大きすぎて追求が難しいと思われるものもあったが，まずは自分で問題に気づくということに焦点を置き，教師が一人一人に確認しながら，最終的には自分で選び，決めていった。このような体験を繰り返し行う中で問題発見能力，気づく力が少しずつ育っていくことを願っている。

2）**見通す力**　自分の課題にどうすれば迫ることができるか，尋ねてみた。「＜湧水池公園のぶくぶく出ている水はどこから来ているのだろう＞。これはどうしたらわかるかな？」。1年生には少し難しいかと思ったが，「土を掘ってみる」「土に耳をつけて音を聞いてみる」といった原始的な方法が出された。

活動過程の例 (平成15年度)

　児童の活動　　　　支援　　(評)＝評価

予想される児童の活動と教師の支援

○これは，何だと思う？
- 中央公園の土のところにあったよ。
- お山みたいになっていくつもあったよ。
- 何かのフンかな。
- アリの巣かな。

- 子供達が興味を持って取り組めるように，中央公園にあった小さな土のかたまりの写真を提示する。
- 写真の物が何なのかみんなで予想してみる。

友だちの発表を聞いて考えたり，どんなまとめ方をしているか見てみよう！

- 本時のめあてを押さえる。

○どんなはかせになって公園のひみつをさぐりましたか？

　水はかせ　　生き物はかせ　　植物はかせ　　あそびはかせ　　おとはかせ

- 自分の課題を思い浮かべる。

○はかせが見つけた公園のひみつを聞こう！

はかせ	「みんな　きいて！」
みんな	「いいよ。○○さんは，何について調べましたか？」
はかせ	「わたしは，◇◇はかせになって　　　　について調べました」

- それぞれの部門から一人ずつ代表ではかせになって登場してもらうよう，予め打ち合わせをしておく
- おめんをかぶって，登場する。

- いつも行っている朝の会のスピーチの要領で，みんなとやりとりをしながら進める。

| 湧水池公園の湧き水は，どこからきているのか。 | 6月なのにどうしてとんぼが飛んでいるの。 | 公園に咲いている花について知りたいな。 | 公園でたかおにをする方法は？ | 木は，人間と同じように心臓の音がするの？ |

| 水が出ているところをよく見てみたら，下の方からぶくぶく出てきたよ。 お母さんに聞いたら，富士山の雪が解けて土の中に入って出てきたっていってたよ。 | トンボをつかまえて調べようと思ったけど，2回目の時は飛んでいなかったよ。 どうしてかな？ 天気と関係があるのかな。 | シロツメ草がさいていたよ。 シロツメ草でゆびわや冠を作ってあそべるよ。 白と紫の花も咲いていたよ。本で調べたらニワゼキショウって書いてあったよ。 | 木がいっぱいあるから，たかおにができそう。 どの木を使ってやったらいいかな。 登りやすそうな木がいいかな。もう一度見てこよう。 | 木に心臓があるのか音をきいてみよう。 耳をくっつけてきいたけど聞こえなかったよ。 聴診器できいてみたけど，きこえなかったよ。 困ったな。でも，あきらめないで，今度は，本物の聴診器できいてみたい。 本物の聴診器できいてみたら，シューっていう音がきこえたよ。 |

- どうやって調べたか（調べ方）や調べる前の考えやわかったことなども入れて，発表するように，しておく。
- じゃあ，どうするかな。

　ポスター　　紙芝居　　絵本　　などの表現方法で発表する。

- 本物の聴診器できいてみたら，シューっていう音がきこえたよ。

はかせ　「しつもんやつけたしはありませんか？」

- 湧水池公園の近くに，工場があったんだって。あの水を工場で使ってたって聞いたよ。
- 学校のプールにも，トンボがいたよ。水が好きなのかな。
- すもうができる草もあるよ

(評) 友達の発表を聞いて公園に対する関心が深まったか。

○自分の課題のまとめをしよう。

今日は，自分の問題について，予想を立てたところを書き込んでみよう。

- はかせの発表を参考にして書くように呼びかける。

- タニシは，動いているからどこからかやって来たと思うよ。
- 木は生きているから，どきんどきんという音がすると思うよ。
- 砂場に生えていた草は，誰かが種を落としたんだと思うよ。

- 予想を立てていない子には，その場で考えるように助言する。
- 何を書いたらいいのかわからない子には，その子の課題に応じて例を上げて説明する。
- はかせの子たちは，次に調べたいことを見つけて書くようにする。
- 予想の場面を書き終わっている子には，調べ方の場面を書き進めるように助言する。

- 調べる前に，予想したり自分の考えを書いたりすることも，大切なことであることを伝える。

○次回は，どうやって調べたかというところを書いていくことを予告する。

(評) 問題に対する自分の予想(考え)を紙芝居や絵本に書き込むことができたか。

難しい本で調べるよりも，まず自分の体で感じ取ろうとする姿勢は大切だ。このようにして，みんなで1つの例について考えたあと，各自が自分の課題にそって，「私はタニシをつかまえるから，バケツとすくう物を持っていくよ」とか「私は木の音を聞くから，いい耳もいるよ」などの方法が出された。

調べる前に，自分で予想するような場も設けた。見通し（仮説）を持って活動することで，活動への熱意や追求する姿勢が高まるのではないかと思う。ただ，生活経験の豊かな子はどんどん見通しを立てて絵などに書き表すが，経験が乏しいためにイメージが浮かばず，行き詰まってしまう子も何人かいた。見通す力が強い子は活動の場面でも積極的に動ける傾向がある。かなりの時間を費やしたが，一人ひとりの思いを聞きながら確認していった。

3）**表現する力** これまでにもアサガオの観察カードを書いたり，公園探索などで感想や見つけたことなどを表現したりきた。入学当初は絵が中心だったが，1学期も終わり頃になると，国語の学習（「せんせい，あのね」など）でも練習しているので，少しずつ文でも表現できるようになってきた。ただ，自分の思いをすらすらと書くというところまではいかず，字を考えているうちに思いがとぎれてしまうこともある。そこで，絵で様子を描き表し，言葉でそれを補うという方法を積み重ねることで力をつけてきたように思う。ただ，個人差が大きく，個に応じた指導が欠かせないことを痛感した。

また，クラスのみんなに伝えるという段階では，相手を意識し，ここで初めて紙芝居や絵本，ポスターというような方法を用いることにした（右ページ参照）。表現方法をいくつか紹介し，自分に合ったものを選んで挑戦できるようにした。算数で「たし算の本」を作ったり，国語で「いきもののあし」のワークシートを絵本にまとめたりと，他の教科でも絵本を作って挑戦しているところである。

4）**関わる力** 「湧水池公園の水がきらきら光ってきれいだから，他の川の魚を入れてみたら，うろこがきらきら光ってきれいかな」と考えた子がいた。けれども，その子は魚をつかまえた経験があまりなく困っていた。すると，いつもザリガニや小鮒をつかまえている子が，「ぼく知っているから一緒にと

りに行ってあげる」と言ったり，朝の読書の時間に「これ，○○ちゃんが調べているのがのっているよ」と教えてあげたりしていた。木の音を聞くために本物の聴診器を使いたくて，クラスの中で持っている子がいないか，聞いてまわった子もいる。

自分で課題を見つけて自分で考えるという「一人一課題」で取り組んでいたが，似たようなことを調べている友達の存在に気づいた子から，「一緒に考えてもいい？」と誘われ，グループで取り組むことにした例もある。子どもたちは知らず知らずのうちに情報交換をしたり知恵を出し合ったりして友達と関わる姿が見られた。また，学校でわからないことは家の人に聞くなど，身近な人との関わりも見られた。

❹**子どもたちの変容**
●直接ふれあう体験の積み重ねにより，五感を使って対象をじっくり見つめようとするようになってきた。それによって，どうして？なぜ？という疑問が生まれ，自分自身で問題を発見するようになり，課題を作るという問題解決学習の第一歩につながっていった。また，直接体験によって，○○をしてみたいという思いや意欲が見られるようになってきた。
●友達の発表を聞いて，いいところを見つけたり，アドバイスをしたりと，いままでと違う見方や関わり方ができるようになってきた。
●自分の思いを実現するための段取り（イメージをえがく→計画を立てる→手順を考える）が，少しずつできるようになってきた。

❺**低学年におけるキャリア教育の課題と展望**
低学年はキャリア教育を行うための基礎を築く段階であると思う。そこで重要なことは，一人一人の意欲をいかに引き出すかということである。そのために，子どもとのやりとり（コミュニケーション）を大切にし，子どもたちの思いを引き出し，つなぎ，主体的に活動を生み出していけるようにしたい。

また，この時期の子どもたちは途中でどうしたらよいか行き詰まってしまう場面も多いので，教師や友達と相談する道があるということも，教えていきたい。そして，ささやかなことでも評価をし，さらなる意欲へと広げていけるようにしていきたい。

１年生「生活科」の子どもたちの作品

きはおとがなるのかなんないのかし
らべました。

わたしはおとがなるとおもったよ。
わたしはきはいきてるとおもったよ

ちゅうを一こうえんのきでみみをつ
けたらきこえなかったよ。
あとゆうすいちこうえんできをみみ
であててみたらきこえなかったよ

せんせいからかしてもらったちょう
しんきをつかってきいたらきこえな
かったよ。いおりちゃんのおかあさ
んにほんものをかしてもらったよ。

しゅーとおとがなったよ。
みずのおとだとおもったよ。

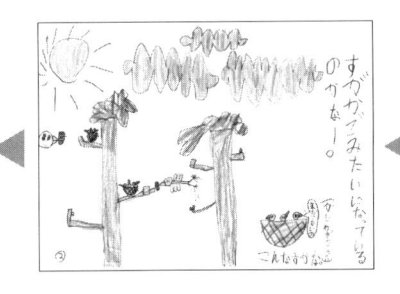

友達の発表を聞いての子どもたちの感想

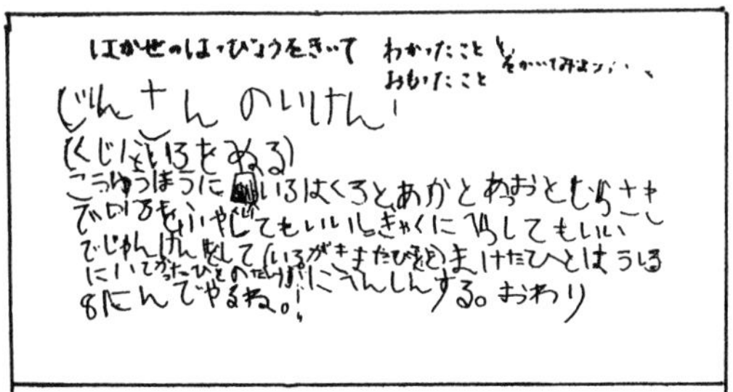

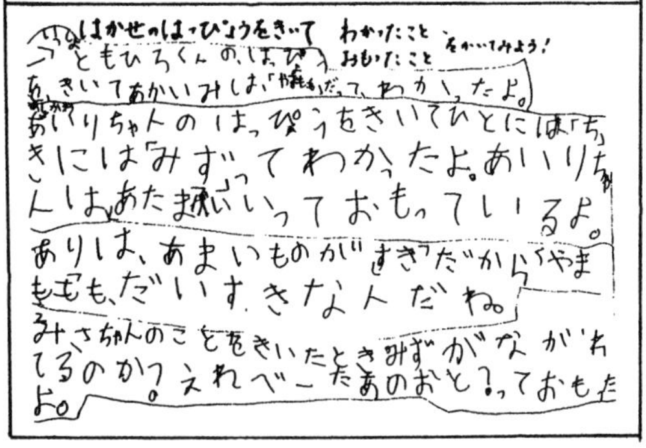

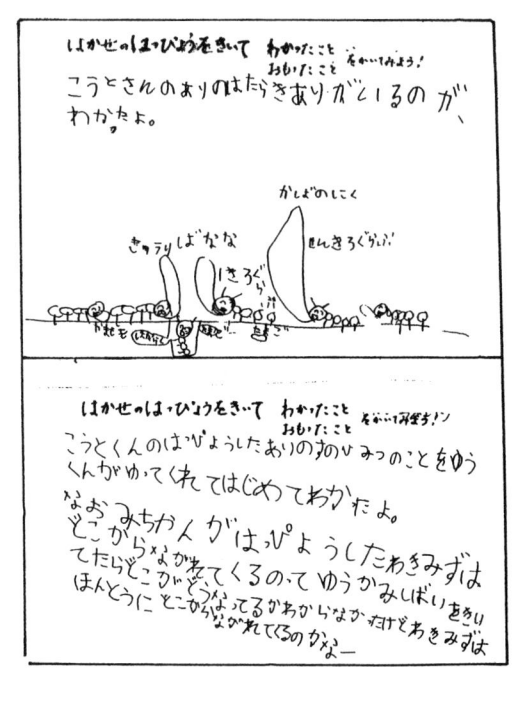

はかせのはっぴょうをきいて わかったこと おもったこと をかいてみよう！

じんくんのいけん
(くじにきをきめる)
こうゆうふうに□いるはくろとあかとわおとむらさき
で□るもいやしてもいしきゃくにうしてもいしい
でじゃんけんしてはちがきをたひとをまけたひとはうる
にいってもたひとにきをやる。□けんしんする。おわり

ともひろくんのはっぴょう
ききいてあかいみしぼりだってわかったよ。
ありちゃんのはっぴょうをきいてひとにはちい
きにはみずってわかったよ。ありちゃ
んはあまいがすっておもっているよ。
ありは、あまいものがすきだからやま
もも、だいすきなんだね。
みさんのきをきいたときみずがながれ
てるのかつええべーたあのおと？っておもた
よ。

はかせのはっぴょうをきいて わかったこと おもったこと をかいてみよう！
こうとさんのありのはたらきありがいるのが、
わかったよ。

かどのにく
きゃべつばなな さくろ きんきろぐみぶ

はかせのはっぴょうをきいて わかったこと おもったこと をかいてみよう！
こうとくんのはっぴょうたありのひみつのことをゆう
くんがゆってくれてはじめてわかったよ。
なおみちゃんがはっぴょうしたあきみずは
どこからなかでてくるのってゆうかみしばりきり
てたらどこがきてくるのってゆうかみしばり
ほんとうにどこつながってるかわからないけどあきみずは
なかれてくるのかなー

❺授業事例②第３学年「総合」の実践（16年度）

豊富な経験とスキルの習得を通じて

❶３年生「総合」の構想～キャリア教育の視点から

　３年生の「きら学習」は，今後７年間続く「総合的な学習の時間」の第一歩である。また，子ども一人一人が生涯にわたって意欲的に学び続け，豊かな人生を送るためのステップの一つであるともいえる。そこで，３年生で「総合」を好きになってもらいたいと思うと同時に，３年生のうちに調べ学習の学び方の基本を身につけさせたいと考えた。

　ここでは，「自分の思いを持ち，調べ方を学び，新しいことを発見する子」という学年研修のテーマとの関わりから，「きら学習」のねらいを述べたい。

＜自分の思いを持ち＞

　どの子の胸の内にも，よりよく生きたい，もっと賢くなりたい，さらに上手にできるようになりたいという基本的な欲求があるはずである。この意欲を引き出し持続させるためには教師は様々な手だてを講じなければならない。自分の思いとは，調べたいことであり，やり遂げたいことであり，知らせたいことといえるだろう。調べ学習に関してはまだ生まれたての雛のような子どもたちが，これらの思いをしぼませることなく持ち続けるためには，どの子も安心して学習できることが必要と考え，テーマ，方法，手順などをできる限り絞り込んだ。

　本単元「知ってる？知らない！ようち園」は，どの子も経験している幼稚園・保育園を取り上げている。この話題になると子どもたちはそれぞれの経験を誇らしげに語り始める。知っていることはたくさんある。それを知らせたい。興味もある。わからないこともある。友達の園と違うことに気づく。こうした「少しずつ違う共通体験」は，「総合」の第一歩として重要な要素だと考える。

＜調べ方を学び＞

　調べ方とは，「これはどうなっているのだろう」と自分なりに疑問を持ったときに，それらを解決していく方法である。これは学校生活の中だけでなく，生きていくうえで必要な方法でもある。調べ方を身につけているかどうかは，主体的な問題解決ができるかどうかの重要なカギといえよう。しかし，「調べ方」は子どもの中に自然発生的に身についていくものではない。教師の意図的な指導が必要である。調べ方を学習場面に即して具体的に指導し身につけさせることなく，調べ学習に十分な成果を期待することはできないと考える。

　調べ方には，問題発見，学習計画の作成，資料収集，資料分析，成果のまとめがあると考えるが，本単元ではこのなかで，問題発見として「課題作り」，資料収集の具体的方法として「インタビューなど聞き取り調査」を主に取り上げる。

＜新しいことを発見する子＞

　新しいことの発見は調べ学習の目的の一つである。また，調べ学習をして新しくわかったことがあったという経験をすることは，子どもたちにとって喜びであり，次への意欲となる。

　本単元は，誰もが知っている幼稚園・保育園のことを調べるのであるが，就学前にはわからなかったことが今回見えてくるはずである。

　自分と関わっているときのことしか知らなかった幼稚園・保育園の先生が，見えないところで自分たちのために仕事をしていたということ，その心情，責任感などを発見できると考える。その発見は，自分たちの生活が周りの人々に支えられてあるということ，誠実に自分の役割を果たす大切さなどに気づき，勤労観を形成する基となるであろう。

❷序盤の活動の実際と児童の様子

　ここでは６月末に行った「インタビューの練習」（p.67参照）に至るまでの活動内容を，子どもたちの様子をまじえて紹介する。

　このクラスは男子14名，女子15名。明るく素直な気持ちを持ち，毎日楽しく生活している子どもたちである。学級全体としては，４月からお互いを知り始めて，そろそろ仲間意識が生まれてきた頃である。国語の教材で５月に「友だちっていいな」という友達のよさをスピーチする学習に臨んだ時，３年生になって経験した出来事の中から友達のよさを見つけることができた子が多くいた。集団として生活を送る毎日の中で，学習の時間，遊びの時間両方で，お互いを意識し，刺激し合っている。

　学習態度は落ち着いているが，話を聞く力について弱い面が見られる。自分の意見を発表することが

各能力領域の具体例（中学年）＋単元の活動（平成16年度）

能力領域	具体的な能力例	具体的な活動例
将来設計能力	・自分の趣味や関心、特技、将来の夢等について話すことができる ・見学や観察、調査の計画や方法を教師とともに立てることができる ・自分の親の仕事や身近な人の仕事について話すことができる ・役割分担をして学習を進めることができる	・自己目標づくり ・今の自分や将来の自分・親や身近な人の仕事についての作文や紹介カード作り ・仕事カルタ作り ・ウェビング法 ・オリエンテーション ・学習計画作り ・学習計画の検討や発表 ・各自の役割を明確化したグループ学習 ・交流会の計画
情報活用能力	・アンケートをとることができる ・インタビューすることができる ・必要な本、資料を探すことができる ・見学メモをとることができる ・観察や調査をすることができる ・インターネットによる簡単な検索ができる ・パソコンで簡単な文章をうてる ・デジタルカメラを使える ・絵地図や地図、図解、写真等を使ってまとめられる ・「正」の字等を使って数量的データの処理ができる ・データを表や棒グラフ、折れ線グラフにまとめられる	・アンケートやインタビュー項目の検討と決定 ・同級生や保護者、地域の方へのアンケート調査やインタビュー ・図書室の利用 ・見学、実験、観察などの体験的な学習 ・地域マップや地域人材マップ作り ・パソコンやデジタルカメラも活用した壁新聞や印刷新聞、レポート作り ・調査結果の発表会 ・親や地域の方から話を聞く会
意思決定能力	・根拠をもって選択することができる ・自己決定することができる ・較べて考えることができる ・自分の考えをはっきりさせることができる ・自己評価することができる	・環境サミット ・おすすめの仕事発表会 ・学習のふりかえり
人間関係形成能力	・挨拶や返事がきちんとできる ・自己紹介ができる ・自分の考えや気持ちをはっきり言える ・友達の調べや発表について、そのよさを見つけられる ・自分から関わりをもつことができる ・協力し合って活動することができる ・基本的なマナーを守ることができる	・自己紹介カード作り ・養護学校、高齢者福祉センター「デイサービス」、幼稚園との交流会 ・プレゼント作り ・心のノート ・感謝やお礼の手紙 ・地域などでお世話になった方々への感謝の会 ・お店屋さんごっこ

	活動内容（全14時間）		時数	主な活動の種類	主な能力		
					えがく	かかわる	もとめる
課題設定	①幼稚園・保育園について知っていること、知らないこと （ワークシートNo.1） 知っていること⇔ゆさぶり　実は知らない　はてな	〈学級〉 一斉 ＝ 個人	1	（ウェビング）	○		
	②オリエンテーションと自分の調べたいこと （ワークシートNo.2） はてな⇔課題を教師とともに作る	＝ 一斉 ＝	2	話し合い ＝ 相談	○	○	
	③課題（調べたいこと）についての予想と調べ方 （ワークシートNo.3） 学習計画を教師とともに作る	個人	1		○	○	○
課題解決の準備・追求	④『インタビューしよう』 ・インタビューのやり方 （ワークシートNo.4） 課題を解決するために必要なことについて知る	一斉	(5) 1	話し合い	○	○	
	・インタビューの練習と準備 マナー、簡潔な質問、質問の要素、発声等について考える 聞いたり、見たりしたことを分かりやすくまとめる方法を知る インタビューの原稿を作る （ワークシートNo.5） グループで代表を決め、練習する ［本時は3時間扱いの1時間目］	一斉 ＝ 個人 ＆ （グループ）	3	疑似体験 話し合い ＝ 相談	○	○	○
	・インタビュー 相手のことを考え、マナーを意識して活動できる 自分の考えや予想をはっきり言えたり、しっかり聞ける	個人 ＆ （グループ） 学年	1	実体験	○	○	
まとめ	⑤インタビューの結果をまとめる 聞いたり、調べたりしたことを分かりやすくまとめる	個人 ＆ （グループ）	3	まとめる		○	
振り返り	⑥ふりかえりカードをまとめる 活動の自己評価ができる	個人	1				○
	⑦お礼の手紙 自分の願いや思いも含め、お世話になった相手のよさを考えながら、 お礼の手紙を書く	個人 ＆ （グループ）					

【発展】…〈発展可能な児童について〉
・自分の出身母園を訪問し、インタビューをする。（訪問要請や訪問時のマナーについて留意）
・訪問の結果をまとめ、発信する。

得意な子は少数で，まだ自信がなく手を挙げることをためらっていたり，発表の声が小さかったりする子が多く見られる。

本単元への取り組みは，初めての「きら学習」ということで，どの子も"わくわくどきどき"の気持ちで毎時間向かっているといえる。この単元の学習をするにあたって，出身の幼稚園・保育園を聞いたところ，下記の表のような内訳で，全員の子どもが幼稚園・保育園に通っていたことがわかった。

A幼稚園	6名	X保育園	3名
B幼稚園	6名	Y保育園	1名
C幼稚園	5名	Z保育園	1名
D幼稚園	3名	市外の幼稚園	1名
E幼稚園	1名	海外の幼稚園	1名
F幼稚園	1名	合計29名	

このように，子どもが卒園してきた幼稚園・保育園はばらばらである。本来，幼稚園と保育園は異なるものであるが，最近は幼稚園にも延長保育，土曜保育，夏期保育などの動きがあり，預かりの時間では両者は近づいている。また，子どもたちにとっては，小学校に入学する前に通園していた場所ということで明確に区別されていないようであった。そこで本単元では「幼稚園」という言葉で幼稚園・保育園をすべて含んで言い表すことで共通認識とした。

第1時には，幼稚園をテーマにして「きら学習」に取り組んでいくことを説明し，「ようち園」という言葉をもとにイメージマップを作った。幼稚園，保育園は自分が過去に通った経験のある場所として身近な感覚で学習のテーマのはずだが，イメージマップを作ってみると，意外と言葉が出てこない。そこで，全員が発表したものを教師が聞き取って書き込み，学級全員の合作のイメージマップを作った。

第2時には，幼稚園についてまだまだ知らないことがあるのを前提として，自分の知りたいことをワークシートに書き出していった。思いつくままにたくさん書くように指示した結果，10題＝3名，11〜20題＝11名，21〜30題＝15名と，多くの子どもがたくさんの課題を作ることができた。

第3時には，その多くの課題の中から自分の知りたい順に3つの課題を選ばせた。選んだあとに，①先生に関係していること，②幼稚園にあるもの，いるもの，③行事に関係すること，④その他の4つの仲間になるように課題を分けていった。結果は，ほぼどこも同じような数になった。

第4時には，課題を分けた4つの仲間のうち，「①先生に関係すること」の中から自分の課題を作り，その課題に対する答えを予想し，どういう方法で調べたら解決するかを考えた。同じ課題になった子もおり，学級全体では13種類の課題ができた。

その課題を解決する方法は何がいいだろうと投げかけると，ほぼ全員が「先生に聞いて調べるのがいい」と答えた。その「先生に聞く」調べ方を何というのかを尋ねてみると，A男は「インタビューだ！」と叫んだ。A男のうれしそうな声に誘われて，学級全体が「インタビューだ！」と楽しそうに言い始めた。その気持ちを逃がさないように大切にしてみんなの課題を解決するために，「幼稚園の先生にインタビューしてみよう」と投げかけた。もちろん子どもたちは乗り気で，インタビューの場を教師が設定することを説明すると，自然にインタビューの練習をしなくてはならないということに気づいた。そこで，第5時はインタビューのやり方を考えてみた。それを踏まえて実際に練習をするのが第6時である。

❸ある時間の実際と児童の様子（第6時）

課題解決の準備段階「インタビューの練習をしよう」（右ページ参照）の授業である。進めていくのはT1で，T2は幼稚園の先生を演じる役である。自分の課題確認をさせた後，T2である幼稚園の先生役の教師（隣のクラスの担任）の紹介をした。子どもたちにとって，全然知らない人ではないが，担任よりは少し緊張する相手である。

最初の子は，あいさつはできたが自己紹介をせずに質問に入った。また，声も小さかったため，T2は耳を近づけて聞くしぐさをしたり，「あなたは誰ですか？」と聞き返したりした。子どもたちから「姿勢がよかった」「あいさつできてよかった」などの感想や，「声を大きくしたほうがいい」「自己紹介したほうがいい」などのアドバイスが出た。

次にインタビューした子はあいさつから入り，「わたしは原東小の〇〇です」と続け，質問に入った。声もだいぶはっきりしていた。前の子の様子や

「インタビューの練習をしよう」の活動過程 （16年度）

◯ 教師の投げかけ　□ 子供の活動　┆ ┆ 支援　（評）＝評価

> 今日は,インタビューの練習をします。自分の課題を確かめましょう。

- わたしの課題は,「先生って,どうしたらなれるの？」です。
- ぼくの課題は,「ようち園の先生は何人いるか。」です。同じ課題の人がいます。
- わたしの課題は,「園長先生は一日何をやっているか。」です。

┆
- きら学習ファイルを見て,自分の課題を確認する。
- 前時のワークシートを見ることも勧める。
- メモが必要だと思う子には支援をするように助言する。
┆

> 幼稚園の先生役は○○先生です。ある幼稚園の先生で,初めて会った人だと思ってください。今日は,インタビューの練習なので,○○先生の答えがあなたの課題の結果ではありません。気をつけてください。

- 初めて会う人なら,初めましてのあいさつをする方がいいな。

> インタビューに入りましょう。
> T男さん　インタビューしてみましょう。

┆ 意図的指名もある。 ┆

T男「先生は休み時間がありますか。」　　「えっ,あなたはだれですか？」

> T男さん,どうでしたか。みんなはどう思いましたか。

- T男　自分の名前を言うのを忘れたので,先生に聞かれました。
- あいさつがありませんでした。

┆
① あいさつ
② 自分の名前　板書していく。
┆

> 次に,R子さんインタビューしてみましょう。

R子「はじめまして。R子です。先生たちは,何時に帰るのですか？」　　そうですね,だいたい夜の7時ころです。なぜ,幼稚園の質問をするのですか？

- R子　なぜと聞かれたけど,わかりません。
- 質問する理由のことだよ。きら学習でようち園のことを調べていると言えばいいと思います。
- R子さんは,姿勢がよかったです。

┆
③質問の理由
よい姿勢で話す。
┆

> 次に,T男さん。

T男「こんにちは。ぼくは原東小の3年生でT男です。きら学習で幼稚園のことを調べているので,教えてください。ようち園の先生は,何人いますか。わかりました。ありがとうございます。」

はい。
わたしの幼稚園は全員で20人います。

- T男　あいさつができたし,自分の名前が言えた。きら学習のことも言ったから,答えを教えてもらえたと思う。
- 教えてもらったあと,お礼のありがとうを言えたのが,礼儀正しくてよかったと思う。はっきり話していたのもよかった。

┆
④質問
⑤お礼
礼ぎ正しく。
はっきり話す。
┆

> 次は,S子さん。

S子「こんにちは。わたしは原東小の3年のS子です。きら学習でようち園のことを調べているので教えてください。子供が帰ったあと何をしていますか。」
「たくさんで聞き取れなかったので,もう一回教えてください。」
「分かりました。ありがとうございました。」

はい。
部屋のそうじをして,明日のしたくをして,先生たちの打ち合わせがあります。バスで送っていく仕事もあります。

- S子　答えがたくさんであせったけど,もう一度と頼んだら教えてもらえてよかった。
- 答えが分からなかったら,もう一回聞いてもいいんだね。
- メモを取りながら聞くと,いいと思います。
- 相手の方を向いて,聞いて話していたのがよかったです。

┆
⑤もう一回
⑥お礼
メモをとる。
相手の方を見て聞く話す。
┆

（評）友達のよいところから学ぼうとしてるか。（かかわる力）

> インタビューには,よいやり方があるようですね。
> 今話し合ったことをヒントにして,自分のインタビュー原稿を書きましょう。

┆ 板書を見て手順を確認し,一斉指導をしていく。ワークシート⑤を使う。 ┆

1　あいさつ　2　自分の名前
3　理由　4　質問　5　もう一度聞き直す　6　お礼

┆
姿勢をよくする。礼儀正しく。はっきり話す。メモを取りながら聞く。相手の方を見て聞く話す。このような注意したいことはワークシートの下の枠に書くことを教える。
┆

（評）自分の考えを,はっきり話したり,書いたりできる。（かかわる力）

> 今日のインタビューの練習はどうでしたか。ワークシートの下の質問に印で答えましょう。

自己評価をする。◎○△の印を付ける。

> では,この次は,インタビュー原稿を仕上げて,またインタビューの練習をしていきます。

みんなの意見から学んだと思われる。見ていた子の感想でも、その点を指摘していた。

3番目の子の質問は「一人一人の先生はどんな仕事をしていますか」であった。T2はそれに対してかなり長く答えた。当然子どもは全部聞き取れはしない。T1が「どうしたらいいですか？」と投げかけると、「メモを取ればいい」という意見が出た。

4番目の子は最初からメモをとる用意をして質問に出てきた。5番目の子もこれまでの学習を踏まえ、あいさつ→自己紹介→質問→お礼をスムーズに行い、しかもメモを取った。最後にT2が「なぜあなたは、そんなことを聞くのですか？」と質問した。これまでのインタビュー手順の中に「質問をする理由」が出てこなかったからである。感想を聞く中でT1がそのことを取り上げ、インタビューする際には質問する理由も言ったほうがよいと付け加えた。

インタビュー練習の間、T1は黒板にインタビューの手順と気をつけることをまとめた。最後にワークシートを使って一人一人がもう一度それらを確認し、それぞれのインタビュー原稿を書き始めた。

模擬インタビューを重ねる中で、インタビュアーたちは前者の様子やみんなの意見から必要なことを学び取り、進歩していった。そしてそれは、直接経験できなかった子たちにも生かされていることが、インタビュー原稿を書き始めるときに見て取れた。

❹子どもたちの変容〜「3つの力」の視点から
＜えがく力＞

課題を自分で作ったという経験は貴重であった。質は問わず、まずたくさん作ってみるという方法で、どの子も大きな抵抗感はなく作ることができた。自分の作った課題と友達の作った課題を見比べることで興味と視野が広がっていった。また、自分で作った課題があったからこそ、長い単元を通してあまりだれることなく、どの子も最後までやり通すことができたのではないかと考える。

子どもたちの作った課題は教師主導で分類し、取捨選択を行った。よい課題とそうでない課題の価値基準はまだ子どもたちの中にない。この価値基準を徐々に形成することが今後の課題となる。

課題を考えるだけでなく、その予想と調べ方も自分なりに考えさせた。これが、学習計画作りの第1歩と考える。少しだけ先を見通したわけであるが、2学期は単元全体を見渡し、この時間何をやるか、自分で計画を立てることをさせたい。

「役割」については、1学期の単元ではインタビュアーだけが、明確な役割であった。インタビュアーになった子は、前日に自分の言うことを全部覚えてくるなど大変張り切っていた。また、緊張感も体験できた。しかし、1学期は、誰もが何らかの役割を持っていたのではない。今後活動が多様になれば役割も増えてくる。そのとき、経験の中で責任を果たすということを学ばせていきたい。

＜かかわる力＞

「調べて解決する」という学習を楽しいと感じた子は多い。知りたいという欲求が刺激された様子も見られる。この単元を学習して、少なくとも子どもたちは、インタビューとは何かということやインタビューの基本パターンとマナーがわかったと思う。これにより、ゲストティーチャーを招いての本番で、インタビュアー役の子は自信を持って行うことができた。また、直接インタビューできなかった子はたいへん話をよく聞いていた。これは、どの子も原稿を書き、練習をしていたからだと思われる。

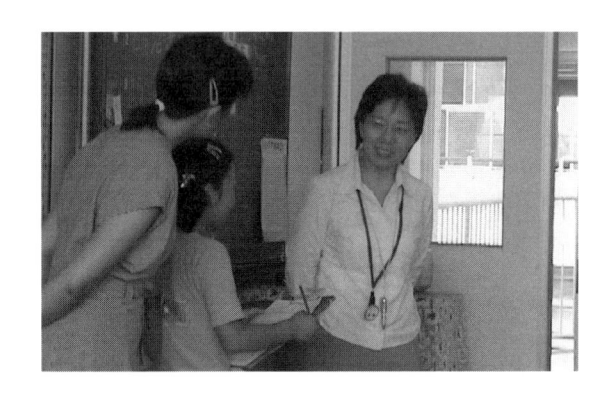

本番を経験することにより，個人的に幼稚園に出向いて，解決できなかった問題についてインタビューしてきた子や夏休みの自由研究にインタビューを取り入れた子もあらわれた。方法を学ぶことにより情報活用能力が高まったといえる。

　インタビューを経験して顕著だったのは，「大きな声ではっきり話せるようになりたい」という思いを持った子が多くいたことである。これは，ゲストティーチャーやインタビュアーという話し方のモデルを目の当たりにしたからと思われる。また，慣れきった担任や友達に話すのとは違う緊張感，初対面の人だが伝えたいという気持ちを味わった効果と思われる。この気持ちをぜひとも継続させていきたい。

＜もとめる力＞

　ほぼ全員が，課題作りからまとめ，お礼の手紙までやり通すことができた。これは，課題の種類を決める際に，インタビューでだいたい解決できることに絞ったこと，また，インタビューのやり方やまとめの本の作り方，お礼の手紙の書き方を，ときにはサンプルを示して教えたことによると思う。

　今回は「きら学習」の初めての単元ということで，子どもたちの活動の選択肢は限定的なものにしたが，2学期は段階的あるいは個人的に少しずつ選択肢を広げる方向に進むべきだろう。その際，ワークシートはできるだけ1学期と同じもの（似たもの）を使うなど，1学期に学んだ手順や手法を踏まえられるようにしていきたい。また，選択肢を広げられるものとしては，テーマ・課題・調べ方・まとめ方などを考えている。しかし，むやみに広げてしまうのではなく，子どもたちの様子を観察しながら，途方に暮れてしまう子が出ないように，どの子もその子なりの満足感が得られるよう指導していきたい。

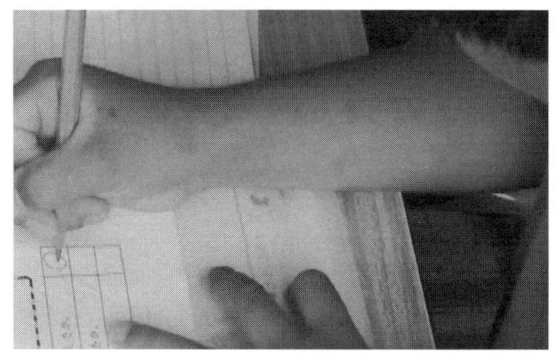

❺中学年におけるキャリア教育の課題と展望

＜設定する課題の選び方＞

　子どもたちが問題意識を持ち，調べる必然性を感じられるような魅力的な課題をと考えているが，なかなか難しい。加えて，教師が子どもたちに身につけさせたいと思うこともある。時間，人員，場所等物理的な問題もある。また，幼稚園のことを調べる必然性が子どもたちにあったとはいえない。この単元によって得たものはあるが，課題の魅力としては乏しかったといえよう。

＜自己評価の在り方＞

　「キャリア教育で育成したい具体的な子どもの姿」のなかに，「自己評価ができる」という項目が出てくるのは，中学年からである。自己評価はキャリア教育の根幹の一つである自己理解につながっていくものと考えられる。ならば，3年生でしっかりとそのやり方を教えておくべきであった。

　しかし，自己評価とは何か，その適切な方法，その生かし方など，校内研修でもいまだ結論は出ておらず，手探り状態である。3年生にとっては，自己を振り返る時を持つことに意義を見出している程度である。

＜体験とコミュニケーション＞

　中学年はなんといっても体験活動とコミュニケーション活動を多く経験させることが必要と思われる。経験によって得られるものは多く，「キャリア教育で育成したい具体的な子どもの姿」にある項目のほとんどは，経験値が上がることで近づいていけるだろう。しかし，その際に教師が意図的に調べ方のスキルを学ばせるよう仕組んでいく必要がある。経験とスキルが両輪になって中学年の子どもたちは成長していくのではないだろうか。

小学校
キャリア教育
実践事例❷

成長の実感と他者との関係から生き方を学ぶ
——— 第1～6学年／生活科＋総合的な学習の時間（各学年20～40時間）

自分の努力と他者の存在によって生きがいや幸せが与えられると実感できる子どもに育てたいという養護教諭の願いが，各学年や専科教諭の思いと響き合い，自己の成長の実感や他者の役に立つ喜びが自尊感情の高まりにつながっていきました。

——— 東京都江戸川区立篠崎第三小学校　小松良子・細川文恵・我妻壱偉・加藤勇祐

◆本事例から学ぶ視点——編者より
①養護教諭を核に連携＝教諭，栄養士，用務主事など校内の人材が連携した取り組みです。
　○養護教諭という専門性を生かして「いのち」という特色のあるテーマが設定されています。
　○多様な人材の関与は，人との関わりから学ぶことの多い「キャリア教育」にとって重要です。
②「自信のない子どもたち」＝自校の課題から出発した，地に足の着いた取り組みであり，
　「現在」の自尊感情の育成を「将来」の生き方の展望へと効果的に結びつけています。
③具体的な「目指す子ども像」＝多くの教職員が関わる全校的な取り組みを容易にしています。
④教職員の研修課題＝明示により，授業を展開する教師の教育水準を引き上げようとしています。
⑤長年の取り組みをベースに＝さらに「キャリア教育」の視点で改めて実践を検証しています。
⑥評価の仕組み＝「振り返りカード」等で児童の変容をきめこまかくとらえています。

❶この学習の目指すもの

いのちの学習を深め，キャリア教育の第一歩に

本校では，「自尊感情を高める子ども」「自分の努力と他者の存在によって生きがいや幸せが与えられる，と実感する子ども」「課題解決型学習過程により，目標設定―解決―ていねいな振り返り―生き方を考える子ども」を目指して，全学年を通じ，発達段階に応じて「いのちの学習」を進めてきた。

いま，性教育を一歩進めた「いのちの学習」を，指導要領に示されている「主体的に問題を解決して生き方を考える力・豊かな人間性・健康と体力」に迫るために，さらに，キャリア教育の第一歩ととらえて，夢や目標に向かって自己実現を目指す子ども，困難にくじけないで前向きに生きようとする子どもに育ってほしいと願って実践している。

❷実践に至るまでの背景・経緯

自信が持てず，すぐあきらめる子どもたち

いまから5年前，本校に着任した時のことである。養護教諭（小松）として毎日全校の健康観察や欠席状況を集計しているが，昼頃になっても健康観察表が提出されない学級がたくさんあった。その理由を学級担任に尋ねると，「いつ登校するか，欠席か遅刻かわからない子どもがいるから提出できない」と

のことであった。また，「どうせ俺なんか」と学校を飛び出したり，「できないから」と始めからあきらめてしまったり，自信がなさそうで気になる子どもの姿が見られた。

そこでまず，「自分も友だちも大切に思う子どもの育成」を目標に，生活科と総合的な学習の時間に「いのち」をテーマに取り組んでいこうとスタートした。学年と養護教諭や専科教諭がチームを作って，学年の子どもの実態と教師の願いを十分に話し合って，共有してから，手探りながら単元を開発してきた。先生方は授業のプロであるから，担任している子どものために授業をつくることは楽しいし，実践してみて子どもの反応や変容を話し合うことは，もっと楽しくやりがいを感じるものであった。

ある学年がチームで子どものために取り組んでいる姿は，自然と学校全体が気持ちを一つにして取り組んでいこうという変化を遂げる大きな力となった。どの学年も発達段階に寄り添って「いのち単元」ができてきて，「自己の成長や自己理解」から「他者のおかげで成長していく自分」や「他者のために役立つ自分」「今の生活の仕方や未来に向かっての生き方」までねらいが広がってきた。校内研究でとり上げられ，単元開発から評価の研究に深まっていく中で，単元の構造と骨格がしっかりとできてきた。

いのちの学習の全体計画 （平成16年度・篠崎第三小学校）

学習指導要領・関係指針	児童の実態	学校の特色やこれまでの成果
・学習指導要領 ・東京都人権施策推進指針 ・東京都教育委員会教育目標 ・江戸川区教育委員会教育目標 ・東京都教育委員会性教育の手引き ・保健体育審議会答申 ・教育課程審議会答申	・素直で明るく元気である。 ・基礎・基本的な事柄の定着が必要である。 ・自分で進んで課題を見つける力が弱い。 ・自分で進んで課題を解決する力が弱い。 ・表現力に乏しい。	・少人数指導 ・地域との連携を図った授業実践 ・保護者との連携を図った授業実践 ・発達段階に応じたいのちの学習 ・心身障害学級との交流

保護者の願い	教育目標	地域の実態
・明るく素直に感情豊かに表現できる子 ・身の回りのことができ，生活リズムがしっかりしている子ども ・礼儀正しく思いやりのある子ども ・興味・関心をもち，自ら進んで学習する子ども ・自然や生き物を大切にする子ども ・自分の考えをもち，最後までやり遂げることができる子ども	◎ 学ぼう生きていく力を 　・高めよう　考える力を 　・きたえよう　心と体を 　・はぐくもう　大きな夢を 　**かんがえる子　がんばる子** 　**やさしい子　けんこうな子**	・新町商店街や地域の公共機関，農家，コンビニ等地域の機関は，本校の学習に協力的である。 ・学校評議員，民生委員，主任児童委員等は，学校の問題解決に協力的である。 ・PTAや保護者は，学校の教育活動に積極的に参加している。 ・児童の基本的な生活管理が行き届かない家庭が少なくない。

学校経営方針
1. 学び合い育ちあいのある授業　わかる授業実践
2. 特色ある篠崎第三小学校づくり…障害学級との交流　いのちを基本テーマに授業の工夫・実践　道徳の定着
3. 安全・安心のある生活指導　　4. 保護者地域と教育目標を共有，連携し一緒に育ち合う学校づくり
5. 一人一人の職員が学校運営組織に参画貢献し，活力ある学校づくり

いのちの学習の目標
- いのちの誕生や体の発達における男女差や個人差を認識し，自己を大切にして将来に向かってよりよく生きようとする。
- 自他のいのちを尊重し，人間尊重・男女平等の精神に基づいた好ましい人間関係を築く。
- 家庭や社会の一員としての役割を担い，性情報や性被害などに対し適切な判断や意思決定ができるための必要な基礎的・基本的な事項を習得する。

目指す子ども像
自分も友だちも大切に思う子　自己肯定感がもてる子　ふり返り自分を見つめる子　夢に向かって生きる子

はこべ	1・2年	3・4年	5・6年
・自分も友だちも大切に育てられてきたことを感じ取り，仲よく生活しようとする。 ・男女の体の違いに気付き，体を清潔にしようとする。	・いのちの尊さに気付き，いのちあるものを大切にする。 ・自分も友だちも家族や多くの人が自分の成長を支えられ，大切に育てられてくれたことに気づき，感謝の気持ちをもつ。 ・男女の体の違いに気付き，体を清潔にする。	・自分の体に関心をもち，健康づくりのために目標をもって行動する。 ・体の発達の性差や個人差を理解する。 ・生命の連続性と自分の生命誕生や成長を理解し，周りの人に感謝の気持ちをもつ。 ・自分や友だちのよさを認め合い，これから意欲的に生活しようとする。	・男女の体と心の発達のし方を理解し，互いに協力して生活しようとする。 ・健康に成長していくために必要なことが理解できる。 ・生命誕生の神秘性やいのちの重さを感じ取る。 ・働く体験を通して，自己肯定感を高める。 ・生命誕生から死までの人の一生を理解し，自分のいのちを豊かにしていくことの大切さを感じとる。 ・自分によい未来イメージをもって，自分を高めていこうとする。

各教科，道徳，特別活動における目標 （指導要領よりいのちの学習と関連のある目標を抽出）

総合的な学習の時間	生活科	理科	道徳	家庭	体育・保健	特別活動
自ら課題を見つけ，自ら学び，主体的に判断し，よりよく問題を解決する資質や能力を育てる。学び方やものの考え方を身に付け，問題の解決や探究活動に主体的，創造的に取り組む態度を育て，自己の生き方を考える。	これまでの生活や成長を支えてくれた人々に感謝の気持ちをもつとともに，これからの成長への願いをもって，意欲的に生活する。	様々な生き物に触れ感じ，考えながら愛護し，生と死に直面して生命尊重の態度をもち，生命の連続性への理解を深める。	人間としてよりよく生きるための共通の心構えや行動の仕方を，様々な体験や学習を通して学び，ひとりひとりの基礎的な道徳性を確立する。人間尊重の精神と生命に対する畏敬の念を家庭学校社会における具体的な生活に生かし……	～家族生活への関心を高めると共に日常生活に必要な基礎的な知識と技能を身に付け家族の一員として生活を工夫しようとする実践的な態度を育てる	自主的に健康で安全な生活を実践できる資質や能力の育成	希望や目標をもって生きる態度の育成 基本的な生活習慣の育成 望ましい人間関係の育成 心身ともに健康で安全な生活態度の育成

いのちの学習の中心となる単元

学年	単元名	内容	関連する教科，領域
はこべ	思い出アルバム	おなかの中の赤ちゃん　アルバム作り　飼育栽培活動　動物触れ合い教室	
1学年	いのちかんじたよ	季節の生き物　ふれあい動物園　ポニーランド　たいせつなからだ	生活科　図工　生活科見学
2学年	あしたへジャンプ	おなかの中の赤ちゃん　宝探し　赤ちゃん体験　思いで新聞	道徳　生活科　国語
3学年	体たんけん隊	健康な生活　健康課題　行動目標　実行　ふり返り　まとめ新聞	道徳　保健学習
4学年	二分の一成人式	からだの発育　お世話になった人々　いいところ新聞　二分の一成人式	フレンドシップ　保健学習　図工　音楽
5学年	大人に近づくわたしたち	心の発達　保育園のお世話体験　自分との違いウオッチング　いろいろな成長を調べて発表する	理科　道徳　国語　保健学習　家庭
6学年	よりよく生きるために	あなたのこと教えて　ステキな自分を見つけよう　いのちのイメージマップ　働く体験　5つのライフステージ　憧れの人や仕事について調べて発表する	道徳　家庭

教職員の研修	保護者・地域との連携
・指導要領に示されているいのちの学習に関連する内容を理解する。 ・各学年の教科書から，いのちの学習に関連のある部分を抜き出す。 ・全体計画，指導計画の検討。 ・学年ごとに単元によりティーム・ティーチング。	・単元計画を明示する。 ・ボランティア先生として協力してもらう。 ・学習の成果や児童の反応を知らせる。 ・地域の施設や商店街での体験学習。

いのちの学習の単元・ねらい・学習内容・評価の観点・体制・連携機関など

学年		1年	2年	3年	4年
単元		いのち感じたよ	あしたへジャンプ	体たんけん隊	二分の一成人式
関連する教科・領域	主な内容と、	季節の生き物 ふれあい動物園 ポニーランド たいせつなからだ	おなかの中の赤ちゃん 宝探し 赤ちゃん体験 思いで新聞	健康な生活 健康課題 行動目標 実行 振り返り まとめ新聞	からだの発育 お世話になった人々 いいところ新聞 二分の一成人式
		生活科, 図工, 生活科見学(学年担任, 養護教諭)	道徳, 生活科, 国語(学年担任, 養護教諭)	道徳, 保健学習(学年担任, 養護教諭, 栄養士)	フレンドシップ, 保健学習, 図工, 音楽(学年担任, 養護教諭, 図工専科, 音楽専科)
連携		保護者, 区立ポニーランド, 動物園	保護者, 保健所, 用務主事	保護者, 用務主事	保護者
ねらい		・人間や動物, 虫, 朝顔のいのちに触れ, いのちのもつ温かさ, 優しさ, 強さ, 不思議さなどを感じとる。 ・自分も友達も大切にお世話して育てられたことを感じとる。 ・自分も友達も大切な存在であることを感じとる。	・今までの成長を振り返り, 自分も友達も大切に育てられたことを感じとる。 ・自分の成長を支えてくれた家族はじめ多くの人の存在に気付き, 感謝の気持ちをもって, 意欲的に生活していこうとする。	・自分の健康課題に気付き, 自分の力でやり遂げることができそうな行動目標を決めて実行する。 ・学習過程で振り返りを十分に行い, 自己改善を図りながら自分なりの健康についての考えをもつ。 ・自分も友達も認め合い協力して生活していく気持ちをもつ。	・自分が生きてきた10年を振り返り, 成長したことを実感し, 周りの人への感謝の気持ちを持つ。10歳の成人式を共に喜び合う。 ・自分や友達のよさを認め合い, これからの自分を思いえがいて, 意欲的に生活しようとする。
評価の観点		・感じとる力 ・興味をもって関わる力	・課題をもって活動する力 ・発表する力 ・3年に向かって生活の仕方を考える力	・健康課題を発見する力 ・ふり返る力 ・健康観 ・興味, 関心, 意欲 ・情報を収集・処理・表現する力 ・周りの人とかかわる力	・課題をもって取り組む力 ・調べたり学習したりしたことを伝える力 ・自分や友達のよさに気付く力 ・これからの生き方を考える力
キャリア教育の観点※	①	・赤ちゃんを育てるお母さん・ぼく ・わたしのいのち	・小さい頃の思い出のものを集めよう ・自分が生まれる前や生まれた時のことをインタビュー	・中間のまとめポートフォリオ ・健康課題解決のための行動目標を決めよう。 ・実行ー振り返り ・終わりのまとめポートフォリオ	・いのちのバトン ・いろいろな家族 ・大きくなったわたし ・いいところ新聞 ・二分の一成人式をしよう
	②	・大切にせわしてもらったわたし	・赤ちゃん体験学習 ・小さい頃の思い出のものを集めよう ・自分が生まれる前や生まれた時のこと, 幼稚園や保育園のころのことをインタビュー ・わたしのアルバムをつくろう	・きみとぼくとはたんてい団 ・実行後の振り返りの会	・わたしがお世話になった人々 ・みんながお世話になった人々 ・みんなの年表 ・いいところ探しゲーム
	③	・生き物ってなあに ・動物のいのちかんじたよ ・ポニーのお世話体験	・赤ちゃん体験学習	・インタビュー ・実行後の振り返りの会	・いいところ探しゲーム ・二分の一成人式をしよう
	④	・ポニーと友だち ・ポニーのお世話体験			・二分の一成人式をしよう
	⑤				

※「キャリア教育の観点」(三村)は、①キャリア教育のミクロ的視点(前向きに生きる姿勢や意欲)，②自己理解・自己統制，③コミュニケーションや体験活動，④役割，仕事，職業などの理解，⑤キャリア教育のマクロ的視点。p.49参照。

学年		5年	6年
単元		大人に近づくわたしたち	よりよく生きるために
関連する教科・領域	主な内容と	心の発達　保育園のお世話体験　自分との違いウオッチング　いろいろな成長を調べて発表しよう	あなたのこと教えて　ステキな自分を見つけよう　いのちのイメージマップ　働く体験　5つのライフステージ　憧れの人や仕事について調べて，まとめて発表する
		理科，道徳，国語，保健学習（学年担任，養護教諭）	道徳（学年担任，養護教諭）
連携		保護者，区立保育園，校医，保健所	保護者，地域の商店街，地域にある区立・私立の施設（図書館，老人施設，駐輪整理など），駅，農家，消防署など
ねらい		・男女の体と心の発達の仕方を理解し，互いに協力し合って生活しようとする。 ・課題を見つけ，進んで解決しようとする。 ・いのちの大切さを知り，1人1人の違いを尊重する。	・お互いに認め合うことを通して，自分も友達も成長し合うことを理解する。 ・自分の将来や夢について課題をもち，様々な方法で調べ，伝え合う。 ・いのちは，体や自然，生き物など生物的なものだけでなく，心や生き方を表すいのちがあることを知る。 ・自分のいのちを豊かにしていくためには，人とのかかわりを大切にすることが必要であることを理解する。 ・5つのライフステージのうち，働く世代から老い，人の心の中に生き続ける（死）ステージまでのおよその特徴がわかる。 ・いろいろな仕事を体験して，そこで働く人のやりがいや喜びを感じとり，自分の将来の夢について考える。 ・地域のいろいろな施設や商店街など，たくさんの人々に支えられていることを感じとり，感謝の気持ちをもつ。
評価の観点		・課題を設定する力 ・課題解決のために探究する力 ・表現する力	・課題解決のために調べる力 ・お互いに認め合い，よりよく関わる力 ・生き方を考える力
キャリア教育の観点※	①	・心の発達の仕方 ・保育園児と自分との違い	・ホスピスのお医者さんのお話会「苦しみの中で強く生きること」 ・いのちってなあに。
	②	・心の発達に必要な栄養	・自分が気付かないすてきな自分を見つけよう。
	③	・保育園の世話体験	・保育園の世話体験 ・地域の商店で働く体験 ・自分の夢に関係する仕事ができる地域の機関で働く体験 ・ねえあなたのことを教えて
	④	・保育園の世話体験	・あこがれの人や仕事
	⑤		・5つのライフステージ ・豊かないのちのために ・あこがれの人や仕事について調べて発表する。

❸実際の学習の様子①第2学年の例

第2学年「明日へジャンプ」の流れと子どもの反応

学習開始前に保護者に学習の計画と協力をお願いする部分を知らせておく。子どもの家庭の様子や，生育歴を把握しておき，全体指導とともに配慮を必要とする子どもについては，学習前後に個別に声をかけ気持ちを確認しながら進めていく。

次	時間数	小単元名	学習内容と子どもの活動
1	3	たからさがし	**小さいころの思い出をあつめよう** ・ 自分が小さかったころを思い出したり，使ったものや身につけていたものを持ち寄ったりする。 ・ 自分のたからものを見せ合ったり，使ってみたりする。 ・ 自分のたからものについての思い出を紹介し合う。
2	2	聞いてきたよ	**自分が生まれる前や生まれてからの様子，そして家族の気持ちをインタビューしよう。（0～3歳ころ）** ・ 自分が生まれる前後の様子や家族の気持ちを聞いて，ワークシートにまとめる。 ・ まとめたものを発表し合う。

保護者の声：
久しぶりに小さなころの写真を見て，いろいろなことを思い出しました。親として初心に返れたような気がしました。子どもといっしょに思い出をゆっくり話すことができました。親やみんなに大事にされて育ったことを知るよい機会だったと思います。

子どもの感想：
おきあがりこぼしの音色を聞いたとき，なつかしいような感じがしました。

お母さんの言葉： おなかの中にいるときは，転ばないように気をつけました。インスタント食品をあまり食べないように気をつけました。健康に生まれてきてほしいという気持ちでした。

生まれたときは，元気に生まれて，とにかくホッとしました。うれしい気持ちで，この子をちゃんと育てないといけないと，責任を覚えました。

3	1	おへそのひみつ	赤ちゃんのおへそは，お母さんのおなかの中でどこにつながっていたのでしょう。
・ へその緒の働きを知り，いのちの不思議さを感じとる。
子どもの感想：赤ちゃんがお母さんのおなかの中にいる時に，赤ちゃんが水の中を泳いでいるのがふしぎだな，と思います。生まれて出てこないと，息ができないということをはじめて知りました。
4	4	赤ちゃん体験	赤ちゃんや妊婦さん，お母さんになってみよう。
抱っこしてあやすコーナー　　おむつ交換コーナー
妊婦さんになってみようコーナー　　沐浴コーナー
お母さんのおなかに入ってみようコーナー　　胎内パズルコーナー
子どもの感想：お母さんのおなかの中に入って赤ちゃんの心臓の音を聞いたら，なつかしい感じがした。おむつ交換は，赤ちゃんがすごく重くて大変だった。おふろに入れるのは，すごく重くて難しかった。ママがこんなにやさしくしてくれたとは思いませんでした。
5	3	しらべてきたよ	保育園や幼稚園に通っていたころの様子，そして家族の気持ちをインタビューしよう。（4～6歳ころ）
・ 保育園や幼稚園に通っていたころの様子や家族の気持ちを聞いて，ワークシートにまとめる。
・ まとめたものを発表し合う。
6	3	アルバムをつくろう	アルバムをつくろう。
・ 調べたことの中から資料となるものを選び出し，まとめる。
・ 自分なりにまとめ方を工夫する。
・ でき上がったものを見せ合い，感想をもつ。
子どもの感想：がんばらないといけないんだな，と思った。ぼくが赤ちゃんのころ，お母さんは大変だ思ったけれど，お母さんは「自分の子どもだから平気，たいへんじゃないよ」と言ってくれました。
お母さんがどんなに大切にそだてているか，大変だけどうれしいといってくれて，よくわかりました。

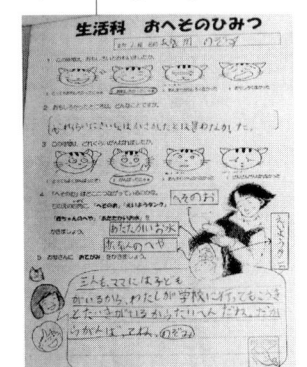

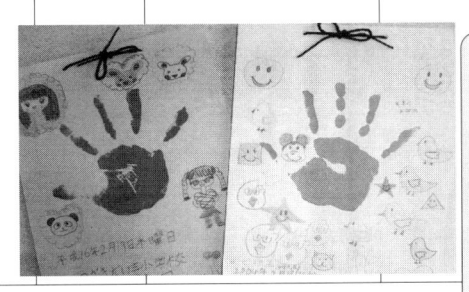

❹実際の学習の様子②第6学年の例

第6学年・単元名「よりよく生きるために」

私たちが受け持つことになった6年生は、身体を動かすことが大好きで、欠席数も少なく元気な児童が多い。その反面、友達の意見や良さを素直に認められなかったり、友達同士のささいなトラブルが頻発している。また、指示されたことについては進んで活動するのだが、自分で課題を見つけて活動することはあまり見られず、中には自分の意見を発表できない児童もいる。

このような児童の実態を踏まえ、私たちは第一に総合的な学習の時間「よりよく生きるために」を通して育てていきたいことを話し合い、洗い出していった。

＜育てていきたい力＝目指す子どもの姿＞

・友達の意見を大切にしながら、自分の考えや気持ちを伝え合える子ども。
・友達との関わりを大切にして、一緒に考えながら夢や目標に向かって行動する子ども。
・地域で働く体験を通して、人のために役立つ自分を実感し、やりがいや喜びを感じる子ども。
・自分の課題をもって、いろいろな方法を使って進んで調べる子ども。
・卒業までの生活の仕方を考える子ども。

昨年度の6年生の実践を参考にしながら、指導計画とあわせて検討していった結果、最終的に本単元のねらいを7点に、そして本単元で育てたい力として3点にまとめた。

本単元で育てたい力

A　課題解決のために調べる力
B　互いに認め合い、より良く関わる力
C　生き方を考える力

単元のねらい

・お互いに認め合うことを通して、自分も友達も成長し合うことを理解する。
・自分の将来や夢について課題をもち、様々な方法で調べたり、伝え合ったりする活動を自分の力でやりとげる。
・いのちには、体や自然、生き物など生物的なものだけでなく、心や生き方を表すいのちがあることを知る。
・自分のいのちを豊かにしていくためには、人との関わりを大切にすることが必要であることを理解する。
・5つのライフステージのうち、働く世代から老い、人の心の中に生き続ける（死）ステージまでのおよその特徴がわかる。
・いろいろな仕事を体験して、そこで働く人のやりがいや喜びを感じ取り、自分の将来の夢について考える。
・地域のいろいろな施設や商店街などたくさんの人々に支えられていることを感じ取り、感謝の気持ちをもつ。

第6学年「よりよく生きるために」指導計画

次一時	学習課程	小単元	主な学習活動とねらい	その時間に身に付ける力	時間
1次-①	課題に気付く（P.78）	ねえ，あなたのこと教えて	自分から質問をして友達に答えてもらうという積極的なコミュニケーションを体験し，人と関わる楽しさや新しい気付きがあることを感じとる。	・コミュニケーション能力　B（友達に関わる力）	(1)
1次-②		自分が気付かないいいとこ探しをしよう	学級の友達の性格や日常の様子から，よいところを見つけて，全員に書いてもらうことから，自己のイメージを肯定的にとらえ，これから意欲的に生活しようという気持ちをもつ。	・コミュニケーション能力　B（友達のよさを伝える力）	(2)
1次-③		いのちのイメージマップづくり	「いのち」から連想することを通して，身体的ないのちやいろいろな世代のいのち，生き方を表すいのちなど，いのちのもつ様々な形を理解する。	・いのちのイメージを広げ，深め，自分なりの考えをもつ力　C ・情報を収集・処理する力　A（友達の意見を取り入れる力）	(2)
1次-④		生きるってどんなこと？	イメージマップのまとめから，人のいのちを5つのライフステージに分けて考え，理解する。自分はどのように生きていこうとするか考える。	・生き方（生活の仕方）を考える力　C ・コミュニケーション能力　B（相手の考えを受け止め，判断して自分に取り入れる力）	(2)
1次-⑤		これまでの活動を振り返ろう	1次までの学習の振り返りをし，振り返りカードに記録する。	・振り返る力　C	(1)
2次-①	課題を広げる（P.80）	働くってどんなこと？	道徳教材「ぼくの仕事は便所そうじ」や心のノートを活用し，働くことについて考える。	・働くことについて考える力　C	(1)
2次-②		働く場所を決めよう	自分の夢や関心のある仕事・ライフステージに関係する体験場所を選ぶ。	・課題を決める力　A ・コミュニケーション能力　B	(2)
2次-③		事前のマナー指導	体験場所での行動の仕方について理解する。		
2次-④		働く体験をしよう（商店街）	新町商店街や地域の様々な機関で働き，そこで働く人の姿や気持ちに触れる。自分の生き方に生かしていこうとする。（体験後は振り返りカードを活用）	・コミュニケーション能力　B ・課題解決能力　A	(2)
2次-⑤		働く体験をしよう（地域の施設）			(4)
2次-⑥		ホスピスのお医者さんのお話会	日頃，人のいのちに触れて仕事をしている医師の話を聞き，自他のいのちの在り方を考える。	・意思決定能力　C	(2)
3次-①	課題を深める（P.82）	自分の夢について考えよう	各自が将来の夢ややってみたい仕事，憧れの人物を考える。	・自分の夢について考える力　C	(1)
3次-②		自分の課題を決めよう	考えた自分の夢を調べる課題とする。	・課題を決める力　A	(1)
3次-③		調べ方・まとめ方を学ぼう	いろいろな調べ方やまとめ方があることを知り，活用する。	・課題解決能力　A	(2)
3次-④		自分の課題を解決するために調べる活動	調べたことを自分の言葉で表現し，それを友達に伝えるために，分かりやすい言葉や方法で作品にまとめる。	・調べる力　A ・表現する力　A	(4)
3次-⑤		発表しよう	調べたことを発表する。また，友達の発表を聞き，自分と照らして考えたことを質問したり，感想を発表したりする。	・発表する力　A	(2)
3次-⑥		卒業までの生活	学年学級の友達と過ごす卒業までの限られた時間をどのように生活していくか考える。	・コミュニケーション能力　B	(1)

※【その時間に身に付ける力】のABCは，前頁の【本単元で育てたい力】のABCと関連する力ととらえた。

第6学年の学習活動の例①：1次－②自分が気付かない「いいとこ」探しをしよう

1　主題　　　自分が気付かない「すてきな自分」を見つけよう
2　ねらい　　学級の友達の性格や日常の様子からよいところを見つけて，全員に書いてもらうことから，自己のイメージを肯定的にとらえ，これから意欲的に生活しようという気持ちをもつ。
3　展開

	学習活動	教師の発問，支援	資料・評価
気付く	本時のめあてをつかむ	・前時「ねえ　あなたのこと教えて」の振り返り 　自分のことを他の人に質問されることによって改めて自分のことを考えました。そして今までより少し自分のことが分かりました。 　つまり，他の人がいるからこそ，自分がよく分かるということです。 ・本時のめあて 　今日は自分ってどんな子かをもっと知ってもらいたいのです。 「自分が気付かないすてきな自分をみつけよう。」 分からない人は友達が見つけてくれます。	前回の感想 二人分読む
深める	自分以外全員の友達のシートにいいところを見つけて書く。	今からワークシートを配ります。これから鉛筆1本を持って自分以外の全員の友達にいいところやすてきなところを見つけて書きます。 注意 ・具体的に書きます。どうしてそう思ったのか，理由を書いてあげると，その人はすぐに思い出すことができます。 ・外見でなく，中身に関することを書きます。 ・プライバシーにふれることや傷つける内容は書きません。	ワークシート 評価：進んで友達のいいところやすてきなところを見つけて書こうとしているか。
まとめ	自分に書いてもらったことを読んで感想を書く。 発表する。	「自分の席に戻って，書いてもらったことを読みましょう。そして，感じたことをシートの下に書きましょう」 「発表しましょう」 「みなさんのシートを廊下に掲示します」	評価：書いてもらったことを振り返り，これからの生活について考えているか。

本時を進めるにあたって，心配なことが一点あった。それは，自分を除いたクラス全員分のいいところ，すてきなところをすぐに見つけて書いていくことができるか，ということである。

　そこで，私たちは約1週間前に本時の予告をして簡単なワークシートを配布し，そこに気がついた友達のいいところやすてきなところを，帰りの会などを使ってメモをさせるようにした。あらかじめ探しておいたせいか，本時では指示が出るとほとんどの児童がすぐに書き始めることができた。

友達の席に行って，いいところすてきなところを書きました

自分の席に戻って，友達に書いてもらった自分のすてきなところを読みました

【児童の振り返りカードより】

　自分が気づかなかったところを見つけてもらってうれしくなりました。これからもっと自分をよくしていこう!!　人に対する思いやりをもっとよくしていきたい!!　友達の紙に書いていると「いろいろみんなに助けられているなあ」と強く思いました。これから他の人のいいところをもっとたくさん見つけられるようにしたい。

　自分が気づかないところでも，みんな気づいていてくれてうれしかったです。この紙を見ているとうれしくなってきます。いろいろ書かれてうれしいです。

　ぼくはこんなにステキだったんだなあと思いました。特に「明るい」という文字が目に入りました。ぼくはこんなに明るかったかな？と思いました。

　「励ましてくれる」とか「やさしい」とか「相談にのってくれる」とかすごくうれしかった。自分は人からこう思われてたんだって思った。こういう自分は変わらないでほしい。

第6学年の学習活動の例②：2次「働く体験をしよう」

　この「働く体験をしよう」の単元では人生の中でもっとも長い「働くステージ」を取り上げた。義務や責任をともなう「働くこと」に誇りや喜びを見出し，やりがいをもって取り組んだり，働いたことが人々の喜びにつながることを実感できたりすればその人生は豊かなものになるであろう。

　そこで，地域の商店街や施設で実際に働くことを通して，そこで働く人のやりがいや喜びを感じとり，他の人のために役立とうとする気持ちを育てたいと考えた。単元の最後にはホスピスの医師を招き，お話し会をもった。自他のいのちのあり方について考えるとともに，自分の夢について考える次の単元への橋渡しとした。

本時の展開

2次－時	小単元名	主な学習活動
1時	働くってどんなこと？ （道徳）	○埼玉県東武動物公園の園長である西山登志雄さんが上野動物園で働き始めた頃の話の中から「ぼくの仕事は便所そうじ」を読んで話し合う。 ○生活を振り返り，働く喜びを感じた経験について話し合う。
2時	働く場所を決めよう	○自分の将来の夢や関心のあるライフステージなどとのかかわりを考えて，働く体験をする場所を決める。
3時	事前のマナー指導	○働くときに必要なマナーについて知る。 　言葉遣い，服装，仕事中の態度など。 　　お　おはようございます 　　あ　ありがとうございます 　　し　失礼します 　　す　すみません 　　よ　よろしくお願いします ○働く体験をする地域の商店街のお店に挨拶に行く。
4時	働く体験をしよう① （地域の商店街）	○地域の商店街のお店で働く体験をする 　青果店，惣菜店，精肉店，魚屋，化粧品店，洋品店，金物屋，薬局，酒屋，蕎麦屋，花屋，スーパーマーケット，コンビニエンスストア……全18店。 ○学校に帰ってから，自分が行ったお店の人にあててお礼の手紙を書く。
5時	働く体験をしよう② （地域の施設）	○地域の施設で働く体験をする。 　保育園，図書館，ポニーランド，小松菜栽培農家，消防署，健康サポートセンター，東部フレンドホール，くつろぎの家，環境促進事業団，区役所駐車駐輪課，都営地下鉄瑞江駅，特別養護老人ホーム，京成バス，障害者授産施設，学校の主事さんの仕事……全18施設。 ○学校に帰ってから，自分が行った施設の人たちにあててお礼の手紙を書く。
6時	ホスピスのお医者さんの話を聞こう	○日ごろ人の命に触れて仕事をしている医師の話を聞く。 ○学習後，振り返りカード，お礼の手紙を書く。

「働く体験」児童の様子

① 4時「地域の商店街での働く体験」

お店の人に教わりながら商品の準備をしました

お店の外にもテーブルを出し商品を並べ値段を貼り付けました

様々な商品を倉庫から出し,買いやすく陳列しました

【児童の振り返りカードより】

> お客さんのためにいろいろなことをやっていてすごいと思った。そのことが「働く喜び」なんだなと思いました。

> 身のまわりの人にも役に立ててうれしかったです。つかれたけど自分にとっていい経験でした。

> 頑張るとその分いいことがかえってくるんだなと思います。いつも働いている人の気持ちがわかったような気がしました

> お客さんに「頑張ってね」「ありがとう」と言ってもらった時うれしかった。働くとは自分や家族や他の人にも役に立つということだと思います。ぼくも将来人のためになりたいです。

② 5時「地域の施設での働く体験」

お年寄りと一緒に夏祭りの神輿につける飾り作りをしました

区の施設での事務の手伝い。書類に番号つけをしています

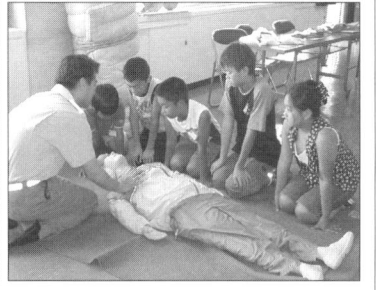

消防署にて。救命救急法の実践に緊張の面持ちです

【児童の振り返りカードより】

> 障害者の施設ではみんなが楽しく生活できるように頑張っていることがわかりました。また障害を持っている人も頑張って生きているということがわかったので人の命を守っていきたいなと思いました。

> 落ちているごみを拾いながら私は地域の人のためにごみを一生懸命拾っていてすごいなと思いました。大変だったけど私も「みんなのために」と思ってやったら篠田堀が少しきれいになりました。

> 私は養護老人ホームで窓を拭いているとき中にいたおばあさんが「ありがとう」といってくれました。その時私はすごくうれしい気持ちになりました。そしてもっともっと働きたいなと思いました。

第6学年の学習活動の例③：3次「夢に近づこう」

　2次で実際に働く体験学習をしたあと，自分が将来やってみたい仕事や，憧れている人物について調べる学習を行った。課題を設定する段階では，「なぜその仕事をやってみたいのか」「どうしてその人に憧れるのか」ということについてじっくり考えさせた。さらに，その仕事（人）についてどんなことを調べたいのか，どんな方法で調べられるかについても「調べ学習見通しカード」を使って考えさせ，一人一人が課題解決に向けて見通しをもてるようにした。

3次一時	小単元名	主な学習活動
1時	自分の夢について考えよう	・将来やってみたい仕事やなぜその仕事をやってみたいのかをワークシートを使ってまとめる。・ワークシートに書いたことを発表し合い，友達の夢を知る。
2時	自分の課題を決めよう	・自分の将来の夢について，調べたいこと（課題：職業や憧れている人物）を決める。・課題について，どんなことをとくに知りたいのか考える・どのような方法で調べることができるかを考える。
3時	調べ方・まとめ方を学ぼう	・課題のさまざまな調べ方やまとめ方を知り，自分がどんな方法で調べたり，まとめたりするかを考え，準備する。
4時〜	自分の課題を解決するために調べる活動	・自分の課題を，計画した方法で調べる。 ・調べたことを自分の言葉でまとめる。 ・友達に伝えるためにわかりやすい言葉や方法を考えて作品にまとめる。
5時	発表しよう	・自分の作品の紹介と，課題を調べたことで学んだことを発表する。
6時	卒業までの生活	・限られた時間を，学年や学級の友達とどのようにすごすかを考える。

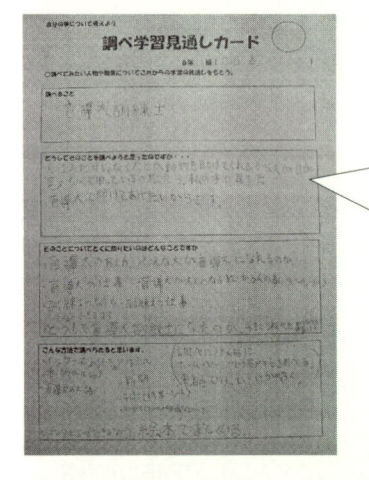

調べ学習見通しカード
　将来やってみたい仕事や，憧れの人物について調べる学習をするときに，児童に学習の見通しを持たせるために使ったワークシートです。
　児童の課題については「その職業に就いている人や憧れの人物に会えるとしたらどんなことが聞きたいの？」というような言葉かけをして，自分が特に調べたいことをより具体的にできるようにしました。

　自分の調べたいことが明らかになった児童は，どのような方法で調べることができるのかを考え，決めていきました。調べる方法を決める際には，教師がその方法を紹介したり，どんな調べ方をするつもりなのか児童相互で紹介し合ったりすることで，さまざまな調べ方の中から選ぶことができるようにしました。

「保育士になって一番よかったことはなんですか？」。将来の夢が保育士という児童は，地域の保育園に出向いて，保育園の先生に直接尋ねました。

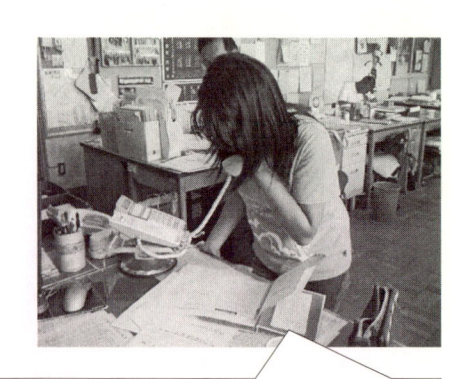

出版社の連絡先を調べて，電話でインタビューの約束をしているところです。あらかじめ自分の聞きたいことをまとめて台本を作ります。

❺キャリア教育としての取り組み

「3つの存在の実感」と自己の存在感

困難を乗り越えて生き抜くために，また目標に向かって前に進むために最も必要なことは，自分がこの世に確かに存在しており，さらにそれは意味のある大切な存在であるという確信である。安定した自己の存在感を獲得するためには，3つの実感を得る必要がある。1つは「時間存在＝過去から未来に向けて生きる自己の存在の実感」であり，2つは「自立存在＝自分で意思決定，行動選択する自己の存在の実感」であり，3つは「関係存在＝他者から与えられ支えられて生きる自己の存在の実感」である。

本校では，「いのち」を，「すべてのものに内在していて永々と在り続けようとする生命力であり，人としての在り方や生きる姿勢につながる人格的な生命力」ととらえ，人生の基礎期である小学校期に，いのちの実感から自己の存在の確信を得て，前に進もうとする力やよりよく生きようとする気持ちを育てることをねらいにして取り組んできた。

どの単元も「振り返る力」を重要視し，学習したことと自分の生活を照らし合わせて振り返り，自己評価し，新たな課題発見を発見し，目標や夢に向かっていこうとする姿勢を育てた（下表）。取り組みを通じて見られた，学習でつかんだことを価値付けし，自らの生き方に反映させていく様子を振り返りの声から紹介し，本稿のしめくくりとしたい。
（参考文献：1998年東京都教員研究生研究報告書『自他のいのちを尊重し，よりよく生きようとする態度をはぐくむ保健教育の在り方』小松良子，2004年『苦しみの中でも幸せは見つかる』小澤竹俊，扶桑社）

よりよく生きようとする			
自己の存在の確認		（いのちを実感する）	
時間存在	自律存在		関係存在
人々には永遠とあり続けようとする強い生命力があり，誕生から未来に向けて生きる自分を実感する。	いろいろな生き物や人々の生き方にふれて，自分を振り返り，これからの生活の仕方や生き方について考え自己決定する自分を実感する。		自然の営みの中で，家族の愛情や友達，周りの人々に支えられて生きている自分とそれらの人々の影響を受けながら成長して生きている自分を実感する。

【児童の振り返りから】

1年「いのちかんじたよ」 ロボットや人形ははじめ小さくないし，ごはんも食べない。植物にとって水がごはん，人間は野菜やパンを食べるから大きくなる。（関係・時間存在）

3年「からだたんけん隊」 行動目標「食後3分以内に歯をみがく」。いま虫歯がないので，ずーっと健康にならなくちゃ！と思ったからです。妹といっしょに歯をみがいて，自分も健康になれるし，妹も健康になるからとっても楽しかったです。（自立存在）

4年「二分の一成人式」 わたしのいのちが生まれるまで，すごく大変なことだと思いました。おばあちゃん，おじいちゃんがいたからこそ，いまのぼくが生まれてきたのだと思います。お父さん，お母さん，順番に「いのちのバトン」を受けついで，いま私は走っています。だから転んでもめげちゃいけない。自分のできることをがんばろうと思いました。（時間存在）

5年「大人に近づくわたしたち」 私たちはこの11年間でいろいろなことができるようになったんだなあ，と思いました。保育園の子たちと比べると，心も体も全然違いました。「毎日少しずつ大きくなっているんだ」と思うと，うれしくなります。いまの私はいろいろな人の支えがあって，ここにいるんだ，とわかりました。私もそんなふうに誰かの支えになってあげたいです。（時間・関係存在）

小学校
キャリア教育
実践事例❸

花壇づくりなど，縦割り集団による勤労生産的活動

――― 第1～6学年／特別活動＋学校創意活動の時間

上級生や下級生，地域の人々との関わりを大切にした活動を通じて勤労の喜びを体感するなかで自分の役割を理解し役割を果たそうとする態度を培い，キャリア発達を促す取り組みです。

富山県氷見市立一刎（ひとはね）小学校　谷内口（やちぐち）まゆみ

◆本事例から学ぶ視点――編者より

①異年齢集団での縦割り活動＝より現実に近い擬似社会的集団活動はキャリア教育の力強い舞台です。
②勤労観・職業観の視点＝小学校段階で育成すべき「勤労観」「職業観」を児童の発達段階を踏まえてとらえ，中学校以降の職場体験，就業体験への円滑な移行を視野に入れた基盤作りを図っています。
③表現や自己評価の場を生かす＝「振り返りカード」や「花壇日誌」などによる児童自身による振り返りや表現が，生活体験への定着を図ります。体験活動と表現活動はセットで効果を発揮します。
④栽培・飼育活動の力＝「いのち」に触れる活動は児童の成長に大きな影響を与えます。また，「モノ」志向と「ヒト」志向のパーソナリティが存在しますが，本事例のような栽培や飼育活動の場合，「モノ」志向の児童も安心して活動に参加することができます。
⑤教科・領域をつなぐ＝特別活動を核に，他教科・領域などと連携した展開の道筋を示しています。

❶実践の全体像と特色

花壇栽培活動で勤労観の育成を目ざす

本校は標高200メートルに位置するへき地小規模学校である。子どもたちは，少人数ではあるが協力的で勤労をいとわず，伸び伸びと育っている。このよさを一層伸ばし，学校教育目標「心豊かで，自らを高めながら，たくましく生き抜く子供の育成」を実現するため，特色ある学校づくりの重点として，全校児童と教職員，地域の人々が一丸となって勤労生産的な活動に取り組んでいる。

子どもたちの自慢「学校花壇」（一刎公園）

学習指導要領「特別活動」では，勤労生産・奉仕的行事について「勤労の尊さや生産の喜びを体得するとともに，ボランティア活動など社会奉仕の精神を涵養する体験が得られるような活動を行うこと」と示している。

本実践では，縦割り異学年集団による勤労生産的な活動を経験することによって，勤労の価値や必要性を体得できるようにするとともに，自らを豊かにし，進んで他に奉仕しようとする態度を育てることを願っている。「勤労観」を「日常生活の中での役割の理解や考え方と役割を果たそうとする態度，及び役割を果たす意味やその内容についての考え方」（三村隆男『キャリア教育入門』実業之日本社，2004年）ととらえ，それをベースに「職業観」が育成されることを考えると，こうした活動が十分効果的に行われて初めて職業観の育成が実現するといえよう。その意味で，本活動は，子どもたちのキャリア発達（職業的（進路）発達）を促す重要な活動であると考えている。

勤労観と職業観の構造（三村）

職業観
職業についての理解や考え方と職業に就こうとする態度，および職業をとおして果たす役割の意味やその内容についての考え方（価値観）。

勤労観
日常生活の中での役割の理解や考え方と役割を果たそうとする態度，および役割を果たす意味や内容についての考え方（価値観）。

❷現在に至るまでの経緯・背景

地域に生きる学校花壇

本校では「環境は人を育てる」との考えから，昭和40年頃から花壇栽培活動に力を入れ始めた。以来，この活動は本校の伝統かつ特色となり，「全国花いっぱいコンクール農林水産大臣賞」や「緑化推進運動功労者内閣総理大臣表彰」など，これまでに数多くの賞を受賞している。

自然豊かで協力的な地域の中で，伝統を受け継ぎながら，今日では，保護者や老人クラブなど，地域の人々を巻き込んだ活動として定着しており，地域と一体となった教育活動を推進している。

月	主 な 活 動		
4月	土づくり，花壇のテーマづくり		
5月	花壇のデザインづくり，牛ふん入れ，老人クラブと苗植え，アサガオ種配布	灌水 摘花 除草 ↓	追肥 消毒 ↓
6月	わら敷き，竹鉢づくり		
7月	テーブルづくり 看板づくり，三世代交流		
8月	老人クラブと花壇除草		
9月	花を楽しむ会食の集い		
10月	花鉢プレゼント，花抜き		
11月	粗起こし，球根植え		
12月	老人クラブと雪つり，雪囲い		
1月	プランター整理		
2月	花壇活動のまとめ		
3月	粗起こし，花壇のテーマ・デザイン募集		

❸取り組みの体制・組織

日々の教育活動に息づく縦割り活動

「花の広場・一刻公園をつくろう
　－縦割り異学年集団による体験的な活動－」

●ねらい
・花壇栽培活動を通して，美しいものに感動する心や生命あるものを大切にする慈しみや思いやりの心を育てる。
◎共に汗を流して活動に取り組むことによって，働くことの喜びや協力し合うことの楽しさ，成し遂げることの喜びを体感する。
・地域の人々とふれあうことにより，郷土に対する視野を広げたり郷土のよさを再認識したりして愛着を深め，大切にしようとする態度を育てる。

●指導の重点
・栽培活動を縦割り異学年集団で体験することによって，働く喜びや協力することの大切さを感じ取ることができるようにする。
・地域の人々と一緒に花壇栽培活動に取り組むことによって，先人の知恵を学び，感謝の気持ちを持てるようにする。

●活動内容
教育課程（学校創意活動の時間）に位置づけ，全校児童と教職員が一丸となり，汗と知恵を出し合って活動する。活動内容は右上の図を参照。

❹確かな効果を生むための留意点

本校の子どもたちは，言われたことを真面目にし，よく働くが，自分から進んで積極的に活動する態度が十分ではない。そこで，縦割り班による花壇栽培活動を通して働くことへの一層の喜びを感じ，物事に積極的に取り組む態度を育んでいきたいと考え，次の点に留意して取り組んでいる。

●花壇栽培活動が意味ある活動となるよう，振り返りの場を工夫する。

活動後の話し合いやリーダーの意見交換会，「花壇振り返りカード」等を使って気づきを増やし，成就感を味わえるようにした。

●花壇栽培活動と道徳の時間や『心のノート』との関連を図り，体験を生かして道徳的価値の自覚を深める。

本活動と関連が深い道徳の価値項目及び『心のノート』の内容は数多くある。これらを花壇栽培活動での体験と効果的に組み合わせて実践していくことにより，ねらいに向けて相乗的な効果がもたらされるようにした。

●低・中・高学年の発達を考慮した役割取得のプロセスや目ざす子ども像を明確にして支援していく。

学年の発達に応じたねらいを具体的な子どもの姿で表した（p.86の表参照）。これらを基に縦割り活動を積み重ねていくことにより，子どもたちが自らの役割を広げていけるようにしてキャリア発達を支援している。

キャリア発達を考慮した花壇栽培活動における目ざす子ども像

●印は重点項目。

	低　学　年	中　学　年	高　学　年
ねらい	・働くことへの関心を高める。（責任と奉仕の喜びを体得させる初歩指導） ●自分でできることをいっしょうけんめいにしよう。	・友達とのかかわりを深め、役割意識を育む。 ・自分の持ち味を引き出す。 ●友達と協力して取り組もう。 ●友達のよいところを見つけよう。	・リーダー経験を通して自分が役立つ喜びを体得させる。 ・自分の持ち味を生かす。 ●自分の役割と責任を果たそう。 ●自分の希望をかなえるために努力しよう。
人間関係形成能力	・自分の好きなことやきらいなことをはっきり言う。	・自分や友達のよいところを見つけ、励まし合う。 ・友達と協力して、活動に取り組む。	・自分の長所や欠点に気づき、自分らしさを発揮する。 ・異年齢集団の活動に進んで参加し、役割と責任を果たそうとする。
情報活用能力	・身近で働く人々の様子がわかり、興味・関心を持つ。 ・花壇栽培活動に取り組み、働くことの楽しさがわかる。	・花壇栽培活動には、いろいろな仕事や役割があることがわかる。 ・花壇栽培活動に積極的にかかわり、働くことの楽しさがわかる。	・異学年集団のリーダーとして活動するなかで、働くことの大切さや苦労がわかる。 ・活動の様子等をまとめて発表することができる。
将来設計能力	・割り当てられた仕事・役割の必要性がわかる。 ・作業の準備や後片づけをする。	・互いの役割や役割分担の必要性がわかる。 ・計画づくりの必要性に気づき、作業の手順がわかる。	・いろいろな役割があることやその大切さがわかり、作業の計画を立てることができる。 ・仕事における役割の関連性や変化に気づく。
意思決定能力	・自分の好きなもの、大切なものを持つ。 ・自分のことは、自分で行おうとする。	・自分のやりたいこと、よいと思うことなどを考え、進んで取り組む。 ・自分の仕事に対して責任を感じ、最後までやり通そうとする。	・いろいろな役割のなかで自分のやりたい作業ややれそうな作業を考えて選ぶ。 ・課題を見つけ、自分の力で解決しようとする。

●地域の人々と継続的にふれあいながら、豊かな人間関係を築いていけるようにする。

花壇栽培活動を通した地域の人々とのふれあいとして、次のような活動を行っている。
・月2回の老人クラブとの協働作業
・地域に広がる花づくりの輪「花いっぱい運動」
・お年寄りや地域の方々と「花を楽しむ会食の集い」
・三世代ふれあい活動
・親子グリーン活動、地区の人々との夜間除草
・一人暮らしのお年寄りへの花鉢プレゼントなど

花鉢とお手紙のプレゼント

●花壇栽培活動を教育活動の中へ広げ、活用する。
・学習への活用、学校行事との関連など

❺評価と課題
●評価について

尺度の開発も望まれるところであるが，キャリア発達には個人差があり，一人一人を見つめ，適切にとらえていくことが大切である。キャリア発達に関する4つの能力領域（人間関係形成能力，情報活用能力，将来設計能力，意思決定能力）を意識して，経験の広がりや役割の変化等，子どもたちの些細な変化を見逃さない目を養っていくことが必要である。また，とらえた結果を基に，一人一人に応じた指導を行うには，子どもたち自身が学びの意味を自覚することが大切である。そこで，活動中の様子や活動後の話し合い，「花壇振り返りカード」や日記などから子どもたちの姿をとらえ，その萌芽を知的にフィードバックしていくように努めている。

●課題について

- **教師自身の意識改革**…キャリア教育についての理解を深めるとともに，教師自身がキャリア教育の目ざす4つの能力を磨く姿勢が大切である。
- **教育課程への位置づけや校内組織，指導体制の整備**…各領域の諸活動をキャリア教育の視点で体系化し，6年間を見通して組織的・計画的に実施することができるよう，教育課程編成の在り方を見直していくことが必要である。
- **評価について**…尺度の開発と併せて，教師自身の子どもをとらえる目を豊かにしていくことが望まれる。また，実践を積み重ねるなかで見えてきた子どもの具体の姿を通して「職業観・勤労観を育む学習プログラムの枠組み」を見直していく必要がある。
- **小・中・高校間の連携や地域社会との連携・協力**…各学校において活動相互の関連性や系統性を意識し，小・中・高の学校間や地域社会との連携を図りながら，発達に応じて教育活動を展開していくことが必要である。

●キャリア教育の疑問と本実践での考え方

Q. キャリア教育における低中高学年の発達段階をどうとらえればよいか？

2002年の国立教育政策研究所生徒指導研究センター『児童生徒の職業観・勤労観を育む教育の推進について』に示された「職業観・勤労観を育む学習プログラムの枠組み（例）」では，キャリア教育で育成する4つの能力領域，「人間関係形成能力」「情報活用能力」「将来設計能力」「意思決定能力」が示されている。これらを，小学校から，中学校，高校と12年間をかけて段階的に育成することで職業観・勤労観の育成が意図されている。

本実践では，この「学習プログラムの枠組み例」を参考に，縦割り活動における低・中・高学年段階それぞれでの発達と移行を考慮して「花壇栽培活動における目ざす子ども像」を作成した（p.86の表参照）。この表に基づき，学年の発達に応じて具体的な支援や評価を行っている。

Q. キャリア教育の第一歩を，どのようにして踏み出せばよいか？

学習指導要領において，キャリア教育に関連する事項は相当数に上る。特別に新しい活動を行うというよりは，いまある教育活動の中に「キャリア教育」の視点を盛り込んでいくことが大切である。本実践同様，まずは，年間計画をとらえ直すことから始めたい。「学習プログラムの枠組み例」で示された4つの能力領域を意識し，活動のねらいの中に，指導計画の中に，支援の中に，評価の中に盛り込みながら，キャリア発達課題の達成として指導していく。取り組みの視点を変えることで新たな教育効果が期待できる。できるところから始め，徐々に広げていくなかで，やがては組織的・計画的に個々の学校独自のキャリア教育として立ち上げていきたい。

Q. 保護者の理解・協力はどのように求めていけばよいか？

本実践では，保護者や地域の人々とのかかわり合いの場を継続的に年間計画に位置づけている。親と子，老人クラブのお年寄りなど，三世代が汗して共に働くことにより，保護者や地域の理解を得るように努めている。花壇作業では，老人クラブの方々の知恵に学ぶことが多い。また，共に活動することにより，コミュニケーション能力も高まっている。

これらの活動は学校便りや広報等を通して広く地域に発信し，理解と協力が得られるよう努めている。

❻活動の様子

活動名「花の広場・一刎公園をつくろう」
―縦割り異学年集団による体験的な活動―

朝活動での花とのふれあい

●今年度の花壇のテーマ

　　一刎公園「花の音楽会」
「花の音楽会」とは、わたしたちや老人クラブの人たち、お父さん、お母さん、地域の人たちが心を通わせ、力を合わせてきれいな花の咲く、楽しい一刎公園をつくり上げるという意味です。一刎の人たちが協力し合い、思いを寄せ合って育てた花たちが、いろとりどりのハーモニーをかもし出し、地域の人たちの心の安らぐ場所となってほしいと思います。（6年A児）

●今年度の取り組み

学校花壇の世話

　毎日の朝活動や一刎タイム（学校創意活動の時間）に児童と教職員が、土づくりや水やり、除草、花がら摘みなどをしている。月2回は、老人クラブとの交流を図っている。

手作りの竹鉢とテーブル

　地域に自生している竹を利用して作った鉢に、一人一人が花を植えて育てている。また、廃材を利用したテーブルやいすを作って、地域の人たちの憩いの場所を作った。

花いっぱい運動

・4月…校舎の周りの道路にチューリップとパンジーを植えたプランターを並べる。
・5月…昨年とれたアサガオの種を校区の全家庭に配布する。
・6月…校区のバス停や掲示板の下などに、プランターを置き、児童が責任をもって世話をする。
・9月…学校で育てた花鉢を、一人暮らしや寝たきりのお年寄りにプレゼントする。
・10月…花壇作業を共にした老人クラブや地域の方々を招いて花を楽しむ会食の集いを行う。

三世代ふれあい活動

「花の音楽会」のテーマの下、老人クラブ、保護者、児童、教職員が協力し合って、除草や水やりなどの花壇作業を行っている。

●実際の活動から

活動①毎日の朝活動―働くことから始まる1日―

　本校の1日は、まさに花とのふれあい、働くことから始まる。子どもたちは登校すると、晴れの日は花壇へとかけ出していく（雨の日は読書）。縦割り班で協力しながら、土づくりや水やり、花摘みや除草等の活動を行う。

　これらは当番活動として割り当てるのではなく、縦割り班のリーダーを中心として子どもたちに計画・準備・運営等を任せることにより、主体的に活動しようとする態度の育成を目ざしている。そのため、各縦割り班ごとの話し合い（子どもたちは「作戦会議」と言う）やリーダー同士の話し合いの場を定期的に設けている。

　活動後は、簡単な振り返りの場を設けている。「今日、サルビアが赤くなっていました。びっくりしたよ」「パイナップルミントのにおいがつんとして気持ちがよかったよ」「がんばって水をかけたらリーダーがほめてくれました。うれしかったよ」など、低学年は、働くことを通して気づきや喜びをのびのびと表現する。それらを大いに語らせ、働くことの喜びを十分に味わえるようにしている。また準備や後始末等、自分のことは自分でしっかりと行う態度も身につけるよう励ましている。

　中学年になると、友達とのかかわりが多くなり、活動中に作戦を立てたり、仕事を分担したりしている姿が見られるようになる。ここでは、いろいろな仕事（役割）があることや、役割分担の必要性に気づくよう支援している。

　高学年は、毎朝リーダーとして自分の役割を果たそうと努めている。低学年への言葉がけや班内の仕事の分担、作業手順の決定など、役割と責任を果た

そうとしている姿を大いに認め励ましながら，リーダーとして役立つ喜びを味わえるよう支援している。下学年の子どもたちにとっては，このような上学年の姿が，知らず知らずのうちに近未来の自分自身のモデルとして意識づけられていく。

このようにして，日々，働く経験を積み重ねることにより，子どもたちは，働くことの大切さや楽しさ，友達と協力する喜び等を味わいながら，勤労観を育んでいくものと考える。

老人クラブの方々とのわら敷き

活動②―一刎タイム―学校創意活動の時間―

一刎タイムは，毎週木曜の5・6限に位置づけ，花壇栽培活動を中心とした体験活動を縦割り班で行っている。月2回は，老人クラブとの継続的なかかわりをもつ。

ア 竹鉢づくり，テーブルづくり，看板づくり

リーダーを中心としてアイディアを出し合い，図案を考え，役割分担をしながら協力してつくり上げた。「～さん，次はここ塗ってね」「～さん，とても上手ね」「最後に後始末も頑張ろう」など，高学年は，仕事の進み具合を確かめながら自分の責任を果たそうと努めており，班の友達と協力してよりよいものに仕上げようとがんばる姿が見られた。

縦割り班でのテーブルづくり

イ 老人クラブとの交流

一刎タイムのうち月2回は，老人クラブとの交流を通じて，土づくりや除草，花苗植え，わら敷きなどの活動を行っている。子どもたちは，共に働くお年寄りたちの姿を見て，作業の素早さや工夫，豊かな知恵に驚いたり，昔の学校の様子や花壇に寄せる思いなどをお年寄りから聞いたりしてふれあいを深めている。

活動③自分自身を振り返る場

花壇栽培活動が子どもたちのキャリア発達を促し，意味ある活動となるよう，活動後の振り返りを大切にしている。活動後の話し合いに加えて，「花壇振り返りカード」「花壇日誌」等を工夫している。

「振り返りカード」は，目ざす子ども像（p.86の表）を意識し，できるだけ具体的な項目で振り返ることができるようにした（下記はその例）。

- 自分ががんばったなあと思うことはどんなことですか。
- 友達と協力して楽しくできましたか。
- 花壇の仕事で工夫したことはどんなことですか。
- 花壇の仕事で大変だなと思うのは何ですか。
- 自分の仕事は，最後までやり通しましたか。
- 花壇の活動は，はじめとおわりを比べてどうでしたか。

「花壇振り返りカード」からは，働くことへの関心を高め，自分のがんばりに気づいている姿を見て取ることができる。自己評価の点数は各担任が集計して考察し，児童理解に役立てたり，今後の活動に生かしたりしている。考察する際にも上述の子ども像をよりどころとしている。

＜Y児の「振り返りカード」より＞
…困っているときいろいろな人が助けてくれました。私は，今まで何でも一人でやろうとしていたけれど，今では，人にたよることも大切だなあと思っています。だから私は，次の仕事では，「今度は私が助けてあげたいな」と思っています。…

友達とのかかわりによって、協力して仕事に取り組もうとする気持ちの高まりを見ることができる。「振り返りカード」からは、自分自身のがんばりや気持ちの変化、活動の広がりに気づく子どもたちの姿が見られるようになってきた。

花壇振り返りカード（1年 T児）

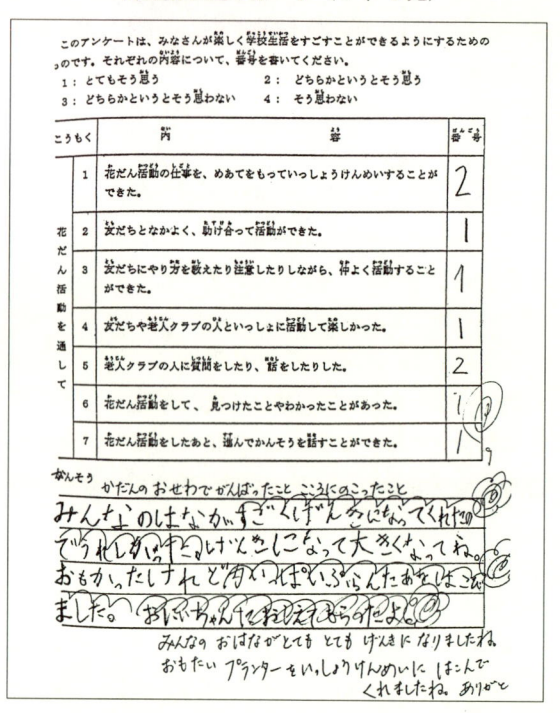

<T児の「花壇振り返りカード」より>
　おじいちゃんといっしょのチームで牛ふんをはこんだよ。くさかったよ。汗がいっぱいでたよ。服がべちょべちょになったけれどがんばりました。おじいちゃんたちは「ひょいひょい」と言ってバケツをひっくり返していました。花だんがほかほかになってうれしかったよ。終わったとき「やったあ」と言いました。

　これは、やり終えた気持ちよさを味わっている1年生の姿である。目ざす子ども像（p.86の表）の視点から「身近で働く人々の様子が分かり、興味・関心をもつ姿」、「働くことの楽しさを味わっている姿」であるととらえることができる。
　「花壇日誌」からは、高学年の子どもたちが書いているリーダーとしての苦労や責任を果たそうとしている姿が見て取れる。そのような姿を大いに認め、その都度朱書きを入れて励ましている。

<K児の花壇日記より>
…ぼくは土を運ぶ役でした。バケツいっぱいに入った土を持って運ぶと、とても重くてこしがいたくなりました。何度も運んでいるうちになれてきました。重いのにもなれたので力を出してどんどん運びました。やっと終わったのでぐん手をとると、手が真っ赤になっていました。いっしょうけんめいはたらいた手だなと思いました。
…バケツを持ち上げると重くてよろよろしました。でもグループのみんながぼくを待っていると思ってがんばりました。花だんに着くと1年生のRさんがうれしそうな顔をしました。今度もいっしょうけんめいやろうと思いました。

　重い土を運びながら、だんだん重さにも慣れていくことに自分で気づき、進んで仕事をしたK児である。自分の手を見て働いたことを実感し、成就感を味わっている。また、仕事がつらいときは、「グループのみんなが待っている」という目当てを思い出してがんばれるようになったこと、下学年の子をいたわれるようになったことが大きな進歩である。
　子どもたちは花壇づくりを通して、役割を果たすことの大切さを体感している。K児の姿に、目ざす子ども像の意思決定能力「自分の仕事に対して責任を感じ、最後までやり通そうとする」（p.86の表）の育ちを見ることができる。
　このように、自己評価、相互評価を随時取り入れながら振り返る場を重視することにより、「やればできる」「役に立っている」などの成就感を持てるようにするとともに、仕事に対する責任感を培うよう留意している。
　「振り返りカード」や記録は、一人一人の活動の歩みとして累積している。それらを基に子どもたちの小さなよさや変化を積極的に見つけ、一人一人にフィードバックすることにより、子ども自身が自分の役割や取り組み方の変化に気づいていけるようにし

ている。

今後は，子どもたちの能力や態度のみとり（評価），すなわち，教師自身がキャリア発達にかかわる4つの能力領域を意識し，子どもを豊かにとらえる目を鍛えていかなければならないと考えている。

❼ 他教科等への発展
発展①道徳の時間や『心のノート』との関連

花壇栽培活動における体験を生かした道徳の時間を年間計画に位置づけ，道徳の時間に，体験活動を想起したり，自分の生活を振り返ってみる場を設定したりすることによって，内面的な自覚を深め，進んで実践しようとする態度の育成を目ざしている。

低学年の例

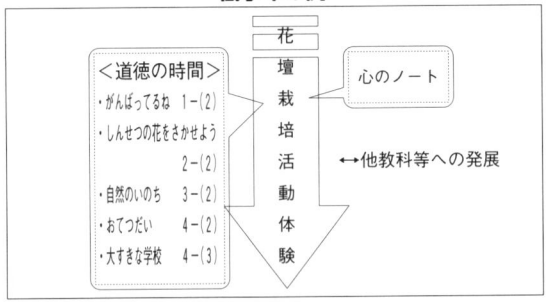

```
<道徳の時間>              花
・がんばってるね 1-(2)    壇    ┌─────────┐
・しんせつの花をさかせよう  栽    │ 心のノート │
                2-(2)   培    └─────────┘
・自然のいのち  3-(2)    活
・おてつだい   4-(2)    動    ←→他教科等への発展
・大すきな学校  4-(3)    体
                        験
```

<主題名> がんばってるね 1-(2)
<ねらい> 自分がやらなければならない勉強や仕事は，しっかりと行う。

＜2年生の道徳授業より－導入時－＞
T(教師)：毎日，朝活動で花壇のお世話をしていますがどんな気持ちでしていますか。
C(児童)：話をしながらして楽しい。
C：ときどきいやだなあと思うときがある。
C：がんばっているときとそうでないときがある。
C：お姉ちゃんたちにほめてもらうとうれしい。
C：花が大きくなってうれしいと思っている。
C：花壇がきれいになればいいと思っている。
C：水やりは楽しいけれど草むしりはいやだな。
T：なんで朝活動をするのかな。
C：花壇が一岡小学校のすごいところだから。
C：がんばる気持ちになるため。
C：学校がきれいになるから。
C：お客さんが見て喜んでくれるとうれしいから。
C：なかよくがんばることが大事だから。

体験活動と道徳の授業での子どもたちの意識の連続を図るため，導入で朝活動を振り返らせた。子どもたちは，具体的な体験を基に自分の気持ちを素直に振り返っていた。また，友達の考えを知ったり，自分の考えと比べたりすることができ，ねらいとする価値への方向づけができた。

「がんばる気持ちになる」「みんなでがんばることが大事」という発言や「お客さんが喜んでくれるとうれしい」という発言からは，低学年ながらも体験活動の意義をとらえている様子が見て取れた。

＜「心のノート」の活用－授業後－＞

授業後，1・2年生用『心のノート』（p.16～19「がんばってるね」，下図）を活用した。

p.19の「しっかりできたときの気もち」を記録することにより，がんばって働いている自分自身への気づきを深め，これからの実践意欲を一層高めるようにした。さらに，p.16～17ではイラストを見ながら話し合うことにより，学校や家庭でしなければならないことがたくさんあることに気づいたり，それらの大切さを感じ取ったりしていけるようにした。

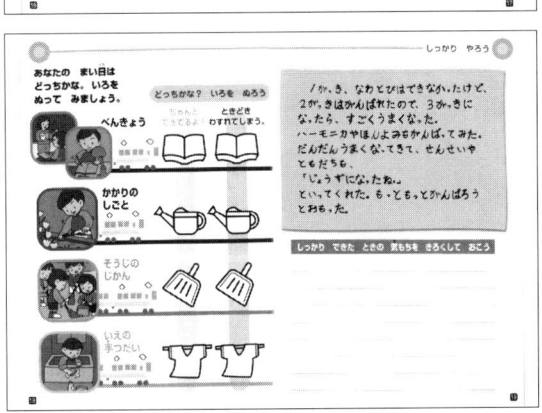

『心のノート』の該当ページ

<道徳の授業後の体験活動>

　体験活動と道徳の時間とを効果的につなげることにより，子どもたちの価値意識が深まり，生活の中で生きて働くと考える。道徳の時間のねらいを具現化する場として，授業後の花壇栽培活動が有効であると考え，実践を積み重ねた。

　「体験活動→道徳の時間の指導→体験活動→道徳の時間の指導」というサイクルで繰り返すことにより，自分から進んで朝活動に取り組む姿，花にやさしく声をかけながら水やりをする姿，働いた後のがんばりやすがすがしさを意欲的に発表する姿等が見られるようになり，道徳の授業での実践意欲が少しずつ実践につながってきていると思われた。

　今後も，子どもの生活や体験活動とかかわる身近な資料を発掘したり，自作資料を開発したりしていく必要がある。

　このように，体験活動を進めるに当たっては，自分の取り組みを見つめたり，自分のがんばりに気づいたり，今後の課題をもったりしていけるような手立てや支援が有効に働く。その一つが道徳の時間であり『心のノート』の活用であると考えている。

発展②卒業生の話を聞く会

　本校の卒業生（中学生）を招いて，話を聞く会をもった。

　中学生は，小学校時代の花壇栽培活動の思い出や勤労の大切さ，卒業してはじめてわかる本校のよさなどを親しみを込めて語ってくれた。「お兄ちゃんたちは，よく働くところが一刎小学校のいいところと言っていたよ」「花壇は学校の自慢だから，これからもがんばりたい」「一刎小学校の人はとても掃除が上手だとほめてくれたよ」など，子どもたちは，自分たちの先輩の話から，改めて学校のよさや働くことの大切さに気づき，花壇栽培活動への実践意欲を一層高めたようである。

発展③国語科との関連－親子俳句教室－

　ゲストティーチャーとして俳句の先生を招き，美しく咲き誇った花壇のそばで，花壇栽培活動を題材とした俳句づくりを行った。

- 草むしり　ミントのにおいがはなをくすぐる
- 手も足もちくちく　花壇にわらをしきました
- わらをしく　花壇にできたお好み焼き
- お日様の下ああいい気分　花に水をあげました
- 満開だ　花たちのおしくらまんじゅう
- 花摘みする　さようならが言いたくなる
- ペンキぬり　はみださずにぬる息をとめる

　子どもたちは，長期にわたる栽培活動に思いをはせ，働くことを通して味わった素直な喜びや感じ方を，のびのびと表現していた。

発展④生活科，図工科との関連

　生活科の「学校大好き」「花だんとなかよし」や，理科「植物の観察」，図工科の「写生」「ポスター」等で具体の教材や資料として花壇栽培活動を生かし，より充実した活動が展開されるようにしている。

発展⑤地域に広がる花の輪

　地域のお年寄りに学校で育てた花鉢をプレゼントしている。また，「花いっぱい運動」として，育てたアサガオの種を校区に配布したり，バス停や掲示板下にプランターを置いて世話をしたりしている。

校区に配布したアサガオの種

さらに，完成した「花の広場・一刻公園」へ，お世話になった老人クラブや地域の人々を招待して「花を楽しむ会食の集い」を行った。子どもたちの発表あり，ふれあい会食ありの楽しい集いである。「花を楽しむ会食の集い」を進めるに当たっては，企画や準備等において，子どもたちが役割を分担したり，計画を立てて取り組んだりする姿が見られた。
　低学年「割り当てられた仕事・役割の必要性がわかること」，中学年「互いの役割や役割分担の必要性がわかること」，高学年「仕事における役割の関連性や変化に気づくこと」「異年齢集団の活動に進んで参加し，役割と責任を果たそうとすること」など，目ざす子ども像の視点をしっかりと意識して支援していくことにより，子どもたちのキャリア発達がより一層促されるよう努めている。

花壇作業－毎日の水やり－

　このように花壇栽培活動を核として，道徳の時間や『心のノート』，他教科等と関連させていくことにより，子どもたちは，地域の人々とのふれあいを深めながら，自分が役立つ喜びや成就感を味わうことができたと考える。今後も，子どもたちのアイデアを生かして花壇づくりを継続し，活動意欲を高めていきたいと考えている。

❽終わりに
将来の職業観の育成へ

　縦割り班による花壇栽培活動は，本校の伝統であり，子どもたちにとっても自慢の一つである。「また今年もきれいな花壇をつくりたい」という大きな目当てがあるので，一人一人の意欲は必然的に生まれてくる。その意欲をいかに持続させ活動を進めていくかが課題であり，学年の発達に応じて，一人一人の実態に合った指導がなされなければならない。適切な指導が実を結んだとき，働くことの喜びや協力し合うことの楽しさ，成し遂げることの喜びを十分味わわせることができると考える。
　子どもたちは，本実践を通して，我慢することの大切さ，人とのかかわりの大切や，働くことの大切さなど，人間としての生き方を日々学んでいる。勤労を重んじ，目標に向かって努力する態度が確かに育ってきていると感じている。以下は，本実践から見えてきた子どもたちの姿である。

- 小さな種や苗が育ち，見事な花を咲かせるまでの長期にわたる栽培活動において，子ども一人一人が，花に目をかけ，心を配り，体をかけて世話をしたことによって満足感や成就感を味わっている。
- 振り返りの場でその日の世話の仕方を確認したり，発表したりして互いの努力を認め合い，働くことの喜びを実感している。
- 一人一人の持ち味を生かすことによって，楽しく活動に取り組み，働くことの楽しさを実感している。
- 縦割り班で活動することにより，協力の大切さを実感し，自分が役立っているという存在感を持つようになった。
- 道徳の時間や『心のノート』と関連づけることにより，自分を見つめ，実践意欲を高めることができた。
- 花壇を他教科や地域の人々とのふれあい活動に生かすことによって，創意工夫の実践力やコミュニケーション能力を高めることができた。
- 地域の人々とのふれあいを深め，地域のよさに気づき，郷土を愛する心が育ってきている。

　実践のなかにいま見る子どもたちの姿からは，確かにそれぞれのキャリア発達が促されていることを実感している。
　日々の花壇栽培活動を通して育んだ勤労観をベースに，将来望ましい職業観の育成が図られていくものと信じ，今後も縦割り異学年集団による勤労生産的な活動を積み重ねていきたい。

小学校
キャリア教育
実践事例 ❹

人とのかかわりを通して，いまの自分を見つめる

———————— 第6学年／総合的な学習の時間（約44時間）

学期ごとに各15時間前後の3つのテーマ「働くことを通して」「戦争と平和を通して」「尊敬する人・友達を通して」を設定した事例です。人とのかかわりを通して「本物」の生き方に触れ，いまの自分の生き方を見つめる学習が展開されました。

——————神奈川県茅ヶ崎市立緑が浜小学校　石田博英

◆本事例から学ぶ視点――編者より

① 活動を通してはじめて価値が届く＝本事例を貫くこの姿勢は，「自己情報や進路情報の理解」を「啓発的経験」及び「相談やコミュニケーション活動」を通して接近させることで職業観，勤労観といった価値観を形成するメカニズムを端的に示しています。
② 児童の表現意欲を大切に＝児童の成長や変化は子どもたちが書いたものに正直に現れます。子どもの持つ表現意欲は「本物」に接することで大きく表出しますので，「本物との出会い」も重要です。
③ 学校外の人的資源との協力＝本事例ではNPOの支援でコミュニケーション・スキルを身につけることにより，①のメカニズムを高次なかたちで達成しています。
④ 勤労観から職業観へのプロセス＝インタビューから職場見学へのプロセスにおける作文は，「勤労観」をベースに「職業観」が成り立つという二層構造（p.13）を実践的に示しています。

❶この学習で目指したもの

　　　　　　　　　活動を通してはじめて価値が届く

「活動を通してはじめて価値が届く」。7年ほど前，子どもたちが自分を見つめ，振り返るための有効な手立てはないものかと悩んでいた時に出会った，忘れられない言葉である。校舎の中をオートバイが走り回るほどの荒れ果てた中学校を3年間で見事蘇生させた，岩手県のS校長先生の実践に裏付けられた至言である。感動に打ち震えるほどのお話だった。まさに武士（もののふ）の言だと思った。

　当時，尊敬する人物の伝記を読ませての感想文や，NHKで放映されていた『プロジェクトX』のビデオを視聴させての意見文を書かせ，子どもたちを自身の内面に目を向けさせようと悪戦苦闘していた。しかし結果は芳しくなかった。書かれてくるものは，通り一遍の表面的な内容のものばかりで，どう見ても自分自身を見つめ振り返ったそれではなかった。

　活動，行動が足りないんだと感じていた。それは痛いほどわかっていた。実際に子どもたちが動かなければ，実感としての凄さや辛さや喜びを得ることはできない。また発見や驚きや感動は生まれてこない。長い教師経験と自分の経験からもそれはわかっていた。しかし，わかっているのだが，答えが見つからなかった。取って付けたようなボランティア活動をさせるのか，あるいは中学校で取り組み始めた職場体験でもさせるのか……と。いったい，小学生のこの子たちにどのような活動を組織し実行すればよいのかと，出口の見えない深い深い穴蔵にはまってしまったような状態だった。

「活動を通してはじめて価値が届く」，その言葉が私に重くのしかかった。何も明かりが見えず，私の取り組みは頓挫した。

　　　　　　「小学校におけるキャリア教育」との出会い

　総合的な学習の完全実施となる平成14年の4月を目前にした2月，NPOの方々の協力を得た「小学校におけるキャリア教育」に取り組んでみないかとの話が，学校長よりあった。年度末の超多忙の時期でもあり，また私の「キャリア教育」に対する認識不足（「キャリア教育」とは職業教育だと誤認していた）も手伝い，あまり前向きな姿勢ではなかった。「話だけは聞いてみよう」と，軽い気持ちでNPOの方々との話し合いに臨んだ。

　1時間ぐらいのつもりで臨んだ話し合いが，延々と続き4時間にも及んだ。しかも昼食抜きだった。理由はひと言。「これは面白い」と感じたからである。もしかすると諦めかけていた，自分を見つめ振り返る，「より善く生きる」ための学習を具現化で

緑が浜小学校第6学年のキャリア教育（総合的な学習の時間）年間計画（計44時間扱い）

	1学期（14時間） 働くことを通して	2学期（15時間） 戦争と平和を通して	3学期（15時間） 尊敬する人・友達を通して
学習目標	子どもたちが興味関心のある職業の人と積極的に関わることにより，自分にとって「働くこと」がどういう意味をもっているのかを考え，自分自身を見つめる。	戦争体験者の話を少人数でじっくりと聞き，戦争のない平和な今の時代が当たり前として過ごしている自分自身を見つめる。	自分が尊敬し，あこがれている人物となってインタビューを受け，その人物の生き様をもう一度考え自分自身を見つめる。また，身近な友達の良いところを発見し，互いに伝え合う活動を通して自分自身を再発見する。
主な学習内容項目	◇メッセージを受け止めよう ◇インタビューの仕方を学ぼう ◇インタビューしよう ◇振り返ってみよう ◇自分の目で確かめてみよう【職場見学】 ◇働いている自分を思い描いてみよう	◇調べてみよう ◇伝えてみよう ◇じっくりと聞いてみよう ◇振り返ってみよう	◇調べてみよう ◇尊敬する人物となってインタビューを受けてみよう ◇振り返ってみよう ◇友達の良いところを見つけ，伝えよう ◇いまの自分自身を描いてみよう ◇Discover myself

きるかもしれないと思った。そして，何よりもあの時に悩み続けた子どもたちの活動が，話し合いの中でうっすらと見えてきたのである。とにかくやってみようと，前向きな気持ちになっている自分がそこにいた。

併せて「キャリア教育」に対する認識も変わった。それは，薄っぺらな職業教育ではなく生き方を問う教育のことだと知った。私が長年取り組みたいと考えていた学びだったのだ。しかも総合的な学習として取り組めるのである。願ったり叶ったりである。答えは出た。「GO！」である。

この時点では，1年間の学習の細部についてはまだはっきりとはしていなかったが，学習の全体像として以下の点が確認された。
◇学習のテーマは『自分を見つめて』とする。
◇学期ごとにフィルターとなる学習活動を設定し，それを通して子どもたちに自分を見つめさせる
◇その活動は，人との関わりを主体とした活動とする。

前方に明かりが見えた。「活動を通してはじめて価値が届く」，その言葉が蘇った。

❷全体像と特色

「働くこと」「戦争と平和」「尊敬する人・友達」
この学習では【人と関わる活動】を第一義に置いて学習活動を組み立てた。それは，温もりを持った人との関わりを通した活動で，子どもたちの心を磨きたい。そして，その人達が本物の輝きを発していればいるほど子どもたちの心を打ち，今の自分を見つめるよいきっかけを作ってくれるはずだ，と考えたからである。

最終的には【関わる人】として，「働いている人」「戦争を体験したお年寄り」「国境なき医師団」「クラスの仲間」を設定した。こうした様々な人たちとのふれあいを通して，子どもたちは，今の自分を映し出し，自分を見つめる学習活動を行った。

この学習を成立させるための重要なポイントとなるのが，子どもたちと関わってくださる方々をいかにたくさん集めるかである。そこで，学習に入るにあたり，学習の趣旨や全体像を保護者に説明し，保護者への様々な場面での協力を呼びかけた。幸いなことに学校教育に対して非常に協力的な保護者集団であったため，年間を通しての学習ボランティア活動に好意的に取り組んでもらうことができた。

❸学習を振り返る

子どもたちが見せた輝き

子どもたちが、今の自分自身を見つめながら生きるための物差しを持とうとする。それは生きていく上で「選ぶ」ことは大切な行為だと気づき、その基準となる自身の物差しが必要だと実感して初めて可能となることだ。そのためのきっかけ作りがこの学習であった。

子どもたちがそれぞれ持っている物差しの、長さ、形、色は様々であるが、それでよい。ただ大切なことは、その物差しの数や形状が成長するにつれて変わっていくことだ。今の自分をしっかりと見つめながら「より善く生きる」ための選択が、今持っている物差しでよいのだろうか、あるいは、どの物差しを使えばよいのだろうかと、考えられる一人ひとりとなってほしい。それが、一人ひとりが生き方を問い続けられる心を持つことだと考えた。

子どもたちと1年間取り組んだこの学習は、
◇人と積極的に関わり（行動）何かを感じる
◇いまの自分を振り返りまとめる

基本的にはこの作業の繰り返しだった。きわめて単調な活動だが、子どもたちはその単調な活動の中で、多くのことを学び取った。その様子は、振り返りの作文（授業編参照）によく表れていた。その中での彼等の成長はこのように見て取れる。

◆人と関わることにより新たな発見をする。
　　　　　　【発見する力】
◆今まで見えなかったものが見えるようになる。
　　　　　　【問う力】
◆当たり前のように見過ごしていた事柄に
　気づき始め、周りを観られるようになる。
　　　　　　【自他同一化】
◆より広い視野で物事がとらえられるようになる。
　　　　　　【見通す力】

子どもたちに、こうした変容をもたらしたものが何であったのか。その要因はいくつか考えられる。

第一の要因は、この学習の中核を成している自分を見つめるためのフィルターを設定したという学習構造にあった。今回の学習テーマ「自分を見つめる」は、その行為が自己の内面への働きかけである性質上、それをいかに小学生の子どもたちに理解させるかが大きなポイントであった。つまり6年生児童においても学習可能な具体的な手だてが必要となったのである。その意味でフィルターの設定は、子どもたちの内的行為を見事に橋渡しする存在となった。

また、学習に入るにあたり、「自分の姿を鏡に映して見るように、これからの学習では、今の自分自身の【心】を他者という鏡に映し出していこう」と子どもたちに具体的に語り、目の前の大人と今の自分を比べ振り返ることを教えたことも、子どもたちの学習活動をより活発にすることとなった。

次に、フィルターとなってくださった大人の姿勢である。「自分が話すことで、この子たちが育ってくれるならば」と、どの方も真摯に熱く子どもたちと関わってくださった。そんな一生懸命に生きている一人の【人】を前にして、子どもたちは自分を見つめ、振り返っていたのではないだろうか。きっとその時子どもたちは、自分と関わってくれた温もりのある他者を通して、確実に今の自分を映し出していたはずだ。

そして、何よりも子どもたちの変容をもたらした最大の要因は、私たちがこだわった子どもたちと「本物」との出会いであった。額に汗し一生懸命に働く人たち。悲惨な戦争を体験し生き抜いてこられた方々。命を懸けたボランティアに励む国境なき医師団。こうした「本物」との関わりは、子どもたちに少なからずインパクトを与え、また、「本物」が見せてくれたあの迫力と輝きは、日々映像文化にどっぷりと浸り、現実と仮想との区別がつきづらくなってきている子どもたちを、現実の世界に引きずり込んでくれた。そして、今の自分自身を素直に見つめ、これからの自分を思い描くことを余儀なくしてくれたのである。正に本物の力の成せる技であった。

❹キャリア教育との接点と課題

意識せず培われたキャリア教育「4つの能力領域」

この学習をスタートさせるにあたり、キャリア教育との出会いがあったことは述べた。そのキャリア教育が、子どもたちの習得目標として「4つの能力領域」（p.7）を掲げていることを学習後に知った。

緑が浜小学校第6学年のキャリア教育（総合的な学習の時間）

テーマ『自分を見つめて』

これからの自分を思い描いてみよう！

【より善く生きる】

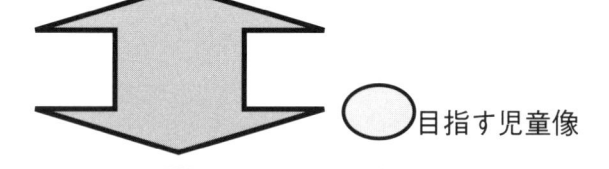

○ 目指す児童像

○ 見つめる鏡・フィルター

◇ 主な学習活動

働くことを通して
- ◇メッセージを受け止めよう
- ◇インタビューしよう
- ◇振り返ってみよう
- ◇自分の目で確かめてみよう
- ◇働いている自分を思い描いてみよう

尊敬する人を通して
- ◇調べてみよう
- ◇その人になってインタビューを受けてみよう
- ◇振り返ってみよう

友達を通して
- ◇友達の良いところを見つけ伝えよう
- ◇Discover myself

生き方を問い続けられる心

戦争と平和・ボランティアを通して
- ◇調べてみよう
- ◇伝えてみよう
- ◇じっくりと聞いてみよう
- ◇振り返ってみよう

併せて今回の学習の中で表出された子どもたちの力は、この4つの能力領域に例示されている力だったことにも気がついた。

「人と関わり自分を振り返る学習」を繰り返しながら、子どもたちは多くのことを発見し、自分を取り巻く環境を意識できるようになり（情報活用能力）、他者とのよりよい関わり方に気づき（人間関係形成能力）、自身の将来を考え（将来設計能力）、そしてそれを自分の言葉で語れる（意思決定能力）。そんな心の育ちや変容を遂げてきたのである。このことは、今回の学習が、決してキャリア教育における4領域能力を意識して取り組んできたものではなかったのだが、結果的には子どもたちが自分を見つめることにより、自らこれらの能力の涵養を成していたと教えてくれた。意識せずして学びの中で学習者に力が付く。これは、学習者にとっては最高の学びであり、指導者にとってもこの上ない喜びである。

こういった点から考えてみると、キャリア教育と今回の取り組み「総合的な学習の時間を使った生き方を考える教育」との接点は、十分に確認することができたのである。

実践して見えてきた「議論の必要性」と課題

ただ、小学校におけるキャリア教育の導入については、この4つの習得目標の取り扱いという点で多少の論議の必要があるようには感じている。敢えて取り扱いとしたのは、あくまでも個人的な見解として述べるならば、小学校段階では4つの能力領域を「習得」とはせずに「気づく」程度の押さえでもよいのではないかと考えるからである。これは決して消極的な発想からではなく、「気づき」から生まれる子どもたちの前向きな気持ちをうまく中学校につなげていくことこそ大切だと考えるからである。

併せて今回の学習を終えての課題も見えてきた。

① 小学校での心の育ちをどう中学校に繋げ、それを育て確かなものにしていくのか。（いわゆる小中の連携）
② 小学校6年間における「生き方教育」のカリキュラム作りをどうとらえ、学校総体としていかに計画・実践していくのか。
③ 地域の力・保護者を巻き込んだ学習ボランティアの協力体制や教職員の関わり方。

まずは、各学校において生き方教育の共通理解を図るための場の設定が先決である。

「より善く生きる」とは大人の学び

子どもたちは中学生となり、私たちの手から巣立っていった。この先それぞれの子どもたちが、どこまでこの学習を生かし、成長してくれるか大変に楽しみであり、不安でもある。「Discover myself」で発信した一人ひとりの思いを忘れずに、「より善い生き方」を追い求めて行ってほしいと願い、そのためにも一日も早い「小中を見通した生き方教育のカリキュラム」作りが望まれる。

最後に、この学習が多くの方々の協力を得て成立したことを付け加えたい。これだけ動きのある学習は、決して我々教師の力だけでは計画・実行できるものではなかった。

「働くこと」を子どもたちに熱く語ってくださった**地域の皆さん**。「戦争の悲惨さ、平和の尊さ」を孫に話すように優しく語ってくださった**戦争体験者**の皆さん。そして忘れてはならないのは、彼等の学習を陰でサポートしてくださった**NPOと多くの学習ボランティア（保護者）**の皆さんである。

とくに学習ボランティアの皆さんにおいては、急なボランティアのお願いの際にも快く協力していただき心強い限りであったし、献身的なこの協力なくしてはこの学習は決して成立しなかったと痛感している。改めて感謝申し上げたい。

この視点から観ると、この学習は、多くの大人たちの関わりとつながりから生まれたと言っても過言ではないのかもしれない。そして、我々大人が、積極的に子どもたちと関わることの大切さをも教えてくれた、貴重な「**大人のための学び**」であったように思う。作家山田太一氏の語った、

「今必要なのは確信を装って子どもに徳を説くことではなく、迂遠でも、大人が自分で多少ましだと考える生き方を何とか現実に生きてみせるしかない。」

（『中央公論』1999年9月号）

の言葉が、改めて思い出されるのである……。

❺指導の実際

より多くの職業を集める

6年生総合的な学習
『働くことを通して自分を見つめる』
14時間扱い（職場見学を除く）
テーマ：自分を見つめて
「より善く生きるために」

より多くの職業を集め，その中に一つでも子どもたちがインタビューしたいと思える職業があることがこの学習の重要なポイントとなる。そこでこの学習のために集まってもらった保護者によるボランティア組織との綿密な打ち合わせを重ね，可能な限り多種多彩な職業を集めるように努めた。その結果，以下のような多数の職業の皆さんが一堂に会することができた。

No.	職　　業
1	システムエンジニア
2	美容師
3	サッカーのコーチ
4	漁　師
5	教頭先生
6	ライフプランナー
7	プロサーファー
8	日本舞踊の先生
9	海洋生態・環境研究員
10	潜水調査船（深海6500）パイロット
11	医　師
12	スーパー店長
13	はり灸治療師
14	ＤＪ
15	コンビニ店長
16	ダンスインストラクター
17	消防士（救急隊・消防隊）
18	原子力研究者
19	精肉店経営者
20	大　工
21	ペットショップ経営者
22	バレエスクール校長先生・バレリーナ
23	農　業（トマト栽培）
24	警察官
25	市　長

学習集団作り（1時間）

学習に入るに当たり子どもたちを，4～5人を一グループとする学年総合学習グループに分けた。他者との関わりを第一義とする学習である以上，グループ作りはクラスを取り払ったくじ引きによる方法を採り，学習集団の中でも子どもたちがより多くの他者との関わりを持てるよう心がけた。

メッセージを受け止めよう（5時間）

インタビューを受けてくださる皆さんから，子どもたちに向けたメッセージを発信してもらい，子どもたちはそれらを基にそれぞれが興味関心のある職業をいくつか選んだ。その後，各グループに分かれてインタビューでの質問の内容とそれぞれの役割（司会者・質問者・記録者）を各グループ毎に話し合い，ワークシートにまとめ，インタビューに臨んだ。

【届いたメッセージの例】
　初めまして。私は○○○といいます。茅ヶ崎市に住んで15年になります。職業は麻酔科の医師で，東京の病院に勤めています。麻酔科は皆さんの知っている小児科や眼科，耳鼻科などの先生達と少し違って，おもに病院の手術室で働いています。患者さんが安全に，そして痛みがないように手術を受けられるようにすることが仕事です。

インタビューの仕方を学ぼう（2時間）

NPOの方々によるコミュニケイトに関するエクササイズが行われ，人との良好な関わり方について子どもたちは身体活動を交えて学んだ。これは，その後の学習活動にとって非常に有益な学習となった。その際に，子どもたちは大切なポイントとして以下のことを学び取った。

・相手に合わせる
　（声の高さ，大きさ，速さ・聞く姿勢）
・呼吸が合う⇒息が合う⇒相手の気持ちがよくなる
　⇒ここだけの話も聞ける

インタビューしよう（4時間）

本校多目的ホールに設けられた25職種のブースを，子どもたちはグループ単位でインタビューに回

った。1職種についてのインタビュー時間を10分とし，計6職種，60分間のインタビュー活動に取り組んだ。インタビューの順番については，グループより事前に提出された希望職種を基に教師が調整した。
「自分を見つめて」の1学期のメインの学習となるのがこの時間である。子どもたち一人ひとりが，真剣に目の前の大人たちと関わり学ぶ姿勢であること。また関わる大人たちも子どもたちの良きモデルとして積極的に語ること。この両者の響き合いがあってこそ，この学習は成立するのである。ゆえにそのための指導と準備には，指導者は最も心を砕いた。

結果は，当日の子どもたちの生き生きとした表情と振り返りの作文から容易に確認することができた。また，学習後の参観者や職業人の皆さんからの過分な評価からも再確認した。

振り返ってみよう（1時間）

インタビュー後には，職業人として関わってくださった大人と今の自分とを比べ，感じたことや発見したことをワークシートにまとめた。これは，学習者が自身の内面にインタビュー後に生じたであろう心の変化を文章化という手段で整理し，結果的にはその行為が「自分を見つめる」こととなる重要な作業である。そして，指導者が本学習を立ち上げる際に最も腐心した「活動を通してはじめて価値が届く」の言葉を検証するための場ともなるのである。ゆえにこの「振り返り」の活動は，おもだった児童の活動の後には必ず取り入れることとした。

職業インタビュー後の児童の作文からは，次のようなことが見て取れた。
- 人と関わることの大切さや楽しさを子どもたちは実感することができた。
- 働いている人の生の言葉から「より善い生き方」を考え，気づき，今の自分を見つめ将来への夢や希望を抱くことができた。
- 働くことの厳しさを学び，且つ喜びを感じながら，働くことへのより肯定的な思いを抱くことができた。

【児童作文「インタビューを終えて」】

①色々な人と会話してとても楽しかったです。精肉店経営者には，お肉の美味しく食べるこつを教わり，DJには，時間の大切さを学び，コンビニの店長さんからは，24時間営業のつらさを知り，農家の方からは台風のこわさを感じ，サッカーのコーチには子どもへの愛情を知り，日本舞踊の先生には，少し踊りを教えてもらいました。
たくさんの人とふれあいインタビューすることで，色々なことを学びました。すごく勉強になりました。

②職業インタビューをして，私は色んな人達からたくさん話を聞けて嬉しいです。『私達の為に働いているんだ!!』と，インタビューしている時に感じました。働いている人の大変さを初めて実感したと思います。そして，みんなその仕事『楽しい』と言って，嬉しそうでした。
サッカーなどを教えている人達は，「達成感が味わえるし，生徒さんに喜んでもらえると嬉しいです。」と言って，今の仕事に"ほこり"を持っているのではないか？と思いました。やっぱり人に喜んでもらえると嬉しいんだ，そういう気持ちになれる人ってすごいと思いました。私もそういう人になりたいと思います。今まではそんなこと思っていなかったけど，今，『そんな人になりたい!!』と，本当に思います。だから，この職業インタビューをして色々な事を学んだと思います。

③自分は店長というと，すごく楽な仕事だと思ってたけど，話を聞いていくうちに「なんだか大変な仕事だなあ」と発見した。農業で一番大変なのは，地面にうまっている物かと思ってたけど，一番大変なのは，外に出ているキュウリ，ナスなどが大変だっ

ていうことを学んだ。

④たくさんの人達に触れて色々なことを学びました。その中でも心にしみたのは、"命"と"人のことを考える"でした。消防士さん達が一番つらいのは、やはり人の命が助からないことだそうです。救急隊の人がこう言っていました。
「息も心臓も止まっている人は助かりにくいんだよ。本当のことを言うと、ほとんどの人が助からない人が多いな。でも、助かって、元気になった姿を見せてくれて『ありがとう』という言葉を聞いた時が一番嬉しいな。」
　市長さんは、「みんなが住みやすくてきれいな町が目標だ」と言っていました。その後、驚くようなことを言ってくれました。
「もちろん大人だけじゃなく、君たちみたいな子どもがちゃんと学べるような町にすることも大切なんだよ。」
と。私は、市長さん達が私達子どものこともちゃんと考えてくれていたことに、嬉しいような恥ずかしいような気持ちになりました。
　私も将来、消防士さん達や市長さん達のような他人（ひと）のことを考えられる、そして命を大切にする大人になりたいと改めて思いました。

⑤皆さん仕事をしていて、とても楽しそうでした。私は仕事は疲れるだけだと思っていましたが、皆さんは、「一番良かったことは？」と聞かれても、困らないですらすらと答えられていました。けれど、私は「学校で一番楽しいことは？」と聞かれてもあんなにすらすらと答えられないで、少しだけ悩んでいたかもなんて考えてしまいました。反対に「困ったことは？」と聞いたら、悩んで、あまりなさそうな顔をしていました。
　私も将来、仕事に就くんだったら、こんな良かったことがいっぱいあって、困ったことはあまりないよって、自信を持って言えるような、そんな仕事がいいなと思いました。

⑥今日、学習を終えて楽しみにしていたDJの話を聞いて、将来DJになりたいと思いました。で、○

○さんは、色々な人に出会えるのが楽しい!!と言ってて、この機会でDJになりたいと思った!!

⑦インタビューをしている時に困ったことがありました。それはインタビューすることを4つ考えていたけど、時間が少し余ってしまったことです。でもその場で考えたりしました。
　インタビューされる人は、やっぱりつらいことや大変だったことなど色々あるけど、でもその仕事がみんな好きなのはどうして？？と思いました。でも話している時に、私にはこれしかないというか、色々あるけど、「この仕事が好き」っていう人がたくさんいました。やっぱり、その仕事が好きじゃないと頑張ろうって気にはならないんじゃないかな、と思います。その人が仕事をして「ここが好き！」と思うのは、お客さんに「ありがとう」って言われたりすることだと思います。私もそんなふうに思えたらいいな、と思います。なんか話をしている時に、皆さんキラキラしてた。

職場見学（夏季休業時に実施）

◇自分の目で確かめてみよう
1.大型スーパー　2.ファーストフード店　3.コンビニエンスストアー　4.DJ　5.サーフショップ
6.ペットショップ

　職業インタビューを終え、その時に感じたことや実際に人が働くとはどういうことなのかを自分たちの目で確認するために、夏季休業を利用して上記の職場を見学した。そして子どもたちは新たな発見（児童作文〜〜参照）をし、以下のことを学んだ。

- 一生懸命働くことの大切さを知った。
- 働いている人の姿を通して，いつの間にか自分に置き換えて「人が働く」ことを考えていた。
- 「働く」ことが，自分にとってどういう意味を持っているのかを考えることができた（自分を見つめている）
- より良く人と関わるために必要なことに気がつき始めた。

【児童作文「振り返ってみよう」】

①発電装置をちゃんと管理している人がいる。安全だと思った。今までは知らなかったけれど，デパートの裏で働いている人もたくさんいるんだなぁと思った。発電機の中はすごく暑かった。けれどそういう中でも一生懸命働いている人がいるなんて，すごい!! 外に出る時にアイスクリームを入れる箱を洗っている人がいた。いやな仕事だと思うけれど，一生懸命やっていた。

まだまだ私には分からないけど，もっともっと奥で働いている人がいると思う。案内をしてくれた副店長さんも一生懸命教えてくれた。私も大人になったら，一生懸命仕事をしたい。

②○○に買い物に行く時，店の表側で仕事をしている人しか分からないけど，店の裏で仕事をしている人達を見学できてとても勉強になった。でも，裏の仕事は力仕事が多いと思った。裏と言っても表側と同じくらい大変な仕事だと思った。

働いている自分を思い描いてみよう（1時間）

子どもたちは「人が働くこと」を，インタビューと職場見学という活動を通して学び，自分自身を見つめてきた。その上でこの「働くことを通して自分を見つめる」学習のまとめとして，10年後，あるいは20年後の働いている自分自身を思い描き作文を書く活動を設定した。これは，働くことへの思いと憧れを，学習を通して形作られた今の物差しを使って書いたものである。

子どもたちは，予想以上に働くことを前向きに，かつ現実的にとらえ，将来への夢や希望を膨らませていることが指導者として確認できた。

【児童作文「働いている自分の姿〈想像〉」】

①私は，夜は通信制の勉強をして，昼間に出勤している。まず，朝早く起きることから一日が始まる。そして，用意を手早くすませる。家から近い位置にあるので，自転車で出勤する。人があんまり来ないうちに，賞味期限や不良品がないかをチェックする。また，少なくなっている品物を注文したりするのは，けっこう重労働だ。朝は，大抵涼しいからすがすがしいが，周りがガラス張りなので，昼間や夏など，直射日光がはげしいときは，暑くてたまらない。そして，昼間近くになると，だんだん人数も増えてくる。近くに高校があるので，そこの生徒が帰り際に寄りに来たりする。その時間帯には，店内は大混雑である。やっぱり，人がたくさん寄ってくれるのは嬉しいことだが，とても疲れる。そういう時の一番の励みになるのは，店長さんの励ましである。疲れているときに店長さんが優しい心遣いをしてくれるのは，とても嬉しい。

そろそろ帰る時間だ。店長さんや店の仲間に挨拶をして，自転車にまたがる。そして考える。今度，近くの小学校の生徒がインタビューに来るらしい。店長さんは，『楽しいことなどを聞かれるらしいから，考えておいて下さい。』と言っていた。その時，私の場合何かなと考える。考えているうち家に着いた。家でも考えていると，結局ひとつの事にまとまった。それは『仕事をしているうちに，たくさんの人に出会うことが楽しい』と言うことであった。〈コンビニエンスストアー〉

②僕は，朝8時に起きて9時に家を出て急いで自転車に乗って行った。9時30分に着いた。お店に入ったら，もうみんなお店の準備をしていた。やば

い!!と思った。その時ちょっと嫌な感じだった。そして店の裏に行ったら，『遅い!!』と店長に言われて落ち込んでしまった。ちょっとやる気が無くなって嫌な気分だった。それから服を着替えてレジの点検をした。『異常なし…。』

10時になった。みんなが入ってきた。僕は落ち込んでいたので，不機嫌の顔をしていた。2番目にきたお婆さんに，『そんな顔をしていると福が逃げるよ。』と言われて元気が出てきた。そして閉店して帰るときに『さようなら。』と店長に言ったら笑いかけてくれた。明日もがんばろうと思った。〈大型スーパー〉

③私は，朝8時43分に職場に着いた。そして服に着替えてみんな集まったかを確認したら，レジの用意をして10時に開店された。これから始まるのかぁと思うと，少しドキドキする。初めの方は夕方と比べると人が少ない。夕方よりも，仕事が楽だ。私の仕事は，食品売り場のレジ係で，お客様がこのお店を利用してくれて便利だなぁと思ってくれる人が多くなると，嬉しくなる。12時くらいになると少しお休みがあって，その時にお昼ご飯を食べる。この時間がゆっくり出来て，落ち着く。1時30分になると，また仕事が始まる。お客様には，出来るだけ笑顔でいないといけないから疲れる。けれど，この仕事が好きだ。5時頃になるとこれから人がたくさん来る時間だ。この頃になると，笑顔が少なくなってしまうから注意しなくてはならない。この時間は，夕食のおかずを買いに来るお母さんが多いから，少しホームシックになってしまう。（一人暮らしだから）9時になると，「今日の仕事は終わりだ。ふーっ，疲れた」と思った。お店も閉店した。最後に，みんなで今日の反省をして家に帰った。家に着いたのは10時24分だった。〈大型スーパー〉

❻終わりに

本物と触れ合うことにより生じた心の振動が子どもたちの物の見方を変えてくれると信じ，本学習を組織した。この後に続いた2学期3学期の本物との出会いが，子どもたちを確かに変えたと指導者は感じている。そのことは児童が1年間このの学習のまとめとして書いた作文「Discover myself」によく表れていた。

そこで最後に，1年間続けられた『自分を見つめて』の学習が，子どもたちにとってどのような学びであったのか，そして何を学び取ったのかを，この「Discover myself」を紹介して終わりたい。

【児童作文「Discover myself」】

1学期と夏休みには『職業』を通して自分を見つめ，2学期は『戦争と平和』の発表と戦争体験者の方の話を通して，3学期には『37人の良いところ・素敵なところ・輝いているところを見つけよう』や，『自画像のデッサン』を通して自分を見つめてきました。

総合の学習では，この『自分を見つめて』という学習でしか出来ないことをたくさん学べたので，とても良い経験になったと思う。その中でも人権についての話で，親切な気持ちの事やだれかが困っているのに知らん顔をしてそのままにして置いたり，自分がしなければならないことなのに他人事みたいにしているなど，今の私に足りないようなことの勉強だったので，それが一番自分を見つめられたような気がしました。

6年生の最後には『自画像』と尊敬する人から連想するものをデッサンしました。私の尊敬する人は，障害者でゴスペルシンガーのレーナ・マリアさんという人で，連想するものは菜の花にしました。菜の花にしたわけは，そのレーナ・マリアさんが，私の中では明るいイメージだったので菜の花の花言葉『快活』がぴったりだ!!と思って，そうしました。私がどうしてレーナ・マリアさんを尊敬する人に選んだのかと言うと，いつも前向きに色々考えられて，自分の体が不自由ということをコンプレックスに思わず，自分の不自由なことは人の倍努力して頑張る所が好きだし，すごいなぁと思うからです。

こんなに私はまだまだ足りない部分があるけれど，将来は寝たきりのお年寄りなどを介護する介護士になりたいと思っています。大人になるまでにこの足りない部分をなくして，これからは総合の学習で学んだことを何かあった時に活かせるようにしておきたいです。

小学校
キャリア教育
実践事例❺

人としての生き方，在り方を見つめ，未来を描く

●第6学年／道徳を核にした教科・領域横断的な学習

「人としての生き方，在り方」の教育という点で重なり合う部分の大きい道徳教育を核にしつつ，教科・領域を幅広く横断して構成。様々な生き方に触れる機会を設け，多様な視点から自分自身の生き方を見つめます。

東京都港区立白金小学校　平林和枝

◆本事例から学ぶ視点——編者より

①柔軟性＝継続的な取り組みと効果的な内容を確保するために，次のような工夫がされています。
　○共通のねらいを持つ道徳の時間を核に構成して単元の性格を明確にしている。
　○教育内容：教科，特別活動，「総合」の取り組みを関連付けて児童の関心を高めている。
　○教育方法：クラス単位や学年横断などそれぞれの特性を生かして設定されている。
②中学校への円滑な移行＝不安に寄り添い，前向きな姿勢を育てる手立てが盛り込まれています。
③多様な出会い＝一人一人異なるパーソナリティに適合してこそ，出会いは力を発揮します。外部人材との連携も含め，出会いは「準備8割：本番2割」。児童の顔を思い描きながらの仕込みが重要です。
④実践後の研究協議＝事後の検証が「柔軟な取り組み」をより効果的にします。関わる教師たちが常に共通理解を図り，よりよい授業作りを求める姿勢は，キャリア教育推進の大きなカギになります。

❶実践の経緯と概要

既存の教科・領域の内容をユニットとして再編

　小学校ではキャリア教育を行うための教育課程上の授業の枠はない。したがって，そのために特別な時間を設定し，新たな単元や領域を起こして授業を実施するのではなく，いまある教科・領域の内容を一つのテーマのもとに再編し，組み合わせて実践している。本ユニットもそのような実践の一つである。

　また，小学校におけるキャリア教育は，まさしく「人としての生き方，在り方」の指導であり，それは道徳教育と大変重なり合う部分がある。しかし，週1時間の道徳の時間だけでは，その目的を十分達することはできない。そのため，他教科・領域の中に含まれる内容を相互に関連づけて深めていくのが効果的なのである。

❷取り組みの体制

あるときはクラス単位，あるときは学年横断で

　6年1～3組は日頃からクラスの枠をはずし，校外学習や総合などはテーマ別の横割りの班を作って活動してきた。今回の活動も学年全体で取り組み，担任3人でTTを組んで実施した。ある活動はクラス単位で，またある活動は学年合同でと，それぞれの特性を生かし，効果的な指導を目指した。

❸教材開発

まわりから学ぶ機会を意図的に設定

　間もなく卒業していく子どもたちに，自分の将来についてじっくりと考えさせたかった。そのために，まわりから学んでいく機会を意図的に設定し，構成した。

道徳　●私の手が語る～本田宗一郎さん
　　　ものを作り続けて傷だらけの左手は，夢の実現のために努力した一生を物語る。
　　●ラスト・サムライ～秋野豊さん
　　　世界平和の実現のため，危険を顧みず自ら身を投じた。人々は尊敬を込めてラスト・サムライと呼んだ。
総合　●身近な人から学ぶ
　　　両親や祖父母と話し合い感じ取ったこと。
　　●本から学ぶ
　　　好きな人の伝記から心を動かされたこと。
　　●ゲストティーチャーの武藤さんから学ぶ
　　　p.109の活動で直接話を聞いて。
国語，保健，特活など
　　　宮沢賢治「イーハトーブの夢」などから。

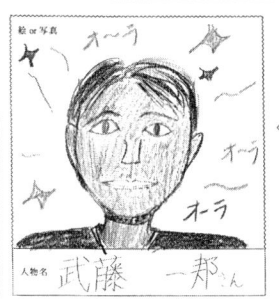

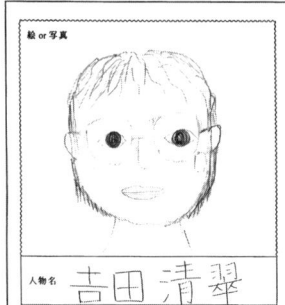

児童の「Jump to the future」ワークシートより

❹ユニットの指導案

各教科・領域の特質を生かして，ねらいに迫る

1．ユニット名

Jump to the Future～未来に向かって

2．ユニット設定の理由

（1）最高学年にあたって

いま社会では，上級学校に進学しても「何のために学ぶのか」と学ぶ目的がつかめず，大量の中途退学者を出してしまったり，働く意義が見出せず次々と職を変え，アルバイトで過ごしてしまったりする若者が少なくない。ただ一度の人生を，自分らしく自己実現を図って生きていくためには，小学校の段階から進路指導的な焦点で生き方を考えることが重要である。

小学校最後の学年を迎え，最高学年としての役割を果たすとともに，9か月後には卒業～中学校への進学～という新たなステップを踏み出そうとしている児童にとって，将来の夢や希望を持ち，自己の生き方を正面から考えることは，いまこの時期ならではの大切な課題であろう。

日頃から自己理解を深め，他者の多様な個性を理解し，互いに認め合って行動していくこと，多様な集団の中でコミュニケーションを図り，豊かな人間関係を築きながら成長していくことを願い，指導してきた。身のまわりの人や先人たちの生き方から，働くことを重んじ目標に向かって努力すること。これらの大切さを学び，夢や希望，あこがれの自己イメージを獲得していくことを願い，このユニットを設定した。

（2）児童の実態から

移動教室から帰校後，児童に次のようなアンケートをとった（結果は右ページ下を参照）。

```
①いま一番やりたいこと
②将来への夢
③「中学」のイメージ
④中学進学の目的
⑤中学への不安
⑥楽しい中学生活を送るためのポイント
⑦将来のために，いまがんばっておくこと
```

各自が工夫を凝らしたワークシートの表紙

同様のアンケートを以前とったときは，中学への進学にはたくさんの不安があり，将来の夢もなかなか持てない児童が多かった。今回は夢のある児童がほとんどであり，中学も「楽しくて，自分を成長させてくれるところ」と期待している様子がよくうかがえる。

しかし，一方では「Q．中学への心配，不安」について「受験に受かるかどうか」という，入る前の段階のことを述べていたり，「Q．何のために中学に行くのか」「Q．将来のために，いま何をやっておくべきか」などについては，抽象的な答えにとどまっている傾向が見られる。このような児童の実態から鑑みても，本単元の設定が必要であると考える。

3．ねらい

夢や希望を持ち，将来の自分の生き方を考えようとする態度を養う。

4．ねらいに迫るための手だて

（1）道徳，総合，保健，学級活動，学校行事，音楽，国語という各教科・領域それぞれの特質を生かし，ねらいの達成に向けて組み合わせる。

（2）調べ学習などの間接体験のほか，移動教室での活動や実際に人生の先輩の技に触れるなどの直接体験を多く取り入れる。

（3）学習内容によって，クラス単位の活動のほか，グループ，個人単位，学年単位など，様々な学習形態で活動することで，より広く，より深い交流を図る。

白金小学校第6学年「Jump to the Future〜未来に向かって」の構想図

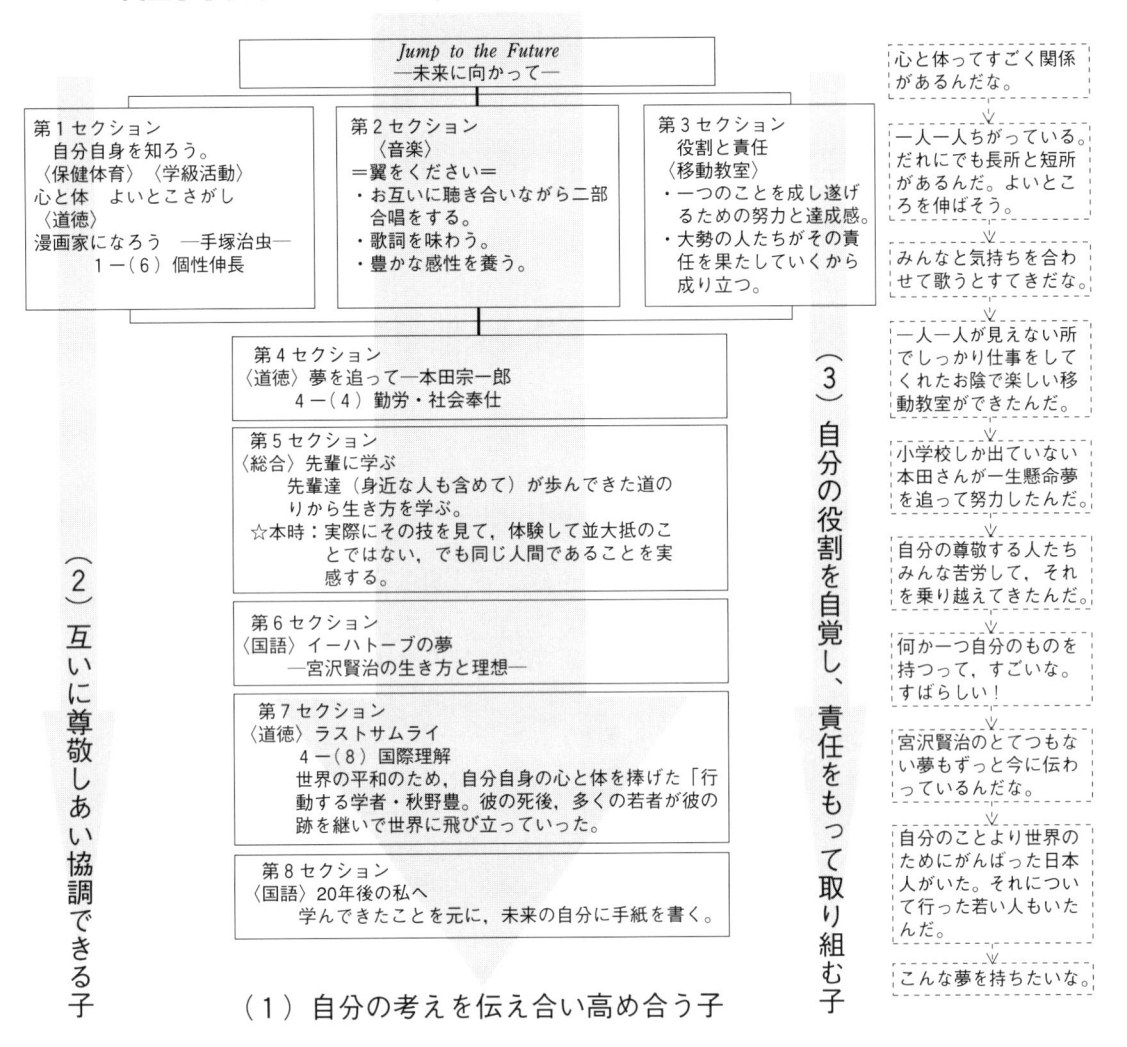

Jump to the Future
—未来に向かって—

第1セクション
自分自身を知ろう。
〈保健体育〉〈学級活動〉
心と体　よいとこさがし
〈道徳〉
漫画家になろう　―手塚治虫―
1－(6) 個性伸長

第2セクション
〈音楽〉
＝翼をください＝
・お互いに聴きあいながら二部合唱をする。
・歌詞を味わう。
・豊かな感性を養う。

第3セクション
役割と責任
〈移動教室〉
・一つのことを成し遂げるための努力と達成感。
・大勢の人たちがその責任を果たしていくから成り立つ。

第4セクション
〈道徳〉夢を追って―本田宗一郎
4－(4) 勤労・社会奉仕

第5セクション
〈総合〉先輩に学ぶ
先輩達（身近な人も含めて）が歩んできた道のりから生き方を学ぶ。
☆本時：実際にその技を見て、体験して並大抵のことではない、でも同じ人間であることを実感する。

第6セクション
〈国語〉イーハトーブの夢
―宮沢賢治の生き方と理想―

第7セクション
〈道徳〉ラストサムライ
4－(8) 国際理解
世界の平和のため、自分自身の心と体を捧げた「行動する学者・秋野豊。彼の死後、多くの若者が彼の跡を継いで世界に飛び立っていった。

第8セクション
〈国語〉20年後の私へ
学んできたことを元に、未来の自分に手紙を書く。

（右側コメント）
- 心と体ってすごく関係があるんだな。
- 一人一人ちがっている。だれにでも長所と短所があるんだ。よいところを伸ばそう。
- みんなと気持ちを合わせて歌うとすてきだな。
- 一人一人が見えない所でしっかり仕事をしてくれたお陰で楽しい移動教室ができたんだ。
- 小学校しか出ていない本田さんが一生懸命夢を追って努力したんだ。
- 自分の尊敬する人たちみんな苦労して、それを乗り越えてきたんだ。
- 何か一つ自分のものを持って、すごいな。すばらしい！
- 宮沢賢治のとてつもない夢もずっと今に伝わっているんだな。
- 自分のことより世界のためにがんばった日本人がいた。それについて行った若い人もいたんだ。
- こんな夢を持ちたいな。

（2）互いに尊敬しあい協調できる子
（3）自分の役割を自覚し、責任をもって取り組む子
（1）自分の考えを伝え合い高め合う子

ユニット実践前の児童アンケート

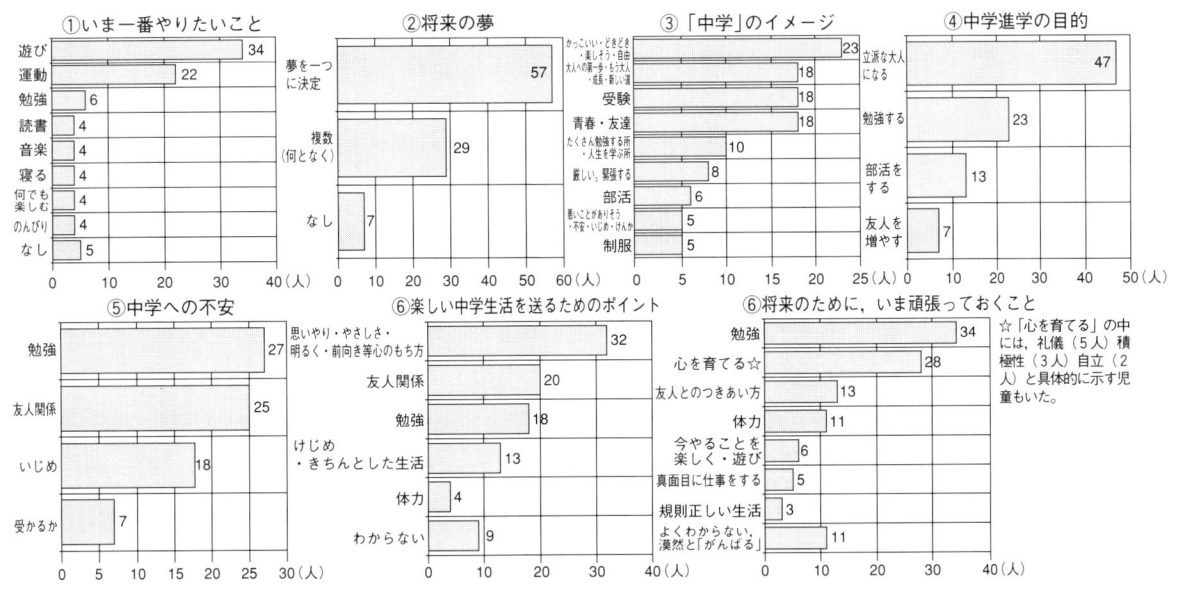

①いま一番やりたいこと
- 遊び　34
- 運動　22
- 勉強　6
- 読書　4
- 音楽　4
- 寝る　4
- 何でも楽しむ　4
- のんびり　4
- なし　5

②将来の夢
- 夢を一つに決定　57
- 複数（何となく）　29
- なし　7

③「中学」のイメージ
- かっこいい・どきどき・楽しそう・自由・大人への第一歩・大人っぽい・成長・新しい道　23
- 受験　18
- 青春・友達　18
- たくさん勉強する所・人生を学ぶ所　10
- 厳しい、緊張する　8
- 部活　6
- 悪いことおこりそう・喧嘩・いじめ・けんか　5
- 制服　5

④中学進学の目的
- 立派な大人になる　47
- 勉強する　23
- 部活をする　13
- 友人を増やす　7

⑤中学への不安
- 勉強　27
- 友人関係　25
- いじめ　18
- 受かるか　7

⑥楽しい中学生活を送るためのポイント
- 思いやり・やさしさ・明るく・前向き等心のもち方　32
- 友人関係　20
- 勉強　18
- けじめ・きちんとした生活　13
- 体力　4
- わからない　9

⑥将来のために、いま頑張っておくこと
- 勉強　34
- 心を育てる☆　28
- 友人とのつきあい方　13
- 体力　11
- 今やることを楽しく・遊び　6
- 真面目に仕事をする　5
- 規則正しい生活　3
- よくわからない、漠然と「がんばる」　11

☆「心を育てる」の中には、礼儀（5人）積極性（3人）自立（2人）と具体的に示す児童もいた。

第5セクション「先輩から多くのことを学びとろう！」（13時間）

〈単元名〉　　13時間扱い　本時8・9時間目 「先輩から多くのことをまなびとろう！」	〈育てたい力〉 ○素直に感動する力 ○影響を受けてかかわりながら活動する力，取り入れて生かす力 ○自己の変化を認識し，相手に伝える力
〈ねらい〉 ○様々な分野で活躍した人・身近な人と出会い，その人の考え方や姿勢の素晴らしさを実感し，自分の生き方に影響を受ける。	

先輩から多くのことを学びとろう！

Ⅰ（3時間）　**《先輩の生き方に学ぼう》**
◎自分の興味ある人を1人を選び伝記を読んだり，各資料，インターネットをもとに，その人の考え方，業績，努力等を調べ，生き方を学び取る。

Ⅱ（3時間）　**《身近な人の生き方に学ぶ》**
◎自分が尊敬する身近にいる人の中から，1人を選び，その人の考え方，人柄，行っていることをインタビュー等から，自分なりの感性で生き方を学び取る。

Ⅲ（3時間）　**《達人との出会いから学び取ろう！》**
―元プロ野球選手として活躍したゲストティーチャーを招待し，学ぶ―

1時間　　《出会いの計画》

　　支援◎　評価◇

達人ってどんな人？達人からどんなことを学びとる？

―達人の紹介と学習の計画をたてる―
①達人のプロフィールを紹介する。
②達人とのかかわり方を考える。
　（聞きたいこと）　　・経歴　・苦労や悩み　・努力
　（見たいこと）　　　・技
　（やってみたいこと）・実感したい　・経験してみたい

◎達人が成し遂げた業績の裏には，自分なりの強い意志と考え方と努力があることや，人間性に触れる内容を中心に話を聞くようにする。

（本時）2時間　《出会いと間接体験》

達人から話を聞こう！　見よう！　やってみよう！

―かかわり方をもとに実際に達人と出会い，かかわる―
①達人から，話を聞く。質問する。
②達人の技術を披露してもらう。
③達人の技術を疑似体験する。

◇プロフィールをもとに，自分のかかわり方を考えることができたか。

Ⅳ（4時間）　**《先輩から学んだことをまとめ，発表しよう！》**
◎今回の学習で調べたり，出会ったりした人から学んだことをまとめ，自分を振り返り，これからの将来や生き方を考える。

第5セクションⅢ「達人との出会いから学び取ろう！」の2時間目

〈ねらい〉
○達人のもつ素晴らしさ（考え方・姿勢・努力・技術）を，直接会って，話を聞いたり，見たり，疑似体験したりすることによって，実感する。

〈展開〉　　T1平林　　T2辻　　T3中嶋

時間	活動内容	支援の内容　◎支援◇評価
15分 図書室 （T1）	達人から話を聞く。 ①子どもたちが，前時に計画したことをもとに，聞きたいことを質問する。 ②子どもの質問をもとに，達人からの話を聞く。	◎本時の活動に意欲がもてるように，達人に業績や技術は，努力や強い意志によって成り立っていることに目を向けさせる。
30分 校庭 （T2）	達人の技を披露してもらい，体験してみる。 ①プロ野球選手時代にやっていた準備運動を教えてもらいながらやってみる。 ②達人が使っていたバットやボールに触れてみる。 ③近い距離で（2〜3m）でキャッチボールをしてみる。 ④素振りをしてもらい，スイングの速さを体感する。 ⑤硬球をティーバッティングしてもらい，衝撃の強さを実感する。 ⑥校庭の端から遠投してもらうのを見る。 ⑦実際の距離でピッチングしてもらい，ボールの速さを実感する。また，変化球も投げてもらう。 ＊雨天の場合は体育館で行い，内容の変更あり。	◎一人一人が体を動かし，自分の体験と達人の技術を比べやすくする。 ◎T1・T3が適所に移動し，側面から児童の見取りと安全確保に努める。 ◎五感で感じ取れるように，身近で音や速さを感じ取りやすくする。 ◇達人の技術の素晴らしさを実感することができたか。
15分 校庭 （T3）	今日の活動を振り返り，感想を発表してみる。 ○驚いたことや感心したこと，うれしかったこと，これからの自分にとって役に立ちそうなことを発表する。	◎感じたことを率直に発表させる。 ◇達人の技術の素晴らしさを通して，達人の人間性や生き方に触れることができたか。

☆ゲストティーチャーの略歴　武藤一邦　秋田県出身　秋田商業高校・法政大学卒業
○甲子園大会に2年連続出場。高校卒業後南海（現福岡ダイエー）ホークスにドラフト1位指名されるが，拒否して法政大学へ進学。東京六大学にて3年生の時に首位打者となる。全日本学生代表となり原（前巨人監督）や大石（元近鉄）とともに活躍。80年にドラフト3位でロッテオリオンズ（現千葉ロッテマリーンズ）に入団。イースタンリーグで首位打者。88年に引退。現在治療院を開設し，スポーツ選手のコンディショニングやボディケアを指導するとともに，野球教室などで指導にあたる。

第5単元の様子と児童の振り返り

武藤さんのメッセージ
- 厳しい練習ほど，工夫して楽しくやる。
- 一番苦労したのは，「夢をもつ」ことより「夢をもち続ける」こと。
- 好きなことに励む努力はつらくないよ。
- スランプに関係ない練習には，いつも全力で取り組んでいたよ。

●武藤さんから学んだこと

　武藤さんがおっしゃった「厳しい練習ほど楽しくやる」という言葉が，すごく印象に残っています。私も今年受験。勉強はいつも大変でいやだと思ったことがとても多かったです。でも，お話を聞いて，勉強が楽しくなりました。いままで，教科書の大事な所だけ写していたけれど，自分流にアレンジしてみたり，キャラクターを使って分かりやすくしてみたり，武藤さんのお話を聞いて，生活が大きく変わったような気がします。
　　　　　　　　　　　　　　　　　　　　　　　　　　　　　　　　　　　　S・H

●身近な人から学んだこと

　母を選んだわけは，どうしてがんばって仕事をしているのか知りたかったからです。母は，高1の時，親友を病気で亡くし，その治療薬を開発したいと思い大学をかえました。夢に向かうために大学までかえたと聞いて，びっくりしました。薬学部に入って研究をしているうちに，患者さんの心が気になり，更に大学院にすすみ，今は学生にカウンセリングを教えています。夢がかなっても満足せず，更に新たな夢を，人生一番の夢を追い続けることの素晴らしさを感じました。だって，母はとっても楽しそうに働いているからです。
　　　　　　　　　　　　　　　　　　　　　　　　　　　　　　　　　　　　T・I

●単元全体から学んだこと

　今まで「夢」といっても，夢がかなう人なんて全然いない，努力したってむだだと思っていました。現実だって確かに，自分の思い通りにいかないことの方が多い。でも努力しなければ可能なことも不可能になってしまう。7人の人の人生を見て自分の考えが変わりました。努力して，夢に向かってがんばれば，夢はかなう。一人一人の夢は違うと思うし，考え方も違う。みんなそれぞれの道を歩いているけれど，みんな夢に向かって進んでいるのは同じだから，努力というのは絶対無駄ではないと思います。
　　　　　　　　　　　　　　　　　　　　　　　　　　　　　　　　　　　　N・K

❺実践を振り返って
授業後の研究協議の記録から
（1）研究協議会の記録
【学年部提案】
○今年度の取り組みが「道徳の時間」から「道徳教育」に広げて取り組む方向となり，1回目の授業であった。そこで，「他教科・領域」と「道徳の時間」を組み合わせた「総合単元的な道徳の時間」を設定して研究を進め，本実践を行った。本時は，その中の「総合的な学習の時間」にあたる時間であった。
○この実践において重点に置いたのは「自分の考えを伝え合い，互いに高め合う」力で，最初の段階から，子ども一人一人の自己評価を取り入れ，子どもの変容を見取っていくようにした。

【本時の自評】
○ティームティーチングの役割分担を明確にするとともに，3人できめ細かく児童の活動を見取っていけるようにした。
○文字や映像だけではなく，実際に人と出会い，話を聞いて接していくことによって，その人の持つ考えや努力，人柄すべてを直接体験することで，子どもに感じてほしかったので，ゲストティーチャー（GT）を招いた。研究している内容をGTに理解してもらい，授業に取り入れるには，GTとの話し合いや連絡等で難しい面もあると思うが，子どもの心を育てるという面では有効であると考え実践した。

【研究協議】
Q．前時に道徳で本田宗一郎さんについて学んでいるが，これが本時の授業にどう生かされているのか。
A．本実践の構造図（p.107）の右側にある児童の意識の流れに整理してあり，何かを達成した人には，たゆまぬ努力と苦労を乗り越えてきたという経緯があるという点で共通性があった。「先人に学ぼう」という単元では，アンネ・フランク，ナイチンゲール等を取り上げた。
　子どもたちの心が動いたところとしては，使命に向かって努力することによって，初めて夢がかなうのだと学び取っていた。子どもからは，努力を続ければ夢はかなうという言葉も聞かれた。本時の武藤さんと出会い，接することによって，やはりそうなんだという確信のようなものを感じることができたのではないだろうか。
　身近な人から学ぶということから考えると，親などからいろいろと話を聞いている。そこからは強い思いやりや使命感を学んだり，自分の夢とは別の道を歩む人もいることなどを学ぶことができた。本時の武藤さんの話から，プロ継続を断念したときの話を聞けなかったのは残念であったが，前時で学んだことを確かなものにできたようである。

Q．次時の展開に今回の体験をどう生かしていくか。
A．第5セクションで13時間とっている。今回が第3クール。実際には何かを成し遂げた人（達人）から学ぶ。第4クールでは，先輩から学んだことをまとめ，発表することとなる。また，武藤さんに学ぼうというワークシートをまとめることで，いままで学んできたこと（本田宗一郎さん，先人，まわりの人）が子どもなりに整理でき，本人の手元に残るようになっている。

Q．ゲストから学んだことだけでなく，友達の意見から学んだことなども書くようにすれば，互いに高め合うことができてよいのではないか。
A．子ども同士が互いに交換し，友達に対して自分の考えを書き込めるようにワークシートを工夫した。

❻終わりに
　この学習を通して子どもたちが何を学んだのか，それを読みとるヒントは，本稿の冒頭，p.105に紹介したワークシートなど児童自身の声の中にある。さらに，私が授業でよくやる児童の「ここで一句！」をいくつか紹介しておきたい。

●未来を夢み　未来へ進む　子どもたち
●「いつか」でも　きっとかなうよ　私の夢
●夢たちを　ふくろにつめて　さあ行こう！
●かなえたい　夢があるなら　努力しよ

●総合の　学んだことを利用して
　　　　　　将来に役立て　未来にすすむ

小学校
キャリア教育
実践事例❻

「夢の設計図」と卒業研究を通じた生き方の学習

第6学年／国語＋特別活動（計10時間）＋自由研究

国語の発展学習と特別活動を組み合わせ，「夢の設計図」という独自の教材を使って将来展望と生き方を考える学習を行い，さらに1年を通した自由研究（卒業研究）をセットすることで，キャリア教育としての様々な能力の育成を図りました。

埼玉県春日部市立武里小学校　鈴木教夫

◆本事例から学ぶ視点──編者より

①特別活動・教科と自由研究の連携＝独自教材を使った「夢の設計図」と「自由研究」とを同時並行的に進行することにより，児童が夢や希望を繰り返し考え，語り，表現していく機会を与えています。
　○この繰り返しのプロセスが，「自己情報の理解」と「自己以外の情報の理解」の接近を促します。
　○とくに「表現活動」はこの接近を強く促し，価値観（職業観，勤労観）の変容につながります。
②キャリア教育に対するレディネスの形成＝事例児童のようにキャリアに対する課題や問題意識を持つことは，中学校，高等学校において効果的な学習が行えるレディネス形成の面で注目されます。
③4能力領域育成の工夫＝「自由研究」では4能力領域の育成が潜在的に意図されています。
　○発表や班内での情報交換を通した「人間関係形成能力」　○1年間で仕上げる「将来設計能力」
　○研究テーマを決める「意思決定能力」　○テーマに沿った研究を遂行する「情報活用能力」

❶この学習で目指したもの

小学生こそ大きな夢と希望が持てる

「少年よ，大志を抱け！("Boys, be ambitious")」という有名な言葉を残したのは，明治時代，札幌農学校で教師をしていたクラーク博士である。このクラーク博士の「大志」という言葉の意味は，おそらく将来や未来の夢や希望，それに目標を意味していると思う。「大志」を抱くことにより，いまの自分の目標や課題を決め，それに向かって努力し，いまと将来において精神的に充実感のある人生を送ることができる，ということではないだろうか。

小学校のキャリア教育とは，クラーク博士が言う「大志」を持たせることが出発点だと思う。つまり，夢と希望を育てることから始めなければならないと思う。夢や希望を育てるということは，夢があるか無いかを聞くことではない。教師が「あなたの将来の夢は何ですか」と問い，子どもたちが「私の夢は○○になることです」と答える機会を与えることなのである。子どもたちが，自分の夢や希望を真剣に考え，語り，表現し，また考え，語り，表現するということを繰り返しながら，自分自身について理解し，自分に合った職業を選んだり，職業について考え調べたり，自分の知らないことを探ってみたりということを経験することである。

夢や希望は変わるものだから，そのときに考えればいい，と言う人がいる。しかし，夢や希望は，すぐに決まるものではないし，その人の進路や生き方を左右する大切なものである。そのときに考えればいいといっても，そのときの思いつきで決められるような軽いものではない。自分の得意なことは何か，好きなことは何か，長く続けられるか，集中力や記憶力はどうかなど，自分の思い浮かべたイメージと現実とを比較しながら職業観を具体的に理解していくのである。

ここで，「夢や希望を持つ子」ということの意味を考えてみたい。小学生の場合，次の4点が重要ではないかと考えている。すなわち，「自己理解を促す」「自尊感情を高める」「自己有用感を育てる」「心の発達を促す」である。これらは，やる気や自信のもととなる。さらに，自分を大切にするという精神衛生面からも重要である。

「自分の生き方を探る練習」

私は，小学校のキャリア教育は「自分の生き方を探る練習」であると思う。

練習という言葉をあえて使うのには理由がある。野球でも芝居でも本番の前には必ず練習をする。漢字の学習でも，算数の計算でも練習はつきものであ

る。しかし、ここでいう練習には他の意味が加わる。やがてくる大人の社会や人生は選択と自己決定の連続である。しかもそのときそのときの選択や自己決定がその人の人生や生き方を左右してしまうのである。それほど大切なことを決めるのに、その場の思いつきでよいだろうか。やはり、自分の将来をいろいろと考え、自分で納得のいく選択をしたほうがいいのではないだろうか。

練習であるから、自由に、しかも主体的に取り組むことが大切である。できるだけイメージや考えを広げたり、深めたりすることに主眼を起く。他人と比べる場合は「善し悪し」という視点ではなく、お互いにアイディアを出し合い、教え会うというという立場をとる。「友達から学ぼう」という精神である。したがって、自分の作品を発表する機会や友達の作品を鑑賞する機会を設け、お互いに感想を述べ合い、意見交換をしながら、お互いに気づかなかった点や教えてもらったこと、友達の作品からヒントを得たことを自分のものとして受け入れ、大きく育てるのである。このようなことを繰り返すことが夢や希望を育てることになると、私は考えている。

また、アメリカの心理学者であるスーパー（p.16）は、職業的発達というのは人格の発達の一部であるから、職業的発達を促すことは結局人格の発達を促すことになる、と考えている。とくに小学校の段階は「空想期」であり「興味期」であるという。したがって空想期には「いま、ここで」の夢を自由に描き、希望を膨らませ、目的を持ち、そして、自分はこれに打ち込みたいのだというような自己を認識することが必要なのである。

さらに空想期の体験は、たとえ夢が破れようとも、これがだめなら次はこうしようという自己概念の形成ができようになる。「いま、ここで」の自分を認識することは、その時点における自己理解を促進させ、発達課題の解決を促すことにもつながるのである。したがって、将来について考えることはただ単に夢や希望を持つというだけでなく、その人の健康な人格を育てることにもなるのである。

❷ 学習の組み立て

小学校の授業にどう生かすか

さて、小学校にはキャリア教育という教科や領域はない。しかし、キャリア教育という考え方は随所にある。とくに、国語や社会、特別活動、道徳、それに総合的な学習の時間などに色濃く見られると思う。このなかで、とりわけ国語と特別活動の授業に「キャリア教育」の考え方は取り入れやすいのではないかと私は考えている。

たとえば、国語では伝記的な教材や生き方をテーマにした物語などの発展学習として取り扱うことができる。また、特別活動では、新学期に行う目標決めのときに将来の夢を考える時間を設定することができるだろう。これらについては、事例のところで詳しく述べる。

自由研究で自分さがし

自由研究というと夏休みの宿題を思い出すのではないだろうか。私は、自由研究は児童の得意なことや関心のあることを引き出すよい教材であると考えている。そこで、4月から3月までの1年間続ける自由研究を取り入れており、6年生の場合にはこれを「卒業研究」と称している。

自由研究は、個人の能力・適性・関心などの個性に合ったものを自由に選び、課題を設定し、自ら学ぼうとする意欲によって課題を解決するという過程を持つ。したがって、個人個人が自己を見つめ、自己への関心を持ち、自己を理解するきっかけになる。一方、教師の側にしてみれば、児童の興味や関心がよくわかり、目的や目標を明確にすることでやる気を引き出すことができる。また、個人を尊重し、個人差を認め、進度の違いや方法の違いを認めたり、成果を認め、振り返りをさせたりすることで、自己理解を深めさせることができる。

「夢の設計図」で自分の未来をつくろう

「夢の設計図」は私が考案した教材である。A3判の上質紙を横長にし、左側に「尊敬する人」「なりたい職業」、そして、「年表」と「将来の夢や希望を言葉や絵で自由に表現」する欄を設けた。一方、右側には「自分の将来の様子を想像して自分を主人公にした物語を書く」欄を設けた。（p.115参照）

夢の設計図は、児童が時間の流れを意識しながら、

成長とともに自分がどのように変わりたいかを具体的に考え，表現できるようにした。大きな夢を持ち，それを実現させるためにはどのような道や壁があるのだろうか，夢が実現したときどうなるのだろうか，夢が実現した後どうするのかなど，考えれば考えるほど表現することが限りなく浮かんでくる。

筆者の経験では，児童の思考が深まるのは，3つの機会があるようである。1つめは，児童が自分の作品を発表して友達から質問されたとき，2つめは，友達の作品の発表を聞き触発されたとき，3つめは，体験や学習で新しい知識を得たときである。こうした経験を繰り返すことで，将来展望を点ではなく線や面として考え，人生の主人公は自分であるという気持ちが芽生え，自尊心が高まり，自分の生活に目標が生まれ，日常生活も充実してくる。

友達の夢を知り，自分の夢を友達が知っているという学級環境は，児童の人間関係を好ましいものにする。それは，友達同士のがんばりあいを互いに認め，尊重しようという紳士的な雰囲気が生まれるからである。しかし，一人でも友達を馬鹿にするような言動をとったとき，学級の雰囲気はガラス細工のように崩れてしまう。

「夢の設計図」の指示のしかた

「これから，皆さんに自分の将来について考えてもらいます。将来してみたいこと，しようとしていることを自由に言葉や絵で表現してみましょう」と指示する。質問があったときは，「あなたが自由に考えてみましょう」と応える。原則として左側1時間，右側1時間程度必要である。書けない場合は空欄でもかまわない。また，原則として，宿題にはしない。

❸授業の実践事例① 「夢の設計図」
国語2時間＋特別活動2時間で

この事例は，小学校6年生の国語と特別活動の授業に「夢の設計図」を取り入れたものであり，全部で4回行った。1回目と4回目は特別活動の時間として各々2時間ずつ連続で行い，2回目と3回目は国語の時間の発展学習として各々3時間断続で行った。合計10時間の取り組みである（表1）。

表1 「作品と出会う，作者と出会う」
「やまなし」「イーハトブの夢」の指導計画
（16時間扱い）

学習活動要項・学習内容
1　全文を読み，感想を話し合い，学習計画を立てる。（2）
2　教材文「やまなし」を学習する。（4）
3　教材文「イーハトーヴの夢」を読み，宮沢賢治の生き方や考え方を知る。（4）
4　宮沢賢治の生き方・考え方から「やまなし」を読み深める。（2）
5　宮沢賢治の作品を読む。（1）
6　宮沢賢治の生き方から学んだことをもとに自分の生き方を考える。（2）
7　自分の生き方について発表する。（1）

4月：特別活動として

新学期が始まって間もなく，第1回目の作品を書いた。ある児童は，将来は獣医になるというに目標を持っていた。しかし，「尊敬する人」の欄は空欄だった。物語の欄には，「高校卒業後大学の獣医学部に入る。卒業後動物病院で働く，60歳くらいで退職し年金生活を送る」という100字程度の文が書いてあった。

また，委員会活動では飼育委員会を選び，自ら委員長に立候補して飼育委員長になった。仕事もまじめで，毎日のように飼育小屋に行き，当番でない日でもウサギやニワトリの観察や世話をしていた。

7月：国語の発展学習として

第2回目は7月。国語の単元教材「作者と出会う作品と出会う」〜「やまなし」「イーハトーヴの夢」〜（光村図書）の発展学習として行った。

まず最初に，宮沢賢治の「やまなし」という作品を読み，作品の主題や作者の世界観を学習する。その後，宮沢賢治の伝記である「イーハトーヴの夢」という作品を学習する。この伝記を通して，宮沢賢治の一生や当時の生活の様子，さらに宮沢賢治の夢や生き方，それに人生の考え方を学ぶ。そして，再び「やまなし」を読み返し，作品をより深く理解し，主題について再び考える。作品の中に，作者の思いや願い，生き方が描かれていることを学ぶ。そして他の作品を読んだ後，あらためて「夢の設計図」に自分の生き方や考え方を書く。

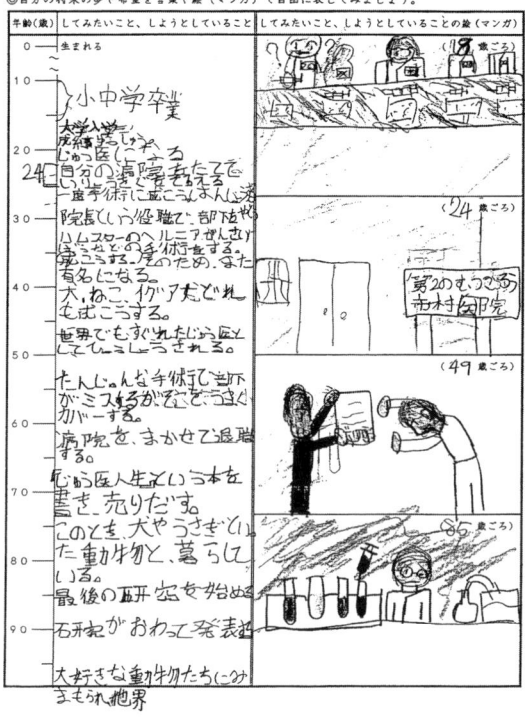

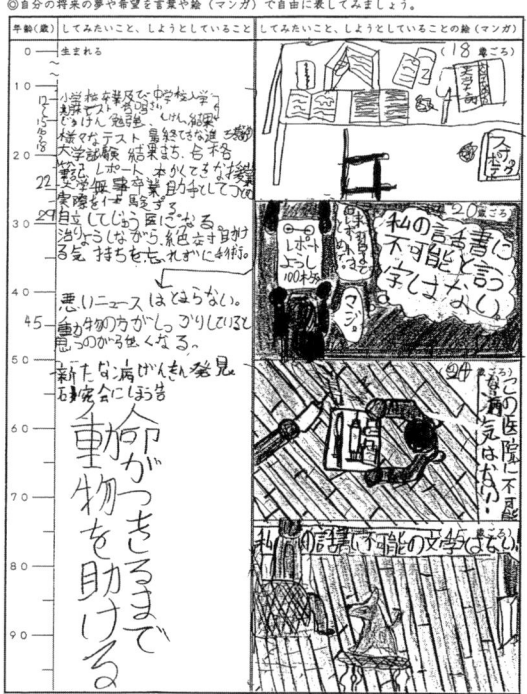

「夢の設計図」7月の作品（上）と10月の作品（下）

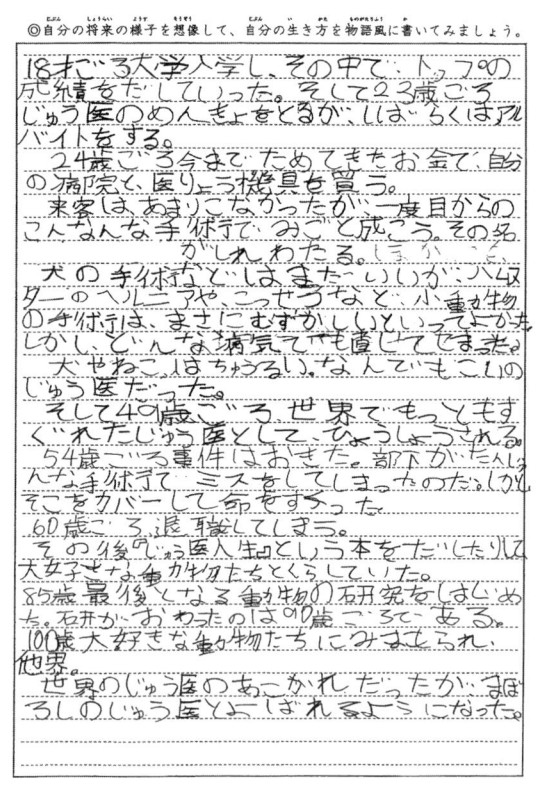

第1回目で将来なりたい職業を「獣医」と書いた児童は今回，前回は空欄だった「尊敬する人の欄」に記入している（右ページ上）。年表の欄も前回より具体的で，詳しく書かれている。さらに，物語の欄を見ると，獣医になってからの事柄が年代を追って次のように具体的に記載されている。

> 「自分の病院を持つ」「どんな病気でも治してしまった。犬，猫，ハ虫類，何でもこいの獣医だった」「世界で最も優れた獣医として表彰される」「『獣医人生』という本を出す」「動物の研究」

　この児童は，「やまなし」の学習で自然界の生命の厳しさ感じ取り，5月は「弱肉強食」の世界であることを読み取った。また「イーハトーヴの夢」では，宮沢賢治が故郷の岩手県を一つの理想郷として壮大な夢を持ち，当時としては新しいことをいろいろと考えていたことに興味を示していた。宮沢賢治の生き方や考え方に触発されたことが伺える。この児童は，宮沢賢治が書いた「雨にも負けず」の詩を深く味わい，感動していた。

10月：国語の発展学習として

　10月には，国語で「海の命」（立松和平作，光村図書）を学習した（表2）。この単元のねらいは「生き方や考え方」を学習することだ。キャリア教育にふさわしい単元である。

　「海の命」は，主人公の太一が周りの人との関わりの中で，漁師として，また人間として成長する姿を描いた物語である。時間の流れに沿って6つの場面で構成され，幼い頃の夢である「漁師になる」という夢を追い，様々な困難や葛藤を乗り越え，大きな人間になっていく太一の生き方が感動的に描かれている。「ぼくは漁師になる。おとうと一緒に海に出るんだ」と言っていた子ども時代。しかし，父は事故により死んでしまう。中学3年の夏，太一は漁師になることを決意して「与吉じいさ」に弟子入りし，漁師としての技を磨く。そして，「千匹に一匹でいいんだ」という与吉じいさの言葉から漁師として心構えや生き方を学ぶ。

　与吉じいさの死後，母の反対を押し切って漁師になり，父を奪った強大なクエと出会い，戦う。しかし，クエとの出会いが海に対する考え方を新たにするきっかけとなる。太一の心が変化し，本当に海を愛する大人になるのである。結婚後も幸せな家庭を築き，村一番の漁師として有り続けたという物語である。

　この物語には，キャリア発達的な要素がかなり凝縮されている。子ども時代に「漁師になる」という夢や希望を抱くこと，中学3年の夏に「漁師になることを決意し，弟子入りする」進路選択，与吉じいさから漁師としての技と心構えを学ぶという「勤労観や職業観の獲得」，そして，母の反対を押し切って漁師になるという「職業選択」，村一番の漁師になるという「職業的自己実現」，結婚し幸せな家庭を持つという「人生の充実感」などが見られる。

　このように，「海の命」には，キャリア教育の要素が随所にある。そこで，表2にあるような指導計画を立てる段階で，キャリア発達的な学習ができるように構成した。とくに最後は，太一の生き方や考え方から学んだことを「夢の設計図」を用いてまとめることにした。

　それでは，児童の作品が7月にはどのように変化したのかを見てみよう（p.115の下）。自分を主人公にした物語には，「未来に歩むと分かること」と題して次のように書いている。

表2 「生き方や考え方を」
「海の命」指導計画（8時間扱い）

学習活動要項・学習内容
1　全文を読み，発問の感想を書き学習のめあてを持つ。（1）
2　作品のあらましをつかみ学習計画を立てる。（1）
3　登場人物の人間関係を明確に把握し，太一の生き方や考え方にどのような人たちの影響があったのかを考える。（2）
4　太一が漁師になるまで太一の心の変化をたどり，主題にせまる。（1）
5　太一の生き方や考え方から学んだことをもとに自分の生き方について考える。（2）指導案（5／8）
6　自分の生き方について発表する。（1）

国語「海の命」指導案 (略案)

1　**単元名**　生き方や考え方を読み取ろう　「海の命」　立松和平　作
2　**児童の思いや願いと指導の意図**

　本学級の児童は，4月当初，自分の将来の夢や希望について考え，夢の設計図を用いて人生プランを書いたことがある。そのとき漠然としたものであるが，尊敬する人や将来の職業，そして生き方について考え，年表や4コママンガ，そして物語にして表現した。最高学年ということもあり，児童は大変興味を示し，友達の作品を見てお互いに感動したり，感想を話し合ったりした。

　また，1学期には宮沢賢治の「やまなし」の学習を通して作者の生涯や生き方と作品との関連について学習してきた。児童は，作者の生き方や生涯を理解することにより，作品をより深く読むことができるということを経験した。

　そこで，本時では「海の命」の発展学習として，主人公「太一」の生き方や考え方から学んだことを生かして自分の生き方について改めて考え，夢の設計図を用いて人生プランを作成する。そして，自分の将来展望を友達に紹介し，互いに感想を述べ合い，友達からの学びを通して人生プランをより豊かなものにするという活動にしたい。

3　**本時の学習（6／8）**
（1）目標　○自分の生き方について考え，人生プランを作成する。
（2）展開

	学習活動	学習内容	指導・援助と評価
気づく	1 本時のねらいを知る。	○自分の生き方について考え，人生プランを立てよう。	
深める	2 太一の生き方を探る。	○「太一の生き方や考え方で学んだことや感動したことは何ですか。」 ・少年のころの夢をずっと持ち続け実現したこと。 ・いつも目的を持っていたこと。 ・がまん強い，努力家。 ・父や与吉じいさんの考え方や生き方を守っていた。	・太一の最初の言葉から考えさせる。 ・太一が知らないうちに村一番の漁師になったことや村一番の漁師でありつづけたことを思い起こさせる。 （評価） ●太一の生き方について自分なりに感想をもつことができたか。
深める	3 自分の生き方について考える。	○「太一は漁師になるという夢をもってその夢を実現しましたが，みなさんはどんな夢を持ち，どんな生き方をしようと考えていますか。」 ・自分の将来の夢は野球の選手になることです。 ・保育士になろうと思っています。 ○「将来の夢や希望を実現させるためには，どんな課題を乗り越えなければならないと思いますか。」 ・高校の入学試験に合格しなければならない。 ・勉強して資格を取らなければならない。 ・自分の心を我慢強くしなければならない。	・将来の夢や希望を考えさせる。 ・乗り越えなければならない課題についても意識させる。 ・大人になった自分をいくつかのライフステージに分けて考えさせる。 ・自分の生き方がよくイメージできない児童には，生きていく上で大切にしたいものは何かを考えさせ，生き方を考えるヒントにする。 （評価） ●自分なりの生き方について考えられたか。
まとめる	4 自分の人生プランを書く。	○「プリントに自分のこれからの人生プランを書いてみましょう。」	・自分の夢や希望を実現するまでのプロセスを年表に書かせる。 ・自分を主人公にした物語風に書かせ，興味を持たせる。 （評価）
まとめる	5 人生プランを発表する。	○「人生プランを発表してください。」 ・2，3人の児童に発表させる。	●「今，ここで」の夢や希望をもち表現することができたか。

10歳の頃に夢は決まっていた。ずっと命を助ける仕事にあこがれていた。6年生になってから夢が完全に固まった。親に獣医になりたいといったら、「これからもっと勉強がんばらないと」と、応援の言葉をくれたのがうれしかった。
　その後，中学校，高等学校にいっているといろんな事件がある中で，命の大切さ，小さな体の動物ほど大きな心があるんだと気づく。
　夢は獣医，優秀な医者のなるために今までの貯金を使って北海道の帯広畜産大学に入学する。獣医学を専門としているので授業もよく分かった。
　しかし，動物の体内の様子をくわしく知るために，解剖実験するのはいつになっても気持ちが悪い。犠牲にした動物の数より多く助けられるようにするからと，心の中で思いながら実験をする。
　自立して獣医になって気がついた。「大学で犠牲になった動物はむだ死にではなく，次の命をたすけるため，つなげるためになくなってしまったのだ。」悪いニュースが続くなかで，小さな命は回り続けている。人間よりもしっかりした心で。

　そして児童は，次のように結んでいる。
　「ぼくのこの夢が実現するには，数々の試練をのりこえていくだろう。命を左右させる仕事はそれなりに大変で，自分をのりこえていかなければ夢は実現しないだろう。」
　この児童は，自分の夢が生まれ，固まるまでのこと，実現するまでに乗り越えなければならない課題や壁を「試練」として自覚している。さらに，「命」に対するこの児童の考えが見事に表現されている。獣医としての心構えや倫理観，動物愛に満ちた表現はこの児童の心を素直に表現しているようである。
　また，「海の命」の学習が生かされているところがある。「幼い頃から命を助ける仕事にあこがれていた」というのは，太一の少年時代と重なるようだ。試練として自覚したことも，太一が与吉じいさからすぐには教えてもらえなかったことに重なりが見える。「千匹に一匹でいい」という海の恵みや命を大切にする与吉じいさの考えと「犠牲にした動物の数より多く助けられるようにするから」というのと近いようである。実際，この児童は，「海の命」の授業でも，この与吉じいさの言葉を，人間は自然の環境の中で生きているから自然の力が崩れると地球全体が崩れ，人間も安心して暮らせなくなる」というようにとらえていた。
　児童は最後に，自分を乗り越えていかなければ夢は実現しないだろうと結んでいる。7月に書いたこの児童の作品には，このような記述は見られなかった。これも太一が試練や葛藤を乗り越えたことから学んだようである。

3月：特別活動として

　卒業式の1週間前に「夢に設計図」を書いた。今回は，学級活動の時間を使った。その作品を見てみましょう。
　当たり前の家庭に生まれ育った自分は，血と傷を見たりするのが苦手だが「獣医になるぞ」と燃えている。……「獣医として成功するまでには，……父母の支援や応援や……一人ではとうていできなかったのを支えてくれた人々のおかげだと気づくのです。
　小学校を卒業しようとしている心境を表現しているようです。両親あっての自分である言う気持ちの表れです。

❹授業の実践事例②卒業研究
1年を通した息の長い学習

4月　学級開きと同時に「卒業研究」を提案し，テーマは自分の好きなことや興味関心のある内容であること，1年間継続すること，3月に発表会をすること，わからないことがあったら教師がいつでも相談にのることを説明し，児童の同意を得た。
　学級の人間関係を調整するため，構成的グループ・エンカウンター（エクササイズは「ネイムゲーム」「無言チームワークゲーム」）を実施した。
5月　個別指導と児童理解を目的に日記指導を開始した。また，連休中に卒業研究のテーマを考えておくように指示し，テーマ・動機・目的・方法を記入する研究計画書を配布した。連休明けから順次個別相談をすることを伝えた。
　連休明けに，現時点で生活班内で考えている各自のテーマや動機を発表し合った。発表後テーマについて再度熟慮するように助言した。また，考えがまと

表3 卒業研究指導の1年間の流れ

月	指導事項及び内容	月	指導事項及び内容
4	・学級開き，卒業研究を提案	10	・第2回卒業研究中間発表
5	・日記指導開始，個別相談開始	11	・卒業研究集録のまとめ方について話し合う
6	・卒業研究題目決定，・卒業研究用ノート配布		・まとめ方の指導2（まとめや考察の書き方の指導）
7	・学級通信で卒業研究題目を保護者に知らせる	12	・第3回卒業研究中間発表会
	・まとめかたの指導1（目的や方法の書き方）	1	・卒業研究集録用紙の配布
	・第一回卒業研究の中間発表会	2	・卒業研究集録作成，まとめ方や書き方の個別指導
9	・学級通信に中間発表を掲載（2月まで）	3	・卒業研究発表会

まらない児童を対象に個別相談を開始した。

6月 個別相談をして「卒業研究題目」を順次決定した。また，全員に研究用のノートを配布し，「卒業研究題目」を教室内に掲示した。そして，週末の家庭学習課題として卒業研究に取り組ませた。

主な研究題目は次のようなものである。

「日本の歴史の研究」「ことわざの研究」「ことわざの由来研究」「絶滅しそうな動物の研究」「江戸時代の人物の研究」「世界の偉人についての研究」「俳句の研究」「埼玉の歴史研究」「滅びゆく動物の研究」「春日部の研究」「東大寺，国分寺についての研究」「障害についての研究」「松尾芭蕉の俳句の研究」「病気についての研究」「昔の人々のくらし研究」「日本各地の古墳の研究」「桐タンスの研究」「恐竜の研究」「カバーのはたらきの研究」など。

7月 保護者の理解と協力を得るため，全員の「卒業研究題目」を学級通信で家庭に知らせた。

また，第1回中間発表会を行った。中間発表会では各自のテーマと目的，動機，これまでに調べたことにつて発表することにした。そのため，事前に中間発表会の資料の書き方について，ひな型を作って指導した。中間発表会は一人の持ち時間を5分程度として行い，よくわかったこと，疑問に思ったことを振り返り，今後の課題として意識させた。

9月 学級通信に中間発表の内容を順次掲載する。

10月 第2回中間発表会では，前回の続きとして，さらに詳しく調べたことやわかったことを中心に発表させた。研究の進歩が確認できるように，これまでの経過，調べたこと，結果と考察，今後の課題を中心に発表資料を作成させた。発表の後，自分のゴールを意識させ，今後の課題を検討させるための個別相談を実施した。

11月 研究集録を個人で作るか，学級全員分をまとめて作るかを話し合い，全員分をまとめて作ることにした。

12月 第3回中間発表会を行った。まとめ方を意識させて，調べたこと，わかったこと，まとめと考察を中心に発表させた。

1月 これまでの中間発表の原稿や資料を活用して最終的なまとめをするように指導した。原稿のひな型や必要事項の書き方も指導した。

2月 まとめ方や書き方を個別指導した。

3月 卒業研究発表会を保護者に公開して行った。

❺卒業研究の成果

（1）児童の感想に見る成長の足跡

卒業研究集録が完成したときの児童の感想には下記のようなものが見られた。自信がつき，達成感を味わい，友達の良さがわかり，人間関係が改善されたという内容の感想が8割以上を占めた。

「初めはできるとは思わなかったが，できたときはうれしかった」「自分にこんなことができたなんて信じられない」「初めは辛かったけれど，だんだんおもしろくなってきた」「自分は何に興味があるのかがわかってきた」「友達の研究を見て自分ももっと調べたくなった」「一人一人の研究はわずかだけど，みんなの研究がまとまるとすごいんだなあと思った」「研究集録をよく読んで，友達のよいところを見習いたいと思った」「自分もやればできるという自信がもてた」「1

年間は長かったけれど，それだけ時間をかければよいものができるということがわかった」

（2）不登校児童への影響

Bという不登校傾向のある児童がいた。Bは，1年生のときから欠席が目立った。幼稚園や低学年の時から友達が少なく，友達とのつきあいが苦手であった。しかし，Bは歴史に興味があったので「日本の歴史の研究」というテーマを設定した。Bは1学期後半から休みが多くなった。

Bは休んでいる間に歴史の本を読み，「卒業研究」に取り組んでいた。そして，10月の修学旅行を期に登校するようになった。また，中間発表会の時には，「卒業研究」だけは家でもしていたので，自信を持って発表していた。そして，中間発表会以後は，病気以外で休むことがなくなった。

（3）児童の意識意欲を高める

「卒業研究」（自由研究）を1年間継続することは，児童にとって大変なことであった。しかし，途中に中間発表会を設定したことにより，これまでの研究成果を発表し，質問を受けるという経験が，児童に緊張感をもたらし，次のような効果を生んだ。

> ①発表することによりその時点での研究をまとめ，自分のものとすることができた。
> ②質問を受けることにより，これからの研究の方向性や自分が気づかなかった点が明らかになった。
> ③中間発表会を通して互いにがんばっていることが確認でき，児童相互のやる気の持続につながった。
> ④友達の発表を通して知識が広がった。

また，発表会を効果的に行うためには当然のことながら，学級の人間関係づくりや，学級の雰囲気づくり（特にルール指導）が重要である。そこで，次のような学習を，年間を通して実施した。

> ①構成的グループ・エンカウンターによる人間関係の調整と自己理解
> ②アサーション・トレーニングによる自己表現の練習
> ③ロールプレイによる自己理解や他者理解の体験
> ④個別面談による将来の夢や希望の自覚など。

これにより，自分の意見をはっきり述べること，及び友達の話を最後まで聴き合うことができるようになった。

❻キャリア教育の視点から

「夢の設計図」と「卒業研究」との関係

「夢の設計図」と「卒業研究」は全く別のようだが，これをセットで実施してきたのには理由がある。「夢の設計図」は，将来の夢や希望を育てるという目的で扱った。将来の夢や希望を育てるということは，自分の生き方を探ることであり，自分を見つめ自分を理解することでもある。自分らしさを探すことでもある。それをより深く学習できるように国語や特別活動の学習と関連させるのである。自分の大きな目標を持たせるのが「夢の設計図」である。

一方，「卒業研究」には以下の特色がある。

> ①「卒業研究」（自由研究）はテーマが自分の興味や関心に基づいている（関心・意欲，見通しが持てる）。
> ②一人一人が異なるテーマを持っているので気分的に楽である（個性，個人差の承認）。
> ③自分で解決する喜びがある（達成感）。

したがって，どの児童でも，自分で課題を選び，自分で課題を解決し，自分でまとめるという見通しを持たせれば，やる気と自信を持たせることができる。つまり，将来に大きな夢と目標を持ち，自分に自信が持てる人は自尊感情が高まる。自分を，大切な人間である，価値のある人間である，将来社会で役立つ人間になれる，と考えられるようになるのである。卒業研究で体験したことを通して，将来展望を考える視点や要素が大きく変化し，より高い次元で，より現実的に，自分に合ったものを探せるようになるのである。

将来展望は，ただの憧れから，やがて自分の個性や能力，社会情勢などの知識を加えて吟味される。そのときに，自分をよく理解し，複数の道を考え，

あるいは選択できるようにすることが重要である。キャリア教育には，勤労観や職業観を育てるという大きな目標がある。自分を大切にし，自分らしさがわかり，それを活かせる職業に将来就けるようにすることがいま，とくに求められている。

❼「夢の設計図」の新たな視点と使い方
　　　　　　　　低学年から中学生へ，点から線へ

「夢の設計図」はこれまでも述べてきたように将来の夢や希望を育てるために行う。実はこれには中学年向けのものがある。高学年向けと違うのは，年表のところが，「中学生・高校生ぐらいになったら」「大学生・大人ぐらいになったら」「父さん・お母さんぐらいになったら」「おじいさん・おばあさんぐらいになったら」の4つのライフ・ステージに分けられており，自由記述の欄があることである。

筆者の経験では，小学校3年生くらいから書けるようである。中学年での経験が，やがて高学年になったとき，自己理解とともにより大きな夢や具体的な夢を描かせる原動力になると思われる。

また，高学年でも年に4回程度書いていたが，書く回数が増えるとともに内容も大きく変化してくる。例えば，入学，卒業，試験，結婚，出産，就職，活躍，出世，定年，転職，老後，引退，人生の終末など，各ライフ・ステージの要素が次第にたくさん記入されるようになるのである。

人生を点から線で考えられるようになると，職業についても資格が必要なのだろうか，どの学校に進んだらいいのだろうか，仕事で成功するのだろうか，定年後はどうしようか，年金で生活できるのだろうかなど，思考が深まる。

小学校から中学校にかけての時期は，知識が急激に増えます。また，中学校では部活動を通して先輩後輩という縦の社会を経験する。そうした経験が夢をより具体的なものにしていく。中学校の3年間は実に短く感じられるが，こうした経験が，自分の夢や希望を大切にし，自分に合った進路選択や進路決定をする力になると思われる。夢や希望を持つことは，自己実現への第一歩なのである。

小学校
キャリア教育
実践事例❼

思いやりの芽をみつけ，生き方の価値観につなげる
――第3学年／総合単元的な道徳学習（31時間）

相手の気持ちを考えて行動する態度を育てるため，子どもたちが本来持っている「思いやりの芽」をみつけることを大切にした取り組みです。将来の生き方につながる価値観を日常の中で連続して意識化できるよう，総合単元的な構成としました。

―――宮城県涌谷町立小里小学校　千葉　髙

◆ **本事例から学ぶ視点**――編者より

①総合単元的なプログラム＝4能力領域の育成を意図した発問が工夫された道徳を核に，教科，特別活動，総合的な学習の時間を関連させた展開は，効果的です。

②キャリア教育は「機能」である＝キャリア教育とは「領域」を示すものではなく教育活動全体に働きかける「機能」であるというとらえ方を踏まえた事例です。キャリア教育のねらいは「教育の目的」そのものであるということを、実践を持ってわかりやすく示した取り組みといえます。

③実践にあたっての明確な資料＝本事例のように（p.123「総合単元的な道徳学習の計画」やp.125,127のような「資料分析表」），実践にあたって事前に資料を整理して取り組むことは大変重要です。

④自校の実践が出発点＝実践者は事前に事例❶の実践を事例研究していますが，自らの実践では自校の実状に合わせた第一歩を踏み出しています。自校の現在の実践にキャリア教育の出発点はあります。

❶総合単元的な道徳学習の概要

日常における意識化につながる学習を

道徳教育について，小学校学習指導要領には「学校の教育活動全体を通じて行うもの」と明記されている。道徳の時間のみで道徳的価値について取り上げるのではなく，道徳の時間と各教科，特別活動及び総合的な学習の時間とを関連づけて展開することで，よりねらいとする価値に迫ることができると考える。また，道徳の時間を中心とし，総合単元的な道徳学習の単元を構成することで児童の思考が連続したものになり，日常における意識化につながるのではないかと考える。

ここでは本校における空き缶回収の活動（福祉教育）とも関連させ，第3学年において，道徳の内容項目2-(2)を中心価値とした総合単元的な道徳学習の計画を立て実施することとした。

生き方に大きく影響を与える児童の価値観

平成14年度から完全実施された小学校学習指導要領には，生き方や進路指導に関する文言が明記された。このことは，全教育活動を通して行われる進路指導としての明確な位置づけのある中学校，高等学校に，小学校段階からキャリア教育を実施することでつながっていくものである。「人間としての在り方や生き方」を考えることは中学校，高等学校から突然始まるものではなく，小学校段階から発達段階に応じた支援，指導がなされていくべきことである。キャリア教育の視点で教育活動を見直し系統的に展開していくことが求められている。

道徳教育は，「学校の教育活動全体を通じて行うもの」であるが，キャリア教育もまた同様であり，共通する点が認められる。将来における自分自身の生き方を考えるときに，児童個人の持つ価値観が大きく影響を与えると考えられることから，キャリア教育の視点を盛り込みながら道徳教育を展開することが望ましいと考える。

人間関係形成能力に重点を置いて

キャリア教育の視点としては，児童生徒に身につけさせたい力として示されている「4つの能力領域」すなわち「人間関係形成能力」「情報活用能力」「将来設計能力」「意思決定能力」を活用する。ここでは，その中でも「人間関係形成能力」の視点に重点を置きたい。人は一人で生きているのではなく，助け合い協力し合いながら生きていくものであり，望ましい人間関係の構築が必要であると考えるからである。

以下に，総合単元中の2つの授業の例を紹介する。

第3学年　総合単元的な道徳学習の計画

総合単元名	相手の気持ちを考えよう	
めざす子ども	自分のことだけでなく，他の人の気持ちを考えて行動できる子ども	中心内容項目 2－(2)思いやり・親切 2－(3)友情・信頼・助け合い
ねらい	自分と他の人とのかかわりについて考え，そのかかわりがとても大切なことに気づき，相手の気持ちを考えて行動しようとする態度を育てる。	
単元設定の理由	思いやりの心は，小さい頃から日常生活の中で育まれていくものであるが，現在の児童を取り巻く環境は，必ずしもそうした心が育ちやすい環境にあるとはいえない。しかし，児童は，思いやりの心の芽を持っている。その思いやりの芽をみつけ，大切に育てることが必要であると考え本単元を設定した。	
キャリア教育の視点	〈人間関係形成能力〉（主となる視点） ・自分のこと，友達のことを理解しようとする。 ・自分の意見や考えを分かりやすく表現する。 〈情報活用能力〉 ・分からないことなどを調べようとする。 〈将来設計能力〉 ・自分の生活を振り返り，現在と将来の生き方の関連に気づく。 〈意思決定能力〉 ・自分で考え，進んでよいと思うことに取り組もうとする。	

教科 / 道徳の時間 / 特別活動・総合的な学習の時間等

道徳の時間
- 主題名　やさしい心　2－(2)
  - 資料名「ハンカチのぬくもり」
  - ねらい：相手の身になって考え，温かい心を持って親切にしようとする態度を養う。

学級活動(2)
- 題材名「よし，がんばるぞ！」「係を決めよう！」
- ねらい：2学期の学習に意欲を持って取り組もうとする。

社会科(14)
- 単元名「人びとのしごととわたしたちのくらし」
- 1　スーパーマーケットではたらく人
- ねらい：買い物の経験や買い物調べを通して，自分たちの日常生活は地域の商店や商店街とのかかわりが深いことに気づく。

道徳の時間
- 主題名　さりげない親切　2－(2)
  - 資料名「拾ったりんご」
  - ねらい：相手のことを思いやり，親切にしようとする心情を育てる。

学級活動(1)
- 題材名「空き缶を集めよう！」
- ねらい：自分たちが行っている活動が体の不自由な人々の役に立っていることに気づく。

国語科(7)
- 単元名「サーカスのライオン」
- ねらい：場面の移り変わりや人物の心の交流を想像しながら読み，感想を話し合ったりまとめたりする。

道徳の時間
- 主題名　できなかった親切　2－(2)
  - 資料名「おじいさんの顔」
  - ねらい：困っている人には，相手のことを考えて，親切にしようとする心情を育てる。

総合的な学習の時間(4)
- 単元名「相手の気持ちを考えて」～キャップハンディ体験学習を通して～
- ねらい：体の不自由な方々の身になって体験し，今自分ができることを考える。

朝の会，帰りの会，その他教育活動とも関連を図りながらねらいに迫る。

❷道徳の時間における実践の試み（1）

（1）主題名　「やさしい心」
（2）本時について
①資料名　「ハンカチのぬくもり」
　　（文溪堂『3年生のどうとく』）
②ねらい　相手の身になって考え，温かい心を持って親切にしようとする態度を養う。
＜キャリア教育の視点から＞
○**人間関係形成能力**（主となる視点）
・登場人物の気持ちに共感することができる。
・友達の思いやりや親切についての考えをしっかり聞き，理解しようとする。
・自分の思いやりや親切についての意見や考えをわかりやすく表現する。
○**将来設計能力**
・自分の生活を振り返ることができる。
③資料，準備物　車椅子，場面絵，プリント（中心資料），書き込みプリント，『心のノート』
④指導にあたって
　導入段階では，児童に関心を持たせながら，ねらいへの方向付けを図る。
　展開前段では，中心資料を分割し読み聞かせる。中心資料前半部分は，車椅子が動かず困っているおじいさんを気にかけながらも，何もできずに通り過ぎてしまった友子の心情を，役割演技を取り入れながら，共感的にとらえさせたい。中心資料後半部分は，おじいさんと再び出会った友子が，また知らないふりをして通り過ぎようとしたときの気持ちや，おじいさんの自分に対する優しさを目にしたときの気持ちの変化を，前半部分を想起させながら，考えさせたい。（人間関係形成能力を意識して）
　展開後段では，『心のノート』p.40の活用を図り，吹き出しの部分に児童が感じた気持ちを入れさせながら，相手の気持ちを考えるシミュレーションとしたい。（人間関係形成能力を主となる視点とし，将来設計能力も意識して）
　終末段階では，自分たちが行っている空き缶回収の活動が体の不自由な人や困っている人のための役に立っているということを知らせ，本時のまとめとし，次時につなげていきたい。
⑤「人間関係形成能力」に焦点をあてた工夫

○**かかわりあう場面と支援の工夫**
・役割演技を取り入れ，登場人物の気持ちを考えさせる。その際，自分の意見や気持ちをわかりやすく表現できるように必要に応じて指導，助言をする。
・中心資料をとらえる観点を指示し，自分の考えをまとめられるようにする。また，自分の考えと友達の考えを比較しながら聞き，理解しようと努めるように働きかける。
・児童の思考がとぎれないよう板書を構造化する。
○**振り返り活動の工夫**
・車椅子の実物を提示することで，関心を持たせながらこれまでの自分の経験を想起させる。
・これまでの自分を振り返る際，『心のノート』の例示をもとに自分自身の経験を想起させる。
・社会福祉協議会の会長さんのお話を聞くことで，自分たちの行ってきた空き缶回収の活動が多くの人の役に立っていることを知る。

（3）授業の実際
　導入段階では，車椅子の実物を提示することで児童の関心が高まりすんなりと資料に入ることができた。展開前段においては，役割演技を取り入れた部分が一つのポイントであった。登場人物の気持ちに共感し，「誰かが……」「助けてあげたいけど恥ずかしい」等の意見が出された。しかし，なぜ助けられなかったのか，もう一歩踏み込んだ発問等，本音を出させるための工夫も必要であった。
　展開後段においては，『心のノート』を活用し相手の気持ちを考えさせた。相手のことを考えた記入を多くの児童がしていた。しかし，自分のこととなると体験の中に見つけることのできない児童が多かった。

（4）**本時の学習を受けて**
　学級活動の学習を受けての本時であった。「みんなのためにがんばるぞ！」という気持ちを「考えよう！相手の気持ち」という思いやりや親切につなげるこの単元の最初の道徳の時間であった。この後，「空き缶回収」についての学級活動，「キャップハンディ体験学習」へとつながり，相手の気持ちを考えることの大切さを児童に体験を通してより考えさせる学習へと展開していった。

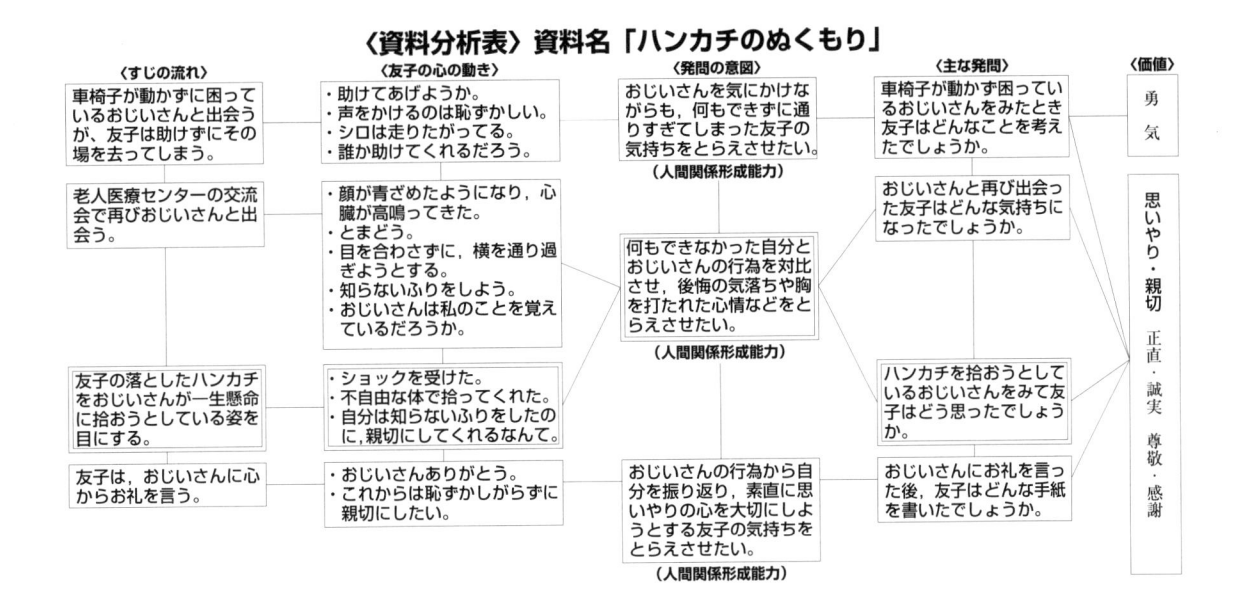

〈資料分析表〉資料名「ハンカチのぬくもり」

〈すじの流れ〉	〈友子の心の動き〉	〈発問の意図〉	〈主な発問〉	〈価値〉
車椅子が動かずに困っているおじいさんと出会うが、友子は助けずにその場を去ってしまう。	・助けてあげたい。 ・声をかけるのは恥ずかしい。 ・シロは走りたがってる。 ・誰か助けてくれるだろう。	おじいさんを気にかけながらも、何もできずに通りすぎてしまった友子の気持ちをとらえさせたい。（人間関係形成能力）	車椅子が動かず困っているおじいさんをみたとき友子はどんなことを考えたでしょうか。	勇気 思いやり・親切 正直・誠実 尊敬・感謝
老人医療センターの交流会で再びおじいさんと出会う。	・顔が青ざめたようになり、心臓が高鳴ってきた。 ・とまどう。 ・目を合わさずに、横を通り過ぎようとする。 ・知らないふりをしよう。 ・おじいさんは私のことを覚えているだろうか。	何もできなかった自分とおじいさんの行為を対比させ、後悔の気落ちや胸を打たれた心情などをとらえさせたい。（人間関係形成能力）	おじいさんと再び出会った友子はどんな気持ちになったでしょうか。	
友子の落としたハンカチをおじいさんが一生懸命に拾おうとしている姿を目にする。	・ショックを受けた。 ・不自由な体で拾ってくれた。 ・自分は知らないふりをしたのに、親切にしてくれるなんて。		ハンカチを拾おうとしているおじいさんをみて友子はどう思ったでしょうか。	
友子は、おじいさんに心からお礼を言う。	・おじいさんありがとう。 ・これからは恥ずかしがらずに親切にしたい。	おじいさんの行為から自分を振り返り、素直に思いやりの心を大切にしようとする友子の気持ちをとらえさせたい。（人間関係形成能力）	おじいさんにお礼を言った後、友子はどんな手紙を書いたでしょうか。	

道徳の時間「やさしい心」指導過程

段階		学習活動（主な発問と予想される児童の反応）	教師の支援と評価
導入 5分	意識化	1．車椅子の実物をみながら考える。 　この車椅子を必要としているのはどのような人でしょうか？ ・足の不自由な人。 ・けがや病気をしている人。 ・歩くことができない人。 ・お年寄り。	○本時の主題のねらいに関心が持てるように車椅子の実物を提示し考えさせる。 ・自分の経験から、どのような人が必要としているのか考えることができたか。（将来設計能力）（発表）
展開前段 25分	価値の追及・把握	2．資料「ハンカチのぬくもり」の前半部分をもとに話し合う。 ①車椅子が動かず困っているおじいさんに気づいたとき、友子はどんなことを考えたでしょうか。 ・助けてあげたい。 ・声をかけるのが恥ずかしい。 ・誰かが助けてくれるだろう。 3．資料「ハンカチのぬくもり」の後半部分をもとに話し合う。 ②交流会でおじいさんと再び出会った友子はどんな気持ちになったでしょうか。 ・びっくりして、逃げ出したい気持ち。 ・知らないふりをしよう。 ・もしかしたら私のことを覚えてるかも。 ③ハンカチを拾おうとしているおじいさんの姿を見て友子はどんな気持ちになったでしょうか。 ・自分は知らないふりをしてしまったのに。 ・この間は助けなくごめんなさい。 ・体が不自由なのにありがとう。 ④友子はどんな手紙を書いたでしょうか。 ・ハンカチを拾ってくれてありがとう。 ・これからは恥ずかしがらずに困っている人を助けてあげたい。	○ゆっくりと資料の前半部分を読み聞かせる。 ○場面絵を提示する。 ○役割演技を取り入れ、友子の迷っている気持ちをとらえさせる。 ・友子の迷っている気持ちに共感することができたか。 ・友子の考えをしっかり聞くことができたか。 ・自分の意見や考えを分かりやすく表現しようとしたか。（人間関係形成能力）（発表、表情、プリント） ○ゆっくりと資料後半部分を読み聞かせる。 ○友子の恥ずかしさや後悔の気持ち、おじいさんの一生懸命にハンカチを拾おうとする優しい気持ちをとらえさせる。 ○場面絵を提示する。 ○友子になったつもりでおじいさんへの手紙を書かせる。 ・友子の気持ちの変化に共感することができたか。 ・友達の考えをしっかり聞くことができたか。 ・自分の意見や考えを分かりやすく表現しようとしたか。（人間関係形成能力）（発表、表情、つぶやき、プリント）
展開後段 10分	価値の内面的自覚	3．これまでの自分を振り返る。 『心のノート』p.40を開いてそれぞれの気持ちを考えてみよう。（吹き出しに気持ちを書いてみよう。） ・どうしたの？　泣かないで話してごらん。 ・転んじゃったの。（足が痛いの。） ・あのお母さん大変そう。 ・どうしよう。 ・困ったなあ。	○『心のノート』の活用…吹き出しの部分にそれぞれの人の気持ち考えて書き込ませながら自分の経験を想起し、自分をみつめるようにする。 ○同じような場面に出くわしたことがあるかなどの補助発問をしながらその時の気持ちなどを考えさせる。 ・自分のことを振り返ることができたか。（将来設計能力）（発表、表情、つぶやき、『心のノート』）
終末 5分	意欲化	4．空き缶回収で車椅子を贈っている社会福祉協議会の会長さんのお話を聞く。 　次のお話を聞いてください。	○自分たちの行っている空き缶回収の活動が思いやりの気持ちにもつながる話を聞き本時のまとめとし、次時につなげる。

❸道徳の時間における実践の試み（2）

（1）主題名　「さりげない親切」
（2）本時について
①資料名「拾ったりんご」
　　　（文溪堂『3年生のどうとく』）
②ねらい　相手のことことを思いやり、親切にしようとする心情を育てる。
＜キャリア教育の視点から＞
○人間関係形成能力（主となる視点）
・登場人物の気持ちに共感することができる。
・友達の思いやりや親切についての考えをしっかり聞き、理解しようとする。
・自分の思いやりや親切についての意見や考えをわかりやすく表現する。
○将来設計能力
・自分の生活を振り返ることができる。
○意思決定能力
・自分で考え、進んでよいと思うことに取り組もうとする。
③資料、準備物　中心資料（プリント）、書き込みプリント、場面絵、りんご（模型）、テレビ、ビデオテープ、階段にする台
④指導にあたって
　導入段階では、相手の気持ちを考えながら行ったことや自分自身が感じたことを想起させながら、ねらいへの方向付けを図りたい。
　展開前段では、まず、新聞にのったことを素直に喜ぶ「ぼく」の気持ちを共感的にとらえさせたい。その上で、喜びの気持ちが次第に変な気持ちへと変化していく「ぼく」の気持ちに気づかせ、親切をしようと思って拾っていたわけではない「ぼく」の心情を、役割演技を取り入れながら共感的にとらえさせたい。（人間関係形成能力の視点を意識して）
　展開後段では、相手の気持ちを考えて親切にした経験を想起させたいが、難しいことが予想される。そのため、何かをして喜ばれた経験がないかどうかなど発問を工夫することで、相手の気持ちを考えた親切について自分を見つめさせながら考えさせたい。（人間関係形成能力を主となる視点としながら、将来設計能力、意思決定能力も意識して）
　終末段階では、教師の経験した「うれしかった親切」について話をする。その際、児童自身が身近な出来事を想起しながら聞くことができる内容を工夫し、まとめとしたい。
⑤「人間関係形成能力」に焦点をあてた工夫
○かかわりあう場面と支援の工夫
・道徳の時間「やさしい心」と同様。
○振り返り活動の工夫
・キャップハンディ体験時のビデオを視聴し、自分の感じたことを想起させる。
・これまでの自分を振り返る際、「親切にしたこと」「親切にされたこと」等の発問では、児童の実態から振り返りが困難であると予想されるので発問を工夫する。
・書き込みプリントを準備し、自分の考えをまとめられるように時間を十分にとって取り組ませる。
・教師の説話は、これまでの経験を想起させる身近なものとなるようにする。

（3）授業の実際
　導入段階では、キャップハンディ体験のビデオを視聴させた。相手の気持ちを考えながら行ったことを想起できたが、本時資料へのつなげ方には工夫が必要であった。
　展開前段においては、役割演技を取り入れたことで、親切にしようと思ってしたことではない「ぼく」の気持ちに児童は共感できた。しかし、資料を分割する、おばあさんの立場でも考えさせるなど、児童が本音で話し合う展開を工夫する必要もあった。また、「温かいもの」のとらえ方や展開後段の自分を振り返る段階では、「やさしい心」の時間同様に難しいと感じる児童が多かった。

（4）これからの学習へのつながり
　「キャップハンディ体験学習」を受けての本時であった。体験を通して、より相手の気持ちを考えられるように心がけてきた。人間関係形成能力の視点を中心に、次第に将来設計能力や意思決定能力の視点も意識しながら学習を進めていく。この後、社会科、国語科においての学習を展開し、この単元でのねらいに迫っていく。

〈資料分析表〉資料名「拾ったりんご」

【すじの流れ】	【登場人物の行動・心の動き】〈ぼく〉	〈おばあさん〉	【発問の意図】	【主な発問】	【価値】
ある朝、新聞を読んでいたお母さんが「ぼく」のことが新聞にのっていると教えてくれた。	お母さんがとつぜん言うのでびっくりした。新聞にのるような悪いことをしたおぼえが全ぜんなかった。				正直・誠実 思慮・反省 思いやり・親切
お母さんが、新聞の記事を読んでくれた。おばあさんが落としたりんごを拾った「ぼく」たちのことだった。	おばあさんはうれしかったから新聞に投書したんだよとお母さんに言われ、うれしくなった。	わたしは、子どもたちの親切に、1日じゅう幸せな思いをかみしめました。	新聞にのったことを素直に喜んでいる「ぼく」の気持ちをとらえさせたい。また、喜びから変な気持ちに変わっていく「ぼく」の気持ちにも共感させたい。（人間関係形成能力）	「ぼく」が、うれしくなったのはどうしてでしょうか。	
記事をもう一度読むと、新聞をお母さんからもらってランドセルに入れ、学校に向かった。	歩きながら、だんだんへんな気持ちになってきた。本当に親切な気持ちから、りんごを拾ったのだろうか。				
おばあさんが落としたりんごを拾ったときのことを思い起こしている「ぼく」。	歩道橋の階だんの上からりんごが落ちてきたので、むちゅうでそのりんごを拾い上げた。りんご拾いきょうそうみたいで、とてもおもしろかった。	階段の上のほうに、こまった顔をして立っていたおばあさん。	役割演技を取り入れ、親切をしようとしたわけではない「ぼく」の気持ちをとらえさせたい。（人間関係形成能力）	「ぼく」は、どんな気持ちでりんごを拾っていたでしょうか。	
	ちっともよいことをしたなんて思ってもいなかった。	とてもよろこんで、一つずつりんごをあげ、新聞にも投書したおばあさん。	親切な行為は、人をいい気持ちにさせることをとらえさせ、その気持ちよさに共感させたい。（意思決定能力）	温かいものがこみ上げてきた「ぼく」の心の中を考えてみましょう。どんな気持ちだったでしょう	
人によろこんでもらうことは、いい気持ちだなって、つくづく思った「ぼく」。	ぼくのむねには、なんだかとても温かいものがこみ上げてきた。				

道徳の時間「さりげない親切」指導過程

段階		学習活動（主な発問と予想される児童の反応）	教師の支援と評価
導入 5分	意識化	1.キャップハンディ体験のビデオをみながら考える。 ・車椅子を押してあげたときどんなことを考えましたか。 ・車椅子を押してもらったときどんな気持ちでしたか。 ・段差に気をつけて押してあげた。 ・ぶつからないように気をつけた。 ・怖かった。	○「相手の気持ちを考えよう！」というねらいで行ったキャップハンディ体験学習のビデオを視聴させ、本時の主題に結びつくようにさせる。 ・キャップハンディ体験学習での経験を想起することができたか。（人間関係形成能力）（将来設計能力）（発表）
展開前段 25分	価値の追及・把握	2.資料「拾ったりんご」をもとに話し合う。 ①「ぼく」が、うれしくなったのはどうしてでしょうか。 ・新聞にのったから。 ・お母さんが喜んでいたから。 ・おばあさんが喜んでいることが分かったから。 ②「ぼく」はどんな気持ちでりんごを拾っていたのでしょうか。 ・夢中で拾った ・目の前にりんごが落ちてきたから ・とてもおもしろかったから ・どうしてこんなに落ちてくるのかな。 ③温かいものがこみ上げてきた「ぼく」の心の中を考えてみましょう。どんな気持ちだったでしょうか。 ・とってもいい気持ち ・よいことをしたなんて思っていなかったけどずいぶん喜んでくれたんだな。 ・おばあさんが喜んでくれてよかった。 ・親切にすることっていいことだな。	○ゆっくりと資料を読み聞かせる ○新聞にのったことを素直に喜ぶ「ぼく」の気持ちをとらえさせる。 ○補助発問をし、喜びから変な気持ちになっていく「ぼく」の気持ちの変化をとらえさせる。 ○役割演技を取り入れ、「ぼく」と「おばあさん」の気持ちを考えさせる。 （教師：おばあさん、児童：「ぼく」） ○親切をしようと思ってしたことではない「ぼく」の気持ちをとらえさせる。 ○親切な行為は人をいい気持ちにさせることをとらえさせる。 ○なかなか書けない児童には、相手が喜んでくれたとき自分はどう思ったかなどを考えさせる。 ・「ぼく」の気持ちに共感することができたか。 ・自分の意見や考えを分かりやすく表現しようとしたか。（人間関係形成能力） ・自分で考え、進んでよいと思うことに取り組もうとしているか。（意思決定能力）（発表・表情・つぶやき・プリント）
展開後段 10分	価値の内面的自覚	3.これまでの自分を振り返る。 これまでに、何かをしてあげて相手に喜ばれたことがありますか？ ・鉛筆や消しゴムを貸してあげた。ありがとうと言われた。 ・お手伝いをした。助かったと言われた。 ・泣いている友達に声をかけた。やさしくしてくれてありがとうと言われた。	○相手の気持ちを考えて親切にした経験を想起させ、自分をみつめさせたい。 ○親切にしたとき相手はどんな様子だったか補助発問をし考えさせる。 ○なかなか想起できない児童には、具体的な例を挙げながら、同じようなことはなかったかを考えさせる。 ・自分のことが振り返ることができたか。（将来設計能力） ・自分で考え、進んでよいと思うことに取り組もうとしているか。（意思決定能力）（発表・表情・つぶやき・プリント）
終末 5分	意欲化	4.教師の経験したうれしかった親切についての話を聞く。 これから先生がうれしかった話をします。	○教師が経験したうれしかった親切の話をし、自分の身近な経験を想起できるように工夫し、本時のまとめとする。

三村　隆男（みむら・たかお）
上越教育大学助教授。日本キャリア教育学会認定キャリア・カウンセラー。
上越市内小学校，中学校スクール・カウンセラー，新潟大学，茨城大学非常勤講師。
埼玉県の県立高等学校教員を24年間務め，進路指導主事，学年主任等として進路指導を中心とした「在り方生き方教育」を推進。2000年4月，上越教育大学講師に転じ，02年4月より現職。全国の小中高の現職教員らが2年間の研修を積む修士課程及び学部において，進路指導・キャリア教育に関する実践的な講義・演習を行っている。
また，02～04年，静岡県沼津市立原東小学校において6年間一貫したキャリア教育実践の立ち上げに関わる。
著書に『キャリア教育入門』『キャリア教育が小学校を変える！』『キャリア教育と道徳教育で学校を変える！』（いずれも実業之日本社），ほか共著多数。

＊第2部の執筆者名は目次及び各事例の冒頭に記載しました。

図解　はじめる小学校キャリア教育

2004年11月9日　初版第1刷発行
2007年3月10日　初版第4刷発行

編　者　三村隆男
発行者　増田義和
発行所　実業之日本社
　　　　〒104-8233
　　　　東京都中央区銀座1-3-9
　　　　電話［編集］03-5540-6924
　　　　　　［販売］03-3535-4441
　　　　http://www.j-n.co.jp
印刷・製本　大日本印刷株式会社

©2004 Takao MIMURA, Printed in Japan.
ISBN4-408-41647-9　C0037　　（教育図書）
落丁本・乱丁本は発行所でお取り替えします。
小社のプライバシーポリシー（個人情報管理）は上記ホームページをご覧ください。